suhrkamp taschenbuch 1128

Ingeborg Weber-Kellermann, geboren am 26. 6. 1918 in Berlin, studierte Volkskunde, Ethnologie, Anthropologie und Vorgeschichte in Berlin und promovierte 1940. Von 1946 bis 1960 war sie wissenschaftliche Mitarbeiterin an der Deutschen Akademie der Wissenschaften zu Berlin. 1963 habilitierte sie sich an der Philipps-Universität in Marburg, an der sie seit 1960 tätig war, und lehrte dort als Professor für das Fachgebiet Europäische Ethnologie mit sozialwissenschaftlicher Orientierung bis 1983. Wichtige Veröffentlichungen: *Erntebrauch in der ländlichen Arbeitswelt des 19. Jahrhunderts,* 1965; *Deutsche Volkskunde zwischen Germanistik und Sozialwissenschaften,* 1969, ^{2}1985; (und Walter Stolle) *Volksleben in Hessen 1970,* 1971; *Die deutsche Familie,* 1974, ^{8}1984; *Die Familie,* 1976, ^{3}1984; *Zur Interethnik. Donauschwaben, Siebenbürger Sachsen und ihre Nachbarn,* 1978; *Das Weihnachtsfest,* 1978; (und Regine Falkenberg) *Was wir gespielt haben. Erinnerungen an die Kinderzeit,* 1981; *Das Buch der Weihnachtslieder,* 1982; *Frauenleben im 19. Jahrhundert,* 1983. Zum Jahr des Kindes 1979 erschien im Insel Verlag der Bildband *Die Kindheit* von Ingeborg Weber-Kellermann, eine Kulturgeschichte über Kleidung und Wohnen, Arbeit und Spiel. Ein Hauptteil dieses Buches liegt nun, erweitert und wesentlich überarbeitet, nach fünf Jahren als Taschenbuch vor.

Die bürgerliche Kinderkleidung hat nach der Französischen Revolution eine wechselreiche Geschichte erlebt, in der sich die Veränderungsprozesse der Sozialisation, der Beziehung zwischen Eltern und Kindern widerspiegeln. Die Kindermoden werden in diesem Buch nicht nur kostümgeschichtlich beschrieben, sondern auch gedeutet als Zeichen sozialen Verhaltens in der Erziehung.

Gleichfalls gerät die ländliche Kleidung, Kindertrachten aus verschiedenen Landschaften, ausführlich ins Bild. Und nicht zuletzt begegnet der Leser den Arbeiter- und Arme-Leute-Kindern. In unserem Jahrhundert treten dann die Kinder in Uniform auf den Plan, in Lederhosen und schließlich in Jeans.

Den Wegen der Kindermoden folgen Text und zahlreiche Abbildungen über 200 Jahre, und damit findet dieses Thema zum ersten Mal in der deutschen Kulturgeschichte eine zusammenfassende Darstellung.

Ingeborg Weber-Kellermann
Der Kinder neue Kleider

Zweihundert Jahre deutsche Kindermoden in ihrer sozialen Zeichensetzung

Unter Mitarbeit von
Dagmar Eicke-Jennemann und
Regine Falkenberg

Suhrkamp

suhrkamp taschenbuch 1128
Erste Auflage 1985

Satz: Wagner GmbH, Nördlingen
Druck: Nomos Verlagsgesellschaft, Baden-Baden
Printed in Germany
Umschlag nach Entwürfen von
Willy Fleckhaus und Rolf Staudt

1 2 3 4 5 6 – 90 89 88 87 86 85

Inhalt

Vorwort

Jeder von uns hat ganz bestimmte Erinnerungen an den Lebensabschnitt Kindheit. Für den einen war es die schönste Zeit seines Lebens, geborgen und verwöhnt im Kreis liebevoller Erwachsener, – für den anderen eine schwere und problematische Epoche der Selbstfindung ohne viel Hilfe und Unterstützung. Das Erlebnis der Kindheit als Status der Abhängigkeit und langsamen Befreiung ist der Einstieg in das Leben überhaupt, und darum haften viele Ereignisse so fest im Gedächtnis, weil sie mit dem Siegel: zum ersten Mal! versehen sind. Die Rückblende auf das Bild der eigenen kleinen Person bei einem Geburtstag, dem seltenen Besuch eines geliebten Onkels, einem Erfolg beim weihnachtlichen Gedichtaufsagen oder einem Mißerfolg und einer peinlichen Bestrafung, – man selbst als Kind unter den Schulkameraden, bei Spiel und Sport: all das sind unvergeßliche Erinnerungsbilder, die sich oft mit der Kleidung verbinden, die man bei dieser oder jener Gelegenheit getragen hat. Da steht man sich selbst vor Augen in der sehnlichst gewünschten Clubjacke mit blanken Knöpfen, im ersten gekauften und nicht hausgeschneiderten Mantel, mit Kniestrümpfen noch im November als einzige in der Klasse, – aber auch mit verhaßten, weil vom großen Bruder geerbten Schnürstiefeln oder in der ungeliebten verwaschenen Matrosenbluse.

Kinderkleidung ist objektiv und subjektiv ein deutliches Zeichen für Kindheit, – eingebunden in ein kompliziertes Geflecht von wirtschaftlich-sozialen, ästhetisch-psychischen und handwerklich-technischen Bedingungen. Die materielle Lage der Eltern spielt für die Kinderkleidung eine wichtige Rolle, aber auch das Bewußtsein ihrer gesellschaftlichen Position. Die Kleidermoden der Epochen bestimmen die innerfamiliären Rollen der Familienmitglieder; wann die Backfisch- oder Teenagerkleidung beginnt, und ob die Eltern die gängigen modischen Gesetze befolgen, sagt wiederum etwas aus über die Vorstellungen von »Kindheit« in der Erwachsenenwelt. Schließlich wirken auch Handwerk und Technik auf die Kindermoden ein. Hausschneiderin und Modezeitschriften oder Selbstgebautes aus Vaters altem Anzug, die Erfindung der Nähmaschine und des Schnittmusterbogens: all das beeinflußt Form und Qualität der Kinderkleidung.

Kinderkleidung nimmt also teil an den Entwicklungen der Mode, der Kostümgeschichte, – besonders in jenen historischen Epochen, da Kinder wie kleine Erwachsene gekleidet wurden, also vor Beginn des 19. Jahrhunderts. Aber neben der Mode ist noch etwas anderes entscheidend: das gesellschaftliche Nebeneinander der modischen Erscheinungen in den historischen Epochen, also das gleichzeitig unterschiedliche Aussehen der Kinder entsprechend ihrer verschiedenen sozialen Herkunft. Hier gilt die These: je stärker eine Gesellschaft sozial geschichtet ist, um so deutlicher macht sie diese Schichtung durch kulturelle Zeichen wie Kleidung erkennbar.

Kindheit ist also – das habe ich schon in meinem Buch »Die Kindheit«[1] dargelegt – ein inhaltlich variabler Begriff, der jeweils von der Gesellschaft nach ihrem Verständnis ausgefüllt wird.

Eine erste Kindheitsentdeckung begann zu Ende des 18. und zu Beginn des 19. Jahrhunderts und drückte sich auch im Kleidungsverhalten aus. Das »Journal des Luxus und der Moden« schrieb dazu in seiner Ausgabe von 1791:

»Über Kinder-Kleidung
Die Wahl der Form einer richtigen, zweckmäßigen Kinderkleidung ist gewiß von äußerster Wichtigkeit, weil so viel in der physischen Erziehung unserer Kinder und ihres künftigen Wohls davon abhänge. Viele der größten Lehrer und Freunde der Menschheit, z. E. Montaigne, Locke, Rousseau, Frank, sagten dies laut, und wir haben, auf ihre Autorität gestützt, alles was sich uns über diese Materie damals darbot, schon im Februar 1787 unsers Journals gesagt; wohin wir auch unsere Leser verweisen. Es ist zwar wahr, daß Teutschland seit 15 bis 20 Jahren, nach dem Muster der Engländer, weit vernünftigere Grundsätze über Kinderkleidung angenommen hat, deren äußere Form auch noch der gute Geschmack verschönern half. Indessen ist doch nicht zu leugnen, daß dieselbe, und sonderlich die Knaben-Kleidung, noch mancher Verbesserung bedürfe.«[2]

Auf die Befreiung der Kinder von Schnürleib, Perücke und beengenden Kniehosen folgte zu Ende des Biedermeier jedoch, parallel zu restriktiven politischen Entwicklungen, eine Epoche erneuter Einengungen und Zwänge. In der bürgerlichen Gesellschaft wurden die Kinder eingebunden in das elterliche Repräsentationsbedürfnis, instrumentalisiert für das elterliche Prestigedenken. Die weißen Spitzenkleider und Hüte der Mädchen sprachen eine deutliche Zeichensprache. Für die Arbeiterkinder spielte das alles keine Rolle. Sie waren nur eben recht und schlecht irgendwie angezogen. Daß nicht nur zwischen den Erwachsenen dieser Klassen, sondern auch zwischen ihren Kindern Abgründe klafften, hat Isolde Kurz (1853-1944) in ihren Jugenderinnerungen geschildert:

»Für alle Zeit bleibt mir ein Sonntag in die Seele geschrieben, an dem ich ganz allein eine Forschungsreise in die Gôgerei (Unterstadt von Tübingen, d. Verf.) unternahm. Man hatte mir mein schönstes weißes Mullkleid mit blauer Gürtelschleife angetan, in das lange offene Haar, auf dessen Goldfarbe die Mutter so stolz war, hatte sie mir ein blauseidenes Band geschlungen, und so zog ich unternehmend meines Weges. Als ich nun von der Langen Gass' in das seitliche Gewinkel eindrang, flog mir ein kleines Gôgenkind mit Jubelgeschrei entgegen und wollte in meine Arme stürzen, denn es sah mich augenscheinlich in meinem Putz für einen Weihnachtsengel an. Da kam eine ältere Schwester aus dem Haus gerannt und riß entsetzt die Kleine von mir weg. Erst als sie sich hinter einem niederen Zaun geborgen sah, drehte sie sich noch einmal um und sagte, mit dem Ausdruck tiefsten Grauens auf mich weisend: So sehen die Heiden aus!«[3]

Die Kleidung der Kinder auf dem Lande folgte den eigenen Gesetzen der Agrargesellschaft und ihren Erziehungsbestrebungen.

Die Wiederentdeckung der Kindlichkeit im beginnenden 20. Jahrhundert brachte eine neue Problematik: die Freigabe der Kinder an eine anonyme Modeindustrie, die Bedürfnisse weckt und manipuliert. Doch darf nicht übersehen werden, daß sich z. B. mit der Jugendbewegung neue Freiheitsräume für die größeren Kinder auftaten. Aber dieser Zuwachs an Eigenbestimmtheit hatte auch negative Folgen, die die Kinder später in der Zeit des Nationalsozialismus zu einem willfährigen Gefolgschaftsgeist verführte, sie zu uniformierten Marionetten in den Händen der Herrschenden machte.

Im Kapitel über die Schulkleidung wird eine weitere außerfamiliäre Sozialisationsinstanz erwähnt, die ihre Akzente setzte.

Die Kinderkleidung der Jahrzehnte nach dem Zweiten Weltkrieg ist schwer zu systematisieren. Es folgen einander die Phasen der Lederhosen und Petticoats, der Jeans und T-Shirts für Jungen und Mädchen. Die Modeindustrie hat den Markt der Kinder- und Jugendkleidung mit dem Dauerbrenner *Jeans* in immer neuen Variationen erobert.

Mit Jeans und T-Shirt für alle Altersklassen und Schichten scheint ein Stadium der Angleichung von Erwachsenen- und Kinderkleidung erreicht zu sein. Die festen Schranken, die einst in den Zeichen der Kleidung die Lebensalter trennten, schrumpfen zusammen, – weniger deshalb, weil die Kinder früher groß sein wollen, als darum, weil sich die Erwachsenen den Status der Jugend möglichst lange bewahren möchten.

Wohl gibt es immer wieder einmal neue Wellen von Kleidungszeichen: Popper und Punks wollen reiche Elite bzw. kleine Leute signalisieren, und sicher wird es noch öfter derartige Bewegungen geben. Aber das überzeugt nur noch wenige. Die Kinderkleidung besitzt entsprechend der gesellschaftlichen Entwicklung kaum noch einen ständischen oder klassenmäßigen Zeichencharakter, und es wäre heute wohl nicht möglich, Kleidungsunterschiede zu finden wie zwischen Bürger- und Arbeiterkindern der Gründerzeit.

Die Einstellung der Erwachsenen den Kindern gegenüber ist freier geworden und Mitbestimmung über die neuen Kleider meist eine Selbstverständlichkeit.

»Kleider machen Leute« sagt das Sprichwort. Kleider sind also Zeichen, die etwas ausdrücken und eine Gruppenzugehörigkeit signalisieren, wie sie von dem Träger gewünscht oder ihm von anderen auferlegt wird.

Das gilt nun nicht nur für die großen Leute, sondern auch für die Kleinen, die Kinder, nur daß bei diesen die Fremdbestimmung den eigenen Willen meistens überwiegt. Damit wird die Kinderkleidung zugleich zu einem Zeichen für gesellschaftliche Beziehungen, für die Einstellung der Erwachsenen den eigenen und fremden Kindern gegenüber. Soziale Hierarchie, Gruppengeist, Standesbewußtsein, – aber auch Modeabhängigkeit und mütterliche Phantasie bestimmten das kindliche Kleidungsgehabe, bis in der Gegenwart eine lässige und nivellierte Kindermode die alten Schranken zu überspielen begann. Die Armen mußten ihre Armut auch in der Bekleidung ihrer Kinder offenbaren: Ausgewachsenes und ebenso unpassend zu Großes, von Erwachsenen und älteren Geschwistern Ererbtes, – verwaschen und verschossen, geflickt und ausgebessert war die Kleidung, wobei besonders der Besitz oder Nichtbesitz von Schuhen eine große Rolle spielte. Erst mit dem Aufkommen der Konfektion eröffneten sich auch für die mittellosen Bevölkerungsschichten etwas bessere Möglichkeiten.

Dieses Buch macht sich nicht anheischig, den gesamten Formenbestand der Kindergarderobe in den letzten 200 Jahren vorzuführen. Es will das Typische der einzelnen Gesellschafts- und Kindheitsepochen herausarbeiten als Zeichen für die sich wandelnden Konzeptionen von Kindheit. Das sind hochgesteckte Ziele, vor allem, wenn man auch etwas über die Eigengefühle der Kinder in den verschiedenen Zeitabschnitten aussagen möchte. Dazu wurden immer wieder Memoiren und Autobiographien herangezogen, in denen Erwachsene sich an das Kleidungsverhalten in ihrer Kindheit erinnern als Zeugen in eigener Sache. Und es gibt Bildbelege in reicher Zahl: aus dem Anfang des 19. Jahrhunderts Gemälde und Stiche und bald darauf die Fotografie, das fotografische Familienbild. In gutbürgerlichen Familien war es üblich, daß man die Kinder mindestens einmal im Jahr in ihren neuen Kleidern zum Fotografen führte, nicht immer zu deren Freude:

»Und darum wurde ich so ratlos, wenn man die Ähnlichkeit mit mir selbst von mir verlangte. Das war beim Photographen. Wohin ich blickte, sah ich mich umstellt von Leinwandschirmen, Polstern, Sockeln, die nach meinem Bilde gierten wie die Schatten des Hades nach dem Blut des Opfertieres. Am Ende brachte man mich einem roh gepinselten Prospekt der Alpen dar, und meine Rechte, die ein Gemsbarthütlein erheben mußte, legte auf die Wolken und Firnen der Bespannung ihren Schatten. Doch das gequälte Lächeln um den Mund des kleinen Älplers ist nicht so betrübend wie der Blick, der aus dem Kinderantlitz, das im Schatten der Zimmerpalme liegt, sich in mich senkt.«

Und dann beschreibt Benjamin eines der damals üblichen Fotoateliers, ausgestattet mit allen möglichen Requisiten, von denen ihm ein gewaltiger Sombrero in die linke Hand gegeben wurde. Die Mutter steht abseits und blickt besorgt auf seinen mit Posamenten überladenen Samtanzug. »Ich aber bin entstellt vor Ähnlichkeit mit allem, was hier um mich ist«, schildert der Dichter die Situation des durch das Fotografieren bedrängten Kindes und gibt damit einen Hinweis zur Deutung von Kindergesichtern auf Fotografien.[4]

Auch in einfachen Familien wurde das Fotografierenlassen mehr und mehr üblich und damit die Selbstfindung in einem eigenen familiären Zusammenhang. Hier widersprachen sich oft bis zum Lächerlichen Realität und aufgebaute Kulisse. Eine andere Gelegenheit zur fotografischen Dokumentation bot das alljährliche Klassenbild in der Schule.

»Fotografiert-werden war damals noch eine große Seltenheit, wenigstens für die Menschen des Arbeiterstandes. Da hatte man für solche Sachen kein Geld. Mein Vater ließ sich aber nicht davon abhalten, und so gingen wir, als ich 3 bis 4 Jahre alt war, in Mainz zu einem Fotografen.«

Hier folgt eine plastische Schilderung des damaligen umständlichen Fotografierprozesses mit langem Stillhalten und dem Vögelchen, das versprochenermaßen aus dem schwarzen Kasten kommen sollte. Erhalten geblieben ist das Foto eines kleinen Blondschopfes mit krummen Beinen und Stulpenstiefeln und breitrandigem Strohhut.

»Ein ganz neues Anzüglein mit Gürtel und interessanter Schnalle hat er an. Beweis, daß meine Eltern es mir so leicht an nichts fehlen ließen.«[5]

Auch ein Schulbild von 1881 ist vorhanden, auf dem der sechsjährige Knabe mit Anzug und Schleife abgebildet ist. Aber damit erschöpft sich bereits der Fotobestand eines Arbeiterkindes.

Die Geschichte der Kinderkleidung seit der Französischen Revolution und ihre soziale Zeichensprache – das ist das Thema dieses Buches. Schon in meinem großen Buch »Die Kindheit« habe ich den Problemkreis Kinderkleidung neben anderen Zeichensetzungen des kindlichen Status behandelt und dabei festgestellt, wie aussagekräftig gerade dieses kulturelle Zeichen ist. Um eine tiefergehende und umfassendere Untersuchung durchführen zu können, beantragte ich eine Projektförderung bei der Deutschen Forschungsgemeinschaft, die eine zweijährige Studie des Themas bewilligte. Dafür sei hier nachdrücklich gedankt.

Mit Hilfe ausgearbeiteter Untersuchungsraster wurde literarisches und ikonographisches Material in großem Umfang geprüft; hinterfragt wurden Lebenserinnerungen und Briefwechsel, Familienbilder und Kinderporträts, Modejournale und Fotoalben. Ein Aufruf in Zeitung und Radio brachte uns eine Fülle individueller Bildzeugnisse aus vielen Bevölkerungsschichten, die mir bewiesen haben, wie eingängig den meisten Menschen die Deutbarkeit von Kleidung als sozialem Verhalten erscheint. Geordnet wurde das Material nach folgenden Gesichtspunkten – innerhalb der historischen Epochen:

I. Kleidung als Unterscheidungsmerkmal von Jungen und Mädchen, Altersklassen, Sommer und Winter; Fest- und Alltag; Kleidung im Haus und außerhalb des Hauses; Kleidung in der

Schule, zur Arbeit, in der Freizeit; spezielle Spiel- und Arbeitskleidung.

II. Einzelheiten der Kinderkleidung wie z. B.: Schuhe und ihre Bedeutung; Kopfbedeckungen und ihre Bedeutung; Rocklänge – Hosenlänge als soziale Kennzeichen.

III. Eigengefühle der Kinder im Hinblick auf ihre Kleidung: Rollenverständnis als Junge oder Mädchen; arm oder reich usw.; Rivalitäten durch Kleidung; Zwangscharakter von Kleidungsstücken oder der Art, sie tragen zu müssen: Möglichkeiten freier Auswahl und Mitbestimmung.

Das Ergebnis liegt in dieser Veröffentlichung vor, die zugleich einen ausgewählten Teilabdruck meines Buches »Die Kindheit« darstellt. Als wissenschaftliche Mitarbeiter wirkten Dr. Regine Falkenberg und vor allem Dr. Dagmar Eicke-Jennemann, als technische Mitarbeiterin Annelise Muth. Dem Suhrkamp Verlag sind wir für die Aufnahme in die Taschenbuchreihe zu Dank verpflichtet.

Anmerkungen

1 Weber-Kellermann: Die Kindheit.
2 Journal des Luxus und der Moden. Weimar 1791. S. 571.
3 Kurz: Aus meinem Jugendland. S. 69.
4 Benjamin: Berliner Kindheit um Neunzehnhundert. S. 70 f.
5 Dreisbach: Ab und Auf. Teil I. S. 12.

Kleine Aristokratin.
(Unbekannter Maler des 18. Jahrhunderts)

I.
Kostümgeschichtliche Rückschau auf die Zeit vor der Französischen Revolution

Als Mode bezeichnet man den periodischen Stilwechsel nicht nur der Kleidung, sondern auch anderer kultureller Erscheinungen. Um die Beteiligung der Kinderkleidung am Modewechsel seit 1800 besser verstehen zu können, folgt hier ein Blick auf die vorausgegangenen Epochen. Damit wird die Vielfalt der Motivationen sichtbar, die ein solches Phänomen wie Kleidung bestimmen und begleiten. Auch ein Teilgebiet wie die Kinderkleidung ist bei näherer Betrachtung eingebunden in ein höchst kompliziertes ökonomisch-soziales, ästhetisch-psychologisches, praktisch-technisches Geflecht von Beziehungen, dem noch andere Komponenten wie die der Magie und Religion, der Machtausübung und der Triebanreize hinzuzufügen sind.

In der Kostümgeschichte Mittel- und Westeuropas erscheinen modische Verhaltensweisen bis zur Französischen Revolution als typisch für die ständische Gliederung der Gesellschaft. Das berechtigt zu der These: Je stärker eine Gesellschaft sozial hierarchisch geschichtet ist, um so mehr legt sie Wert auf die äußeren Zeichen dieser Schichtung, in diesem Zusammenhang auf die Standessymbole der Kleidung.

Die Zeichenhaftigkeit der Kleidung im kleinen wie im großen kann man sich nicht ausgeprägt genug vorstellen. Im öffentlichen Bereich wurde sie durch Kleiderordnungen bestimmt, die als Regulativ der Obrigkeit der Luxusentfaltung entgegenwirken sollten. Das Prestigebedürfnis war in allen Ständen bedeutend, die ständische Gesellschaftsordnung jedoch so stark, daß man keine Grenzüberschreitungen dulden und jeden Stand an seiner Kleidung erkennbar machen wollte. In einer Kleiderordnung von 1530 heißt es:

»Kurfürst, Fürsten und Stände haben gemäß der kaiserlichen Erklärung sich zu der Ordnung der Kleider vereinigt und verglichen, nachdem ehrlich, ziemlich und billich, daß sich ein jeder, wess Würden und Herkommen der sey, nach seinem Stand, Ehren und Vermögen trage, damit in jeglichem Stand unterschiedlich Erkäntnüß seyn mög.«[1]

Allerdings war die Opposition gegen diese Beschränkungen so stark und andauernd, daß die Kleiderordnungen vielfach erneuert werden mußten und es zwischen 1450 und 1550 z. B. in Deutschland nicht weniger als 75 Erlasse gab. Diese ständische Sinngebung der Kleidung dauerte über die folgenden Jahrhunderte an.

Es ist hier nicht der Platz für eine ausführliche Kostümgeschichte. Das ausgehende 18. Jahrhundert, die Zeit vor der Französischen Revolution, mit der unsere Geschichte der Kinderkleidung beginnt, erfordert jedoch eine genauere Darstellung.

Das Rokoko brachte eine farbenreiche Männerkleidung mit tailliertem Frack, dem Justaucorps, und engen seidenen, am Knie geknöpften Hosen, den *culottes*. Hofanzug und Uniform bestimmten den Kleidungsstil.[2] Die Modeführung des französischen Hofes unter Ludwig XIV. (1643-1715) im 17. Jahrhundert, deren macht- und wirtschaftspolitische Hintergründe deutlich erkennbar waren, erfuhr also im 18. Jahrhundert eine weitere Steigerung. – Auch die Damenmode entsprach ganz der höfischen Etikette. Die Krinoline über einem Korb aus Fischbein fand damals ihre größte Ausformung als Teil einer kostbaren Luxuskleidung, Zeichen einer Lebensform im süßen Nichtstun.

Mit der Französischen Revolution vollzog sich dann eine tiefgehende Änderung des Kleidungsstils, und es zeigte sich, wie deutlich die Gesellschaft durch die »Sprache« des Anzugs soziale Entwicklungen wiedergeben konnte. Für die Frauen brachte die neue Zeit eine Abkehr von Perücke, Korsett und Krinoline; man kleidete sich nun einfach, natürlich, im antiken Hemdkleid, unter der Brust leicht gegürtet: seit 100 Jahren die erste Mode, die für alle Bevölkerungsschichten tragbar war. Für die Männer eröffnete sich durch die Kleidung eine Zeichensetzung besonderer Art: im Gegensatz zu den seidenen Kniehosen der abgewirtschafteten Aristokratie, den *culottes,* trug der neue Bürger *Sans-culottes,* die Röhrenhose, übernommen von der Werktagskleidung der Marseiller Hafenarbeiter und Matrosen.

An diesen Wandlungen der Mode und ihrer Zeichensprache nahmen auch die Kinder teil.

Das 17. Jahrhundert hatte schon für die Jüngsten der oberen Schichten große kostümliche Zwänge gebracht: wenn die Knaben behost wurden, fing man an, die Mädchen wie ihre Mütter anzuziehen, d. h. sie erhielten Korsetts aus Walfischbein zur Erlangung einer schlanken Taille, und diese qualvolle Beengung mußten alle Aristokraten- und besseren Bürgermädchen bis zum Ende des 18. Jahrhunderts erdulden. Darüber hat sich bereits Christian Gotthilf Salzmann (1744-1811) in seinen pädagogischen Schriften geäußert; in einer scharfen rückblickenden Kritik aus dem 19. Jahrhundert wurden die Bedenken gegen den Schnürleib für Kinder nochmals zusammengefaßt:

»In Bezug auf die Kleidung begann man schon in dieser frühen Kinderzeit einen wesentlichen Unterschied zwischen Knaben und Mädchen zu machen; bei den letzteren trat die Schnürbrust ihre Herrschaft an. Um einen schönen Wuchs zu erzielen, preßte man Brust und Unterleib des kleinen Mädchens in ein durch Fischbein- oder Holzstäbe möglichst steif gemachtes Leibchen gleich als in einen Panzer ein.

Gewisse Erhabenheiten verschobener Knochen suchte man dadurch in Ordnung zu bringen, daß der Schnürleib ganz durch Eisenstäbe gesteift wurde. Die falsche Sorge um eine schöne Gestaltung des kindlichen Kör-

Adliges Geschwisterpaar um 1790.
(Heinrich Jakob Tischbein 1760-1804)

pers verleitete vorzugsweise ›vornehme Standespersonen‹ sogar zur Anlegung solcher Harnische, schon im Säuglingsalter; selbst die Nacht befreite die armen Geschöpfe nicht von diesem Marterwerkzeug.«[3]

Schon im 17. Jahrhundert hatten Mediziner und Pädagogen ihre Stimme dagegen erhoben, Kinder wie kleine Erwachsene zu kleiden. Der englische Philosoph John Locke trat in seinen Gedanken »Über die Erziehung« (1693) für zweckmäßige Kleidung und Abhärten ein. Die Engländer waren die ersten, die den Kindern Erlösung von Schnürleib und Perücken brachten.

In Österreich kam 1783 ein Erlaß heraus, in dem das Miedertragen für Mädchen in allen Klöstern, Waisenhäusern und sonstigen Erziehungsanstalten untersagt wurde. So kinderfreundlich einerseits dieses Verbot aussah, so fragwürdig erscheint es andererseits. Verbarg sich nicht vielmehr dahinter die soziale Wirklichkeit, in der Kinder der unteren Schichten keine schlanke Taille benötigten?

Welche Qualen den Kindern zugemutet wurden, beweist eine Kindheitserinnerung jener Zeit:

»Einst wurde ich zu dem innigsten Mitleiden, und ich möchte von so frühen Kinderzeiten sagen, zu einer Art Liebe, welche aus diesem rege wurde, zu einem kleinen zarten Geschöpfe von unserer Nachbarschaft hingerissen. Das fromme blasse Kind saß auf seinem Bänkchen uns Jungen gegenüber und weinte bitterlich, doch die Tränen so gut es gehen wollte verbergend. Da fragte die Lehrerin, nicht ohne einige Härte, was ihr fehle. Zögernd, und gleichsam als wenn sie ein hochverpöntes Verbrechen bekenne, gestand sie endlich: es drücke ihr die Schnürbrust. ›Was‹, sagte nun Mademoiselle Ruhländer, ›darüber willst du weinen? Ein artiges Mädchen muß ertragen lernen, dicht eingeschnürt zu sitzen, sonst wird es so dick wie eine Bauernmagd. Doch komm her, ich will es dir bequemer machen.‹ – Das gute Kind mochte wohl schon ahnen, wovon die Rede sei, denn es ließ es sich zwei- oder dreimal heißen. Endlich kam sie, und nun wurde ihr denn die Schnürbrust ganz zugeschnürt, so daß ihr Körperchen von Mademoiselle mit den Händen mit Leichtigkeit umspannt werden konnte, worüber diese sich nicht wenig erfreute, und dann sowohl den anderen Mädchen als der Patientin selbst bemerklich machte, welch eine hübsche Taille sie nun habe: so müsse ein artiges und hübsches Mädchen sein!

Wie gern hätte ich dem bösen Weibsbild in die Haare gefahren. – Diese Szene habe ich nie vergessen, und dem so unschuldig gemarterten Kinde bin ich lange gut geblieben.«[4]

Die Kritiker dieser Moden haben mit Recht deren verheerende

Gesundheitsschädigung angeprangert. Es ist kaum anzunehmen, daß die damaligen Mütter solche Dinge nicht auch bemerkt hätten, aber sie nahmen sie nicht ernst, und das ist bezeichnend für ihre Vorstellung von Kindheit. Der Anblick der mageren kindlichen Dekolletés vermittelt in einer rührenden Weise die völlige Nichtachtung des Kinderstatus. Durch die Fischbeinkorsetts (als eines der äußeren Zeichen) wurden die Kinderjahre der Mädchen gewissermaßen umgebogen zu einer Vorfraulichkeit, die zweite Kindheit übersprungen. Die Erotisierung des Kindes zeigte sich aufs deutlichste in diesem Kleidungsverhalten, das einseitig von den Wertvorstellungen der Erwachsenen gesteuert war.

Da das große Dekolleté ein Vorrecht der aristokratischen Damen war und mehr oder weniger zum Hofzeremoniell gehörte (die Frauen der anderen Stände trugen Tücher im Ausschnitt), könnte sich hier eine Einübung durch Kleidung auf die spätere Kombination von Macht und Sexus andeuten, aber auch auf die Verfügbarkeit der Frauen in diesem Spiel. Von Kindlichkeit waren solche Moden weit entfernt.

Die Kleidung der Landkinder in diesen Jahrhunderten ist verhältnismäßig undifferenziert, denn spezifische Regionaltrachten bildeten sich erst nach 1800 heraus. Die vielfältigen Zeichensetzungen jedenfalls, die bei der Kinderkleidung der oberen Stände aufgefallen waren, treten bei den Landkindern zugunsten einer auf Mangel beruhenden Beliebigkeit zurück. Die Bauernkinder zogen das an, was gerade da war. Der allgemeine Eindruck ist der einer gewissen Dürftigkeit. Wirklich reiche Bauern gab es in Deutschland nur in den wenigen Freibauerngebieten, alle anderen waren abhängig und abgabepflichtig. Von Prestige- und Rangkennzeichen, die die Trachten des 19. Jahrhunderts in so reichem Maße aufweisen, ist für die Landkinder aus den früheren Jahrhunderten nichts bekannt.

Anmerkungen

1 Fiedler: Die Reichskleiderordnungen. S. 89-102.
2 Bringemeier: Mode und Tracht. S. 111 f.
3 Stephan: Die häusliche Erziehung. S. 23 f.
4 Strombeck: Darstellungen. S. 28/29.

Moderne Kinderkleidung 1787.
(Journal des Luxus und der Moden Februar 1787)

II.

Kinderkleidung seit der Französischen Revolution bis 1815

Die modische Situation um 1789

Der vorausgegangene kurze Überblick zeigt den Stand der modischen Entwicklung bis zum Ende des 18. Jahrhunderts, genauer gesagt: bis zum Beginn der Französischen Revolution. Die Mode war geprägt durch die dominierende höfische Gesellschaft, die alle Machtmittel, die wesentlichen wirtschaftlichen und materiellen Güter, die herrschenden Gedanken und somit Einfluß und Ansehen besaß. Von ihr gingen alle ideellen Impulse aus, sie drückte der Gesellschaft ihren Stempel auf. Wie ein autoritärer »Vater« verfügte jene soziale Schicht über ihre unmündigen »Kinder«, die sich mehr oder minder willig eine solche Bevormundung gefallen ließen.

Doch zu Ende des 18. Jahrhunderts war die Grenze des Ertragbaren erreicht. Die Französischen Revolution und ihre Ideen begannen die Weltgeschichte zu verändern; das soziale gesellschaftliche Gefüge geriet in Bewegung. Besonders sichtbar und schnell wandelte sich das modische Bild. Unter dem mächtigen Ruf nach »Gleichheit, Freiheit, Brüderlichkeit« setzten grundlegende Prozesse gerade auf diesem Gebiet ein, die alle sozialen Schichten betrafen. Dazu gehörte auch die Kinderkleidung.

Vom Journal und Ausschneidebogen zur Modezeitschrift

Von großem Einfluß auf die neue Modeentwicklung, die einen viel größeren Kreis als die bis dahin modeführende Aristokratie umfaßte, wurden die Modejournale.[1]

Modezeitschriften, heute die wichtigsten Vermittler zwischen Modeschöpfer und Publikum, gibt es erst seit dem 18. Jahrhundert.

Mit den neuesten Modellen bekleidete Puppen, die seit der Mitte des 17. Jahrhunderts von Paris aus an die europäischen Fürstenhöfe geschickt wurden, stellten die erste systematische Modepropaganda dar. Eine Erinnerung an diese Puppen begegnet dem Zuschauer auf der Bühne in »Hoffmanns Erzählungen«. Sie waren sozusagen die plastischen Vorläufer der Modekupfer und -stiche – vielleicht auch der Mannequins.

Das erste französische Journal mit Modeberichten war der 1672 in Paris gegründete »Mercure galant«, dem 1717 der »Mercure de France« folgte. Allerdings fehlten diesen Journalen noch die Abbildungen.

Etwa um 1770 gelangten dann die mit Modekupfern ausgestatteten Modejournale in Paris auf den Markt, die »Galerie des Modes« und der »Courrier des Modes«. Ihre künstlerisch schönen

Frisuren im Damen-Almanach von 1798.
(Daniel Chodowiecki 1726-1801)

Modekupfer berichteten in solcher Präzision und Ausführlichkeit über die neuesten Damen- und Herrenmoden, daß sie den deutschen Kupferstechern als Vorlagen dienen konnten. Daniel Chodowiecki (1726-1801) und Franz Riepenhausen (1786-1831) waren die meisterlichen deutschen Stecher der eleganten Modebilder jener Zeit. Seit langem fügte man diese Bilder auch den beliebten Taschenkalendern und Almanachen bei. Da diese nur einmal im Jahr erschienen, genügten sie den Bedürfnissen des deutschen Publikums nicht. Von hier bis zum ersten deutschen Modeblatt, der seit 1758 in Erfurt herauskommenden »Mode- und Galanteriezeitung«, war es nur ein kleiner Schritt.

Weit mehr Einfluß gewann das seit 1786 von dem Buchhändler und Unternehmer Friedrich Justin Bertuch (1747-1822) herausgegebene »Journal des Luxus und der Moden«.[2] In seiner Kunstblumenmanufaktur arbeitete übrigens die spätere Frau Goethes, Christiane Vulpius. Zwischen 1786 und 1827 konnten hier die deutschen Leser allmonatlich die neuesten Modenachrichten finden und Informationen über Literatur, Theater oder andere kulturgeschichtlich interessante Themen. Welcher Beliebtheit sich das Blatt erfreute, geht aus der Korrespondenz der Frau Rat Goethe mit ihrem großen Sohn hervor. Sie war auf das Journal abonniert und erwartete es monatlich in größter Ungeduld.

Anhand dieser ursprünglich nur von Frankreich, dann immer mehr von England beeinflußten Modezeitschriften ist die Modeentwicklung seit dem späten 18. Jahrhundert nachzuvollziehen. Jedoch wählten die Damen der Gesellschaft und die Modistinnen nicht nur nach den Journalen. Es entstand daneben die Anziehpuppe im Ausschneidebogen, die durchaus nicht nur als Spielzeug für Mädchen anzusehen ist, sondern auch von den Erwachsenen als Modemuster benutzt wurde. Auf den Modeblättern, auf den Ausschneidebögen erscheinen allerdings nur feine Kinder, geputzt, gekämmt, artig und sauber. Sie vertraten die Reiche-Leute-Welt und die ihr Nachstrebenden.

Die erste mit eigenen Zeichnungen ausgestattete deutsche Modezeitschrift war der um 1850 (in Berlin) herausgekommene »Bazar«. 1865 folgte »Die Modenwelt«, die von Franz Josef von Lipperheide (1838-1906) und seiner Frau Frieda (von Gerstenfeld), der ersten deutschen Modeschriftleiterin, redigiert wurde. Aus der Redaktionsbibliothek dieser »Modenwelt« ging die Lipperheidesche kostümkundliche Sammlung in Berlin hervor. Gegen Ende des 19. Jahrhunderts brachten immer mehr Modezeitschriften zusätzliche Beilagen für verschiedene weibliche Handarbeiten und genaue Anleitungen zum Selbstschneidern. Um die Jahrhundertwende entstanden dann die großen deutschen Modeverlage (Beyer, Ullstein), deren populäre Zeitschriften für Mode, Haus und Küche weit verbreitet waren. Schnittmusterbogen wurden beigefügt, deren auszuradelndes Liniengewirr auf eine geniale deutsche Erfindung zurückging. Diesen mehr praktisch angelegten Modezeitschriften standen die sogenannten Luxusjournale gegenüber, wie »Die Dame«, »Die elegante Welt«, »Vogue« und »Madame«, die sich weniger mit der Gebrauchsmode befaßten als mit der Wiedergabe der Modelle der in- und ausländischen »Haute Couture«. Die Nachkriegszeitschriften vereinigen überwiegend das Schöne mit dem Praktischen, d. h. sie knüpfen mit ihren Schnittmusterbogen an die Vorkriegstradition an; z. B. »Die Frau«, »Constanze«, »Burda«, »Brigitte«, »Petra« usw.

Seit Bertuchs Modejournal 1787 das erste Kindermodebild publiziert hatte, fanden sich immer öfter Modekupfer für Kinder in den Zeitschriften für die Erwachsenen. Die Vermittlung der Moden durch Journale umfaßte nun auch die Kinderkleidung, die sich lebhaft von den Erwachsenen zu unterscheiden begann. Das war neu und widerspiegelte eine veränderte Anschauung von der

Der Kinder neue Kleider im Modejournal.
(Journal des Luxus und der Moden Oktober 1791)

Kindheit, die seit Jean-Jacques Rousseaus (1712-1778) pädagogischem Lehrbuch »Emile« (1762) immer weitere Kreise der Gebildeten beflügelte.

Die Modejournale und Almanache verbreiteten diese neue Gesinnung für eine vernünftigere Kinderkleidung. Bis es allerdings eigene Zeitschriften für Kindermode gab, vergingen noch mehr als hundert Jahre.

Aristokratisches Kleidungsverhalten bis 1815

Im Gegensatz zu Frankreich und England, die jeweils eine eigene Modeentwicklung besaßen, begann Deutschland erst jetzt allmählich auf den modischen Plan zu treten.[3] Bisher war »modisch (à la mode) gekleidet sein« gleichbedeutend mit »französisch gekleidet sein« gewesen. Seit der Mitte des 18. Jahrhunderts hatte die Auseinandersetzung zwischen der französischen Modeführung und der englischen, zumindest in der Herrenmode, begonnen, und die englische Mode war im Vormarsch. Die Werther-Kleidung, von Goethe proklamiert, war in Deutschland an die Stelle des bestickten seidenen Anzuges getreten.[4]

Knaben

Da damals noch wenig Unterschiede zwischen Erwachsenen- und Kindermode bestand, trugen auch die Knaben ihren Werther-Anzug, und das drückte mehr als Sich-Kleiden aus; eine gewisse Geisteshaltung, ein bestimmtes Gefühl sollte damit dokumentiert werden. Der blaue Frack, die ledergelbe Weste, Stiefel mit braunen Stulpen: das war die Kleidung des »Sturm und Drang«.

»Es hat schwer gehalten, bis ich mich entschloß, meinen blauen einfachen Frack, in dem ich mit Lotten zum ersten Male tanzte, abzulegen, er ward aber zuletzt gar unscheinbar. Auch habe ich mir einen machen lassen ganz wie den vorigen, Kragen und Aufschlag und auch wieder so gelbe Weste und Beinkleider dazu.

... Er lag gegen das Fenster entkräftet auf dem Rücken, war in völliger Kleidung, gestiefelt, im blauen Frack mit gelber Weste.«[5]

Seit 1780 machten sich neue Tendenzen bemerkbar. Die Kleidung sollte kindgerechter sein, dem Spieldrang Freiheit gewähren.

Immer öfter konnte man die kleinen Jungen der oberen Schichten in einem modischen (von England her kommenden) Anzug, dem *Skeleton*, sehen: die lange und bequeme Hose reichte bis unter die Achsel; darüber wurde eine kurze, schmale Jacke aus dem gleichen Stoff getragen, auch angeknöpft oder angeschnitten.

Der Skeleton war ein frühzeitiges Modesignal für eine neue Zeit. Noch ehe der demokratische Bürger die Kniehosen einer feudalen Gesellschaft verwarf, setzte sich die lange lässige Hose bereits für die Kinderkleidung durch und kündigte eine neue Einstellung gegenüber den Kindern an, zunächst einmal gegenüber den Knaben.

Im Gegensatz dazu stand eine Art von kindlicher Uniform, äußeres Zeichen einer »standesgemäßen« Erziehung, aber auch der Stellung auf der hierarchischen Rangstufenleiter. Die militärische Kadettenuniform durften nur Privilegierte tragen.

Prinz Wilhelm von Hannover um 1790. (Unbekannter Maler)

Knabe im Uniformrock der Befreiungskriege.
(Unbekannter Maler um 1810)

In Preußen hatte Friedrich Wilhelm I. 1716 das »Preußische Kadettencorps« gegründet; dazu existierten mehrere Anstalten mit den Klassen Sexta bis Obertertia in der Provinz, während die Oberklassen mit dem Fähnrichspatent als Abschluß im Hauptkadettenkorps in Berlin-Lichterfelde absolviert werden mußten. Auch Sachsen, Bayern und Österreich-Ungarn besaßen solche Internate für die Erziehung der Offiziers- und Beamtensöhne zum Offiziersnachwuchs.

Die frühzeitige Festlegung der Knaben aus den Aristokratenfamilien auf eine militärische Laufbahn galt oft als Selbstverständlichkeit. An eine freie Berufswahl war gar nicht zu denken. Tony Schumacher (1848-1928) berichtet von ihrem 1780 geborenen Großvater Fidel Carl Joseph Guntram von Baur, er habe schon mit 10 Jahren sein Fähnrichspatent erworben, mit 14 Jahren sei er Souslieutenant geworden und mit 21 Hauptmann.[6] Solche Blitzkarriere war freilich später nicht mehr möglich. Um so unausweichlicher gestaltete sich der vormilitärische Werdegang der Knaben, der von vielen unter ihnen durchaus bejaht und keineswegs problematisiert wurde.

Die spartanische Erziehung der jungen Kadetten bezog sich oft auf reine Äußerlichkeiten, denen ein übertriebener Wert beigemessen wurde.

Mit der Uniformierung des Kindes verbanden sich vielerlei Komponenten des sozialen Bewußtseins. Eine davon bestand in der Deplaziertheit einer so extrem männlichen Bekleidung wie der Uniform auf einem Kinderkörper. In einem seltenen Zeugnis der Zeit (etwa 1805) werden solche reflektierten Kindergefühle beschrieben:

»Mit meinem Vater aber reiste der Großvater, als jener kaum 12 Jahre alt war, nach Berlin, ihn dem König Friedrich Wilhelm III. persönlich vorzustellen, um ihn bei der Leibgarde einschreiben zu lassen. Dem Knaben blieb diese Audienz durchs Leben in unauslöschlicher Erinnerung. Nachdem er einige Fragen, die der König an ihn richtete, fest und entschieden beantwortet hatte, forderte der General von Köckeritz, der der Vorstel-

Der junge Kadett. (Foto um 1870)

lung assistierte, ihn auf, durch die geöffnete Tür in das Nebenzimmer zu schreiten und bis an das Ende zu gehen, wo ein grüner Schirm stand. Hinter diesem trat die Königin Luise hervor, richtete an das verlegene Kind ein paar aufmunternde Worte und streichelte ihm die Backen. Von nun an hatte der Knabe das Recht, die Junkeruniform zu tragen, Cordon und Offiziersfederbusch und den Säbel mit dem Offizier-Portepee anzulegen. Aber er erinnerte sich auch sehr deutlich, daß er schon damals die Empfindung gehabt hätte, es sei nicht würdig, daß Kinder Kleidung und Ehrenzeichen wie eine Spielerei trügen, die Männer in voller Kraft als Schützer des Vaterlandes bezeichneten, und nur mit Tränen des Ärgers und der Scham, nur gezwungen hätte er als Knabe die Uniform angelegt.«[7]

Die Erwachsenen zogen derartige Empfindungen nicht in Betracht: für sie war die militärische Erziehung standesgemäß und die Offiziersuniform das äußere Zeichen ihrer Kaste und ihrer Stellung in der hierarchischen Rangstufenleiter.

Für die Altersgruppe Kindheit bedeutete eine so frühe und ausschließliche Festlegung des Lebensweges, verbunden mit der dazugehörigen Uniform, Einengung und Privilegierung zugleich. Der Zwang bestand in absoluter Anpassung an ein sehr eingeschränktes und einseitiges Denk- und Verhaltenssystem mit einem überscharfen Ehrenkodex, aus dem es kein Entrinnen gab. Als Privileg formte sich ein aristokratisch-elitäres Wir-Gefühl mit seinen Solidaritäts- und Schutzfunktionen, verstärkt durch den auszeichnenden Glanz der Uniform. Kinderfeindlich und familienfeindlich zugleich bewirkte die Kadettenerziehung eine Ablösung aus der Individualrolle des Knaben innerhalb seiner Familie zugunsten seiner Aufnahme in die große Familie, die aristokratische Führungsgruppe des Militärs. Und die kindliche Uniformierung entkleidete ihn noch zusätzlich aller Individualität.

Mädchen

Den Mädchen aristokratischer Herkunft ging es besser. Wie ihre Mütter übernahmen sie frühzeitig die Mode und erschienen auf den Porträts im offenen losen weißen Kleid. Vom französischen Hof gingen neue »bürgerliche« Impulse aus, die sich auch in der Kinderkleidung niederschlugen.

Aristokratenkinder konnten von sich sagen, daß sie »von Familie« waren, oft einen berühmten Familiennamen und zahlreiche hochgestellte Verwandte besaßen. Sie hatten nützliche Familienbeziehungen, aber nur selten ein wärmendes Familiennest. Das gehörte nicht zum sozialen System dieser Gruppe mit ihren Herrschaftsinteressen und ihrer strategischen Familienpolitik.

Repräsentation, ganz besonders in der Kleidung, lautete die alles beherrschende Devise. Und je mehr das Herrschaftssystem ins Wanken geriet, desto angestrengter bemühte man sich, dies durch Haltung zu verbergen. Kinder aus besserem Hause hatten sich diesem Ziel voll und ganz unterzuordnen. Kindheit »im Schloß« ist sicher nicht immer eine glückliche Zeit gewesen.

Des Bürgers neue Mode

Einen völligen modischen Umbruch brachten die Ideen der Französischen Revolution dem Bürgertum, der neuen führenden Sozialgruppe, von der die »umstürzlerischen« und »bürgerlichen« Gedanken gekommen waren. Kniehose und gepuderte Zopffrisur wurden zu Symbolen des verhaßten Ancien régime. Der bewußte Bürger trug das lange Beinkleid, die Pantalons. Der Arbeitsanzug der Marseiller Hafenarbeiter und Matrosen wurde damit zum Symbol einer revolutionären Bewegung. Die sogenannte Röhrenhose blieb bis heute das typische männliche Kleidungsstück der bürgerlichen Mode, während sich in der ländlichen Kleidung die alte Kniehose in vielen Regionaltrachten noch länger bewahrte.

Knaben

Da die Revolution der Kinderkleidung schon um 1780 eingesetzt hatte, war sie der Erwachsenenmode voraus. Schon bevor der moderne Bürger *Sansculottes* trug, kleidete man die Knaben in bequeme, halsfreie Kittel *à la matelot,* den Vorläufern des späteren Matrosenanzuges. Die Entwicklung dieses langlebigen Kleidungsstückes wird an anderer Stelle ausführlicher behandelt werden.

Wer es besonders gut mit seinen Kindern meinte, kleidete sie bequem, was im Zusammenhang stand mit orientalischen oder sonst fremdländischen volkstümlichen Kleidungsstücken. Griechische oder armenische Jacken wurden in den gehobenen bürgerlichen Kreisen modern, Knaben in türkischer Kleidung, mit orientalisch fülliger Stoffweite in Hosen und Blusen erscheinen im eleganten Modebild der Zeit, oder türkische Spenzer, wie Wilhelm von Kügelgen (1802-1867) einen zu seinem dritten Geburtstag bekam:

»Meine erste, einigermaßen deutliche Erinnerung beginnt mit dem 20. November 1805, an welchem Tage ich drei Jahre alt wurde. Als ich am Morgen die Augen aufschlug, strahlten mich drei kleine Wachskerzen an, die auf weißgedecktem, mit Immergrün garniertem Tische um einen prachtvollen Kuchen standen ... Meine Mutter gab mir die Hand und sagte, daß mein Geburtstag sei. Dann wusch sie mich, scheitelte mir das Haar mit Sorgfalt und kleidete mich an. Der offenen Weste wurde ein Paar weite Hosen angenestelt, die hinten offen und mit Schleifen versehen waren; darüber kam ein türkischer Spenzer mit kurzen Ärmeln und an die

Kinderkleidung nach orientalischer Mode.
(Journal des Luxus und der Moden 1803)

Füße ein Paar Schnallenschuhe. So war der Anzug vollendet, der übrigens im Sommer wie im Winter Hals, Brust und Arme bloß ließ.«[8]

Mustervorschläge wie der folgende – hier für eine neugriechische Tracht – finden sich in den damaligen Modezeitschriften häufig.

»Der Knabe ist im Kostüm der Neugriechen auf den Inseln des Archipelagus und des dalmatischen Litorals gekleidet. Ein echt levantisches Mützchen von rotem Tuche, oben in der Mitte mit einem schwarzseidenen Quastchen, ein Hemd mit kurzen Ärmeln, ein weißes Westchen, ein Oberjäckchen von Lilasamt mit goldenen Litzen eingefaßt, Beinkleider von Linon oder Musselin, die wie der Rock eines Mädchens gemacht sind, und oben und unten mit einem Zug eingezogen werden. Die Bänder des unteren Zugs werden in der Mitte, wo dieser Rock einen Einschnitt hat, eingesteckt, und so formieren sich beide Unterteile. Zur rechten Seite hängt an einem Bändchen das kleine Schnupftuch angesteckt. Er trägt nach levantischer Sitte gelblederne Schuhe. Diese von den Italienern nach den Schiffern in ihren Häfen kopierte bequeme Kinderkleidung verdiente wohl Nachahmung! Bei kalter Witterung könnten die entblößten Arme und Füße mit langen engen Ärmeln und Strümpfen überkleidet werden.«[9]

Die Vorliebe für folkloristische Kinderkleidung setzte sich durch das ganze Biedermeier fort, wiederbelebt durch politische Ereignisse wie den Befreiungskampf der Griechen. Rudolf Haym (1821-1901) erinnert sich aus seiner Kindheit:

»Eine spätere Besuchsreise hatte den Zweck, mich förmlich den Verwandten vorzuführen. Ich wurde mit völlig neuen Kleidern ganz stattlich herausstaffiert, wobei die neugriechische Tracht eines Matrosen als Muster diente.«[10]

Eine derartige Kindermode war schon wegen ihres Kostenfaktors nur für vermögende, gleichzeitig aber auch fortschrittlich gesinnte Kreise erschwinglich.

Neben demokratisch eingestellten Bürgern war ein nicht geringer Teil des Bürgertums noch bestrebt, der Aristokratie nachzueifern. Obwohl es eine spezielle Schulkleidung in Deutschland nie gegeben hat, finden sich aus den gehobeneren Bevölkerungskreisen Schilderungen von besonderen Anzügen gerade für den öffentlichen Unterricht, die den Bürgerknaben von den unteren sozialen Schichten abheben sollten.

»Eigentümlich war noch der Aufzug, in welchem wir nach dem alten Herkommen erscheinen mußten: schwarze Kleidung, schwarze seidene

Kindermodebild um 1825.

Strümpfe, gepudertes Haar und ein Haarbeutel im Nacken, einen Pariser Degen an der Seite und einen seidenen chapeau bas unter dem Arme. Ich weiß noch, mit welcher Verlegenheit und Furcht vor den Hannoverschen Straßenjungen ich in diesem Aufzuge über die Oster- und Seilwinder-Straße nach dem Schulgebäude hinter der Marktkirche ging.«[11]

Daneben gab es von den Erwachsenen erdachte Kleidungsstile, die den Kindern arge Verlegenheit bereiteten und ihnen den Spott ihrer Kameraden eintrugen. Dagegen fand sich keine Hilfe, und erst die Kindheitserinnerungen bedeutender Zeitgenossen verraten etwas von den Kleidergefühlen der Kinder. So erzählt Theodor Fontane (1819-1898) von den Sorgen der Knaben in der großväterlichen Hugenottenfamilie Barthélemy:

»... von hier aus (Niederschönhausen) besuchte mein Vater drei Jahre lang, also wahrscheinlich bis Herbst 1809, das Gymnasium zum Grauen Kloster. Es waren harte Schuljahre, denn der weite, wenigstens anderthalb Stunden lange Weg nach Berlin erforderte, daß jeden Morgen um spätestens sechs Uhr aufgestanden werden mußte. ›Winters froren wir bitterlich, und es wurde erst besser, als wir, mein älterer Bruder und ich, blaue mit postorangefarbenem Kattun gefütterte Mäntel als Weihnachtsgeschenk erhielten. Aber es erwuchs uns daraus keine reine Freude. Jedesmal, wenn sich der Wind in den mit einem gleichfarbigen Kattun gefütterten großen Kragen setzte, stand uns der postorangefarbene Kragen wie ein Heiligenschein zu Häupten, und der Spott der Straßenjungen war immer hinter uns her.‹ Es war dies eine Lieblingsgeschichte meines Vaters, der an ihr bis in sein Alter hinein festhielt und nichts davon wissen wollte, wenn ich ihm lachend von meinen eigenen, dem Vorstehenden sehr verwandten Schicksalen erzählte. Ja, Papa, begann ich dann wohl, so bin ich, als ich so alt war wie du damals, auch gequält worden. Mama ließ mir um jene Zeit, ich war eben mit ihr in Berlin angekommen, Rock, Weste und Beinkleid aus einem milchfarbenen Tuchstoff machen, es war ein billiger Rest, und in der Klödenschen Schule hieß ich dann, ein ganzes Jahr lang, der ›Antiquar aus der alten Post‹. Der trug nämlich gerade solchen milchfarbenen Anzug und war überhaupt eine Karikatur. – Kann schon sein, schmunzelte mein Vater, so was ist mitunter erblich; aber Postorange war doch schlimmer, dabei muß ich bleiben. Es schrie förmlich in die Welt hinein.«[12]

Mutter und Tochter nach neuester englischer Mode.
(Journal des Luxus und der Moden 1803)

Das sagt über die Geschichte der Kinderkleidung mehr aus als das schönste Modeblatt.

Mädchen

Auch die weibliche Mode änderte sich unter den revolutionären Einflüssen zu Beginn des 19. Jahrhunderts total, ja noch schneller als die männliche. Die von Rousseau gepredigte Rückkehr zur Natur brachte die Verbannung von Perücke, Korsett und Krinoline. Man kleidete sich natürlich und antik im losen, leicht gegürteten Chemisenkleid und mit kurz geschnittener Titusfrisur; diese bequeme, unaufwendige demokratische Kleidung eroberte alle

Bequeme Kinderkleider.
(Journal des Luxus und der Moden 1807)

Schichten und Altersstufen. Die Mädchen waren nun befreit von der geschnürten Taille. Die größeren gürteten die Kleider hoch mit farbigen Seidenschärpen, die einen wirkungsvollen Kontrast zu den weiten Gewändern darstellten.

»Wir wurden entlassen und gingen in den Garten. Wir trugen damals breite Schärpen von blau und weiß geflammter Seide; auf dem Rücken waren sie in Schleifen gebunden, die in der vollen Breite, welche wohl eine Elle betrug, ausgebreitet waren, so daß sie gleichsam Schmetterlingsflügel bildeten. – Während ich in meinem Blumenbeet arbeitete, haschte mich einer an diesen Flügeln. Es war Herder. ›Siehst du, kleine Psyche‹, sagte er, ›mit den Flügeln genießt man wohl die Freiheit, wenn man sie zu rechter Zeit zu brauchen weiß, aber an den Flügeln wird man auch gefangen; und was gibst du, daß ich dich wieder loslasse?‹ – Er verlangte einen Kuß. Ich verneigte mich und küßte ihn, ohne das Geringste einzuwenden.«[13]

Musselin als Stoffart wurde (um 1800) bevorzugt, ebenso wie die Farbe weiß. Diese Mode kam aus England und beeinflußte eine Zeitlang das westeuropäische Festland, besonders hinsichtlich der Kinderkleidung.

In Bertuchs Journal von 1804 wird ein Modekupfer wie folgt beschrieben:

»Meine zweite Dame trägt sich mit ihrer kleinen Tochter ganz englisch. Die Dame hat ein ganz einfaches weißes Musselinkleid mit kurzen Flügelärmeln, den Rücken etwas spitz zulaufend ausgeschnitten und in kleine platte Falten gelegt. Auch sie trägt eine Chemisette mit einer Halskrause. Der Hut hat eine weit vorspringende Krempe, welche mit Rosa Band = Enden in Form von Fischschuppen à l'ecaille bedeckt ist. Auch ist der Hut oben am Kopfe und vorn herum mit zusammengerollten Bandwulsten besetzt, der Kopf selbst aber hinten mit Taft überzogen. Englische Kinder – wie beistehendes Mädchen zeigt – werden sehr leicht und einfach gekleidet; ein großer simpler Strohhut schützt sie vor der Sonne. Dazu kommt ein leichtes weißes Kleid mit kurzen Kinderärmeln, das unten drei bis vierfach übereinander gelegte Säume hat. Ein doppelt übereinander fallender Halskragen bedeckt Hals und Brust. Schwarzlederne Schuhe.«[14] (vgl. Abb. S. 34)

Liest man diese modische Anweisung, so fällt auf, daß die Kinderkleidung sich nicht sehr von der der Erwachsenen unterschied, die eben in ihren Grundzügen einfacher geworden war. Zwar gestand man den Kindern mehr Kindlichkeit zu; aber es darf nicht übersehen werden, daß das neue »Verhältnis zum Kind« noch in seinen Anfängen steckte. Nach wie vor endete die eigentliche

Kindheit mit dem Eintritt in das Lernalter, was sich auch in der Kleidung ausdrückte.

Die Lektüre des gleichen Blattes drei Jahre später (1807) mutet noch wie eine Zukunftsvision an, die kurze Zeit später allerdings Wirklichkeit wurde.

»Schon längst sind wir glücklicherweise von der Torheit geheilt, die Kleidung der Kinder nach der Tracht erwachsener Personen einzurichten, und die jungen Geschöpfe eingeengt und gepreßt, wie angezogene Puppen aufzustellen. Das Kind muß durch die Kleidung in keiner Bewegung gehindert werden und sich in allen Richtungen frei bewegen können. Dieses muß den Schnitt bestimmen; in Hinsicht der Jahreszeit wählt man dann dickere oder leichtere Stoffe dazu, ohne in der Form wenig oder gar nichts zu ändern. Schon vor 20 Jahren (im Februar 1787) wurde in dieser Zeitschrift eine zweckmäßige Kinderkleidung gegeben, und der begleitende Text führte die Haupterfordernisse derselben weiter aus ... Der Knabe trägt als Sommerkleidung ein Ärmelwestchen von Nanking und lange weite Hosen von gleichem Zeug, die an der Seite Taschen, zum Aufbewahren des Schnupftuches, haben können. Über die Ärmelweste hat der Kleine zum Putz einen Mameluck von schwarzem Caschmir, mit silbernen Schnüren besetzt, gezogen, dessen Schnitt und Besatz man unten im Contour noch genauer angegeben findet. Bei einer Unterkleidung von schwarzem oder blauem Tuch für den Winter, woran die Ärmel dann lang sind, nimmt sich der Mameluck recht gut von Scharlach aus. Zur Kopfbedeckung ist der im Contour abgebildete Hut von leichtem grauen Filz das zweckmäßigste ...

Für kleine Mädchen bis zum 6ten Jahre, die ihrer vollen Munterkeit noch freien Raum gestatten dürften, ist die hier abgebildete Tracht schicklich und bequem. Die Beinkleider von Batistmousselin sind über dem Knöchel gebunden, und mit einer Garnierung besetzt. Das kurze unten ausgezackte Kleidchen ist rot unterlegt, und wird hinten zugemacht.«[15] (vgl. Abb. S. 35)

Wie es in dieser Zeit um die Kinderkleidung bei den armen Leuten bestellt war, beschreibt Karl Friedrich von Klöden (1786-1856), proletarisierter Sohn eines verarmten, ständig wegen Kriegszügen abwesenden Landedelmannes, für Berlin:

»Zu Ostern 1793 mußten wir die Kaserne verlassen. Meine Mutter hatte eine geringe Wohnung in der kleinen Hamburgerstraße an der Ecke der Linienstraße gemietet, die wir natürlich nun bezahlen mußten. Von meinem Vater fehlten alle Nachrichten. Unser Leben wurde immer ärmlicher. Ich lief im Sommer barfuß und hatte nur leinene Hosen, ein Hemde und eine Weste. Gar bald war meine Mutter so weit, daß sie keine andern Kleidungsstücke besaß, als die, welche sie auf dem Leibe trug.

Ich mußte nun meinen kleinen Bruder warten und die Aufsicht über meine Schwester führen. Sobald die Witterung es erlaubte, legte ich Schuh und Strümpfe sowie die bis dahin noch einigermaßen zusammengehaltene blaue Tuchjacke ab. Eine Kopfbedeckung hatte ich weder im Sommer noch im Winter. Von Hals- und Schnupftüchern wußte ich nichts.«[16]

Auch damals war wie für das ganze kommende Jahrhundert das Barfußlaufen das deutlichste Zeichen von Armut.

Der Schneemann. (Daniel Chodowiecki 1726-1801)

Anmerkungen

1 Weber-Kellermann: Kindheit. S. 100 f.
2 Bertuch, Fr. J. und M. Kraus (Hg.): Journal der Moden (2 ff.: des Luxus und der Moden). 1786 ff. Vgl. dazu Bringemeier, Martha: Ein Modejournalist erlebt die Französischen Revolution. Münster 1981.
3 Bringemeier: Mode und Tracht. S. 111 ff.
4 Ebda. S. 95 ff.
5 Goethe: Die Leiden des jungen Werther. S. 461 und 510.
6 Schumacher: Was ich als Kind erlebte. S. 16.
7 Putlitz: Mein Heim. S. 115 f.
8 Kügelgen: Jugenderinnerungen. S. 11.
9 Journal des Luxus und der Moden. 18 (1803), S. 463 f.
10 Haym: Aus meinem Leben. S. 28.
11 Kohlrausch: Erinnerungen. S. 43/44.
12 Fontane: Meine Kinderjahre. S. 6 f.
13 Arnim, B. von: Lebensspiel. S. 49 f.
14 Bertuch: Journal des Luxus und der Moden. 18 (1803), S. 515/17.
15 Ebda., Jg. 22. S. 339/40.
16 Klöden: Jugenderinnerungen. S. 45.

Biedermeierkinder. (Hans Gasser 1817-1868)

III.

Biedermeierkinder 1815-1848

Die neue bürgerliche Ära

Die politische Landschaft trug dazu bei, daß der fortschrittliche Geist der Revolutionsjahre bald wieder vor anderen gesellschaftlichen Idealen in Vergessenheit geriet. Die nationale Begeisterung der Befreiungskriege, Volkstümelei und rückgewendete Altertumssehnsucht der Romantik förderten ein wieder mehr konservatives Denken. Eine mythologisierende Geschichtsbetrachtung gedieh zum Ideologem, da sie in sozial konservierender Tendenz der Vergangenheit als solcher einen erhöhten Wert beimaß. Diese auf das Empire folgende und bis zum Revolutionsjahr 1848 dauernde Phase nennt man in Deutschland (noch verbindet sich mit diesem Wort kein politisch einheitliches Staatsgebilde) das *Biedermeier*. Es war die »gute, alte Zeit« bürgerlichen Glücks und Behagens, gefühlvoll, liederfroh und mit viel Sinn für die sanften Genüsse des Daseins. An den großen und tiefen Ideen des Fortschritts ging sie meist vorbei – mußte sie vorbeigehen, da die Kleinstaaten-Regierungen solche Gedanken mit Besorgnis beobachteten und ihre Untertanen streng davon fernzuhalten suchten. So begnügte man sich mit dem, was erlaubt war: Man lebte sozusagen in einem Idyll und kultivierte vor allem das innere Leben. Von den Problemen der Zeit, der industriellen Revolution, des durch sie mitbedingten Pauperismus der neu entstehenden sozialen Schicht des Arbeiters, dem Fortschritt in Industrie, Naturwissenschaft und Wirtschaft (1835 fuhr die erste Eisenbahn von Nürnberg nach Fürth), wollte man wenig wissen.

Der Begriff des Biedermeier selbst entstand erst nach dem Abklingen des Stils. Die Dichter Ludwig Eichrodt und Adolf Kußmaul veröffentlichten 1855-1857 in den »Fliegenden Blättern« unter dem Pseudonym »Biedermeier« Gedichte im Stil der naiven Lyrik des Schulmeisters Samuel Friedrich Sauter (1766-1846). Damit zeichneten sie ein bleibendes Bild des deutschen Philisters im Vormärz mit dem Wunschbild der Geborgenheit in einem bürgerlich gesicherten Milieu.

Sozialgeschichtlich war vieles geschehen. Mit der Trennung von Arbeitsplatz und Wohnstätte im Verlaufe der Industrialisierung wandelte sich der Typus der Familie in ökonomischer und sozialer Hinsicht von demjenigen der gemeinsam wirtschaftenden und hausenden Sozialform zur Kleinfamilie. Das bedeutete die Reduzierung der Frauen auf Häuslichkeit und Kindererziehung und damit die Herausbildung eines neuen Familientyps mit eigener Familienkultur. Der pater familias dieser Epoche bildete für die Seinen die Vermittlung zur Außenwelt, zu Arbeit und Gesellschaft, während die abgeschirmte familiäre Innenwelt von der Mutter und Hausfrau geleitet und gestaltet wurde.[1]

Die Arbeiterfamilie in ihrer materiellen Bedrückung und ihrem ständigen Mangel an freier Zeit konnte so gut wie keine eigenen Gestaltungsformen erringen und strebte meist unbewußt einem Kleinbürgerideal nach, während die ländliche Familie, ihren wirtschaftlichen Bedingungen entsprechend, weitgehend in den Lebensformen der alten Haushaltsfamilie verharrte. Die Aristokratie war nicht mehr die absolut führende Schicht für die gesellschaftliche Kultur. Kulturelle Zeichen für diese sozialen Veränderungen finden sich deutlich in der Kinderkleidung.

Die Bürger, seit den Ausklängen der Französischen Revolution führende Schicht auch für die Mode, waren schon damals keine homogene Bevölkerungsgruppe mehr. Immer deutlicher differenzierten sich nach ihren ökonomischen Möglichkeiten Groß- und Kleinbürger, zwischen denen das aufkommende Bildungsbürgertum stand.

In der bürgerlichen Mittelschicht fanden die neuen pädagogischen Ideen im Hinblick auf die Kinderkleidung Aufnahme. Eine neue Kinderfreundlichkeit, ein Verständnis für kindliche Bedürfnisse verwirklichte sich in eigenen Modetendenzen.

Knaben

»Die französische Julirevolution brachte plötzlich mit all ihren nachfolgenden Zuckungen, dem Sieg des Bürgertums und des konstitutionellen Systems, ... einen Umschwung in allen Moden hervor ... Wie einmal die Trikolore siegverkündend von den Tuilerien wehte, so bemächtigten sich ihrer auch schnell die französischen Modehändler und Fabrikanten – und die Deutschen sahen nicht ein, warum sie nicht eilig nachfolgen sollten. Hatte man in den deutschen Staaten und Städten ein von Paris gegebenes revolutionäres Signal befolgt in der Politik, so konnte wohl auch die Industrie willig annehmen, was von dorther kam ... Bänder, Tücher, Stoffe aller Art waren jetzt blau, rot und weiß, und da niemand in Deutschland

Spielkleidung im Biedermeier. (Moritz von Schwind 1804-1871)

die deutschen Farben schwarz-rot-gold tragen durfte, und die wenigen, die es versuchten, Hambacher Fest und geheime Burschenschaften, dafür mit Gefängnis bestraft wurden, so war es nur natürlich, statt der deutschen Trikolore die französische zu wählen und dabei heimlich zu singen: Freiheit, die ich meine! oder laut die Marseillaise anzustimmen, die damals auf allen Gassen und allen Konzerten gehört ward.«[2]

Die französische Revolution und ihre Nachwirkungen auf die Mode waren also in der bürgerlichen Epoche zwischen 1815 und 1820 längst manifest geworden.

Nach 1820 verschwand der um 1780 in der Knabenmode aufgekommene *Skeleton*; an dessen Stelle trat das sogenannte *Habit,* ein zusammengenähter Jacke-Hosen-Anzug. So ist beispielsweise in den Lebenserinnerungen der Hedwig von Bismarck zu lesen:

»Meine Toilette war, meiner Wildheit entsprechend, gewöhnlich ziemlich derangiert; Otto trug, der Zeit gemäß, einen Knabenanzug, bestehend aus blauer Tuchjacke mit daran festgenähten Höschen. Das ganze Kleidungsstück, Habit genannt, war auf dem Rücken von oben bis unten mit blanken, gelben Knöpfen geschlossen. Dies machte es öfter einem neugierigen Hemdzipfel möglich, am Schluß herauszusehen«.[3]

Modern wurden nach 1820 lange, weiße Leinenhosen und weite, gegürtete Kittel mit breiten, weißen Kragen, die in lebhaftem Kontrast zu den meist unifarbenen Stoffen standen. Bei kühlerer Witterung trugen feinere und reichere Kinder samtene Jacken oder Mäntel darüber, die im Schnitt den Kitteln angepaßt waren.

»Es war der erste wirkliche Prinz, den ich sah, und seine stattliche Erscheinung erregte mein lebhaftes kindliches Interesse, ebenso die schöne Frau, die er führte. Noch heute steht mir das Bild vor Augen: ihr blauer Sammetpelz, mit dem breiten Zobelbesatz, und der rote Mantel des mir gleichaltrigen Kindes mochten wohl den Nimbus der Erscheinung noch erhöhen. War doch bis dahin mein Tuchüberrock mir ein imponierender Luxusartikel gewesen, und nun trug dies Kind roten Sammet!«[3]

Bürgerknaben trugen, so geht aus zahlreichen autobiographischen Zeugnissen hervor, bevorzugt Jacken aus blauem Stoff. Das war neu, denn in keiner Kleidungsbeschreibung der vorangegangenen Epochen wurde Blau für bessere Kinder genannt; es galt als Schürzen- und Kittelfarbe der Bediensteten.[4]

»Ludo und ich gehörten wohl zu den Frohesten. Es war ein Samstag ... zu dem uns neue blaue Jacken angemessen worden waren. Wir erwarteten sie mit Sehnsucht, und es mochte drei Uhr sein, als der Schneider sie brachte.«[5]

Zu der Jacke wurden schmale lange Hosen getragen, deren Vorbild die neue bürgerliche Röhrenhose war. Daneben gab es noch andere Einflüsse aus dem ideologischen Bereich. Die romantische Entdeckung des Volkes, die Volkstümlichkeit, führte in dem Augenblick zur bürgerlichen Adaption von Trachtenelementen, als die Regionaltracht sich im Zuge der sozialhistorischen Entwicklung auf die Dörfer zurückzuziehen begann. Nun zog die Bürgermama die Bauernkittel der Dorfjugend in niedlicher Aufmachung ihren eigenen Buben an und war damit kinderfreundlich und volkstümlich zugleich, verschwamm doch die Liebe zum naiven Volk und zu den Kindern in der neuen bürgerlichen Gesellschaft oft zu einer emotionalen Einheit. Auf die Frage nach der Beziehung der Erwachsenen zu ihren Kindern im Spiegel biedermeierlicher Kinderkleidung kommt als Antwort eine Bejahung der Kindlichkeit, eine Zustimmung zu kindlicher Bewegungsfreiheit im volkstümlich-demokratischen Stil, eine Verlängerung der Kindheit durch das Hinausschieben jenes Zeitpunktes, da sie die Kleidungssitten der Erwachsenen zu übernehmen hatten. Diese Kleidersprache hatte es zuvor für größere Kinder noch nie gegeben, bedenkt man vor allem die bereits erwähnten weißen Hosen. Über den langen, weiten, weißen Leinenhosen trugen die Knaben weite, gegürtete Kittel, die den Bewegungsdrang nicht einengten. Zwischen 1820 und 1840 verkürzten sich zunächst die Hosen, die Kittel aber wurden länger! Waren sie erst das Vorrecht der klei-

Otto Scholderer 1834-1902; Jean B. J. Bastiné 1783-1844.

neren Knaben, so avancierten sie später zur Mode der über Sechsjährigen.

Daneben gab es eine Art von Alternativmode, zumindest für die Knaben: eine lange Hose mit frackartiger Jacke, zuweilen auch Weste, also ein Anzug, der dem kleidungsmäßigen Aussehen des Vaters entsprach.

Aber nicht nur das Vorbild der zivilen Herrenkleidung, sondern auch das Uniform-Image scheint in der Beliebtheitsskala der bürgerlichen Knabenmode eine große Rolle gespielt zu haben. Immer wieder ist die Rede von Knabenfräcken mit reichem Besatz an blanken Knöpfen. Die Zeit der Befreiungskriege, das Heldentum junger Bürgersöhne im Kampf für nationale Freiheit und Einheit, spiegelte sich auch in den Kleidersitten wider.

»Wir trugen gewöhnlich kleine Wämschen mit drei Reihen Goldknöpfen und im Sommer weiße Hosen aus ›englisch Leder‹ und Schuhe, die ein schlimmer Schuster, der uns die Füße gründlich verdarb, fabrizierte. Trotz unseres Heulens wollte aber die Mutter den Mann nicht verlassen, da er viele Kinder hatte. Das Schlimmste aber war der Hemdkragen, der steif gestärkt war und breit sich über die Jacke legte – der ›kratzte‹ nach allen Windrichtungen hin!«

»Nur dunkel erinnere ich mich der Großmutter väterlicherseits, der Witwe des Großvaters. Aber das Eine vergesse ich ihr nie: daß sie uns Jungen zu Weihnachten hellrote Westen mit Glasknöpfen schenkte, die größte ›Neuheit‹ damals. Wie stolzierte man auf dem Marktplatze am folgenden Tage mit dem fröhlich fragenden Gesichte: Seht ihr denn gar nicht, was ich für eine Weste habe? Sie hätte uns weiß Gott was schenken können, nichts hätte diese Wirkung gehabt.«[6]

Es ist erstaunlich, wieviel Wert die Kinder auf Fräcke, Westen, Hosen u. ä. legten. Ganz anders dagegen stand es mit Mänteln oder wärmenden Jacken. Für Knaben aus reicheren Häusern gab es selbstverständlich Mäntel: *Capote*- oder *Garrick*mäntel, die denen der Erwachsenen ähnelten und in der Anschaffung sicher nicht billiger waren. Hinzu kam, daß kein »echter Junge« sich gerne in einen solchen, meist weiten und sehr dauerhaften Wärmeschutz hüllte, der die Kindergenerationen überdauerte.

»Ein Winterstück wurde besonders gehaßt. Das war ein lichtbraungelber Mantel, aus unverwüstlichem Zeug fabriziert, der oben einen roten Plüschkragen hatte und dem etwa zehn sich vergrößernde Kragen folgten. Das ›Kutschermäntele‹ wanderte von einem zum andern, und als Novität wurde oben der Plüschkragen erneuert und unten ein Kragen abgeschnitten. Jeder fürchtete den Augenblick, wo der ›Unverwüstliche‹, den die Mutter so sehr lobte, an ihn kam. Aber er hat uns alle ausgehalten, wir mochten ihn traktieren, wie wir wollten; der ›Kerl‹ war stärker als wir alle.«[7]

Je weniger »betucht« die betreffende Familie war, desto länger mußte der »Unverwüstliche« getragen werden. Hatte gar schon, wie in Kleinbürgerkreisen üblich, Vaters Mantel den »Unverwüstlichen« abgegeben, so war der Stoff ein wirklich guter gewesen. So erzählt August Bebel (1840-1913) aus seiner Kindheit:

»Sobald ich also die ersten Hosen und den ersten Rock anhatte, die selbstverständlich beide aus einem alten Militärmantel des Vaters gezimmert worden waren, stellte ich mich, ausgestattet mit der nötigen Bewaffnung, neben oder hinter die auf dem freien Platz vor der Kasematte übenden Mannschaften und ahmte ihre Bewegungen nach. Wie mir meine Mutter später öfter humorvoll erzählte, soll ich namentlich das rechts und links

Aufrücken meisterlich fertigbekommen haben, eine Übung, die den Mannschaften viel Schweiß verursachte und bei der ich ihnen manchmal von dem kommandierenden Offizier oder Unteroffizier als Muster hingestellt worden sein soll.«[8]

Die erste Hose, der erste Rock bedeuteten für einen Knaben der Biedermeierzeit viel mehr als heute. Damit trat er aus der Gruppe der Kleinkinder in die der Jungen, und nur das allein zählte. Daß aus den Kleidern des Vaters der Sohn ausstaffiert wurde ohne große Rücksicht auf die Zeitmode, erzählt Gottfried Keller (1819-1890) in seinem autobiographischen Roman »Der grüne Heinrich«:

»Die Kleidung, welche ich damals erhielt, war grün, da meine Mutter aus den Uniformstücken des Vaters eine Tracht für mich schneiden ließ, für den Sonntag einen Anzug und für die Werktage einen. Auch fast alle nachgelassenen bürgerlichen Gewänder waren von grüner Farbe; bis zu meinem zwölften Jahre aber reichte der Nachlaß zur Herstellung von grünen Jacken und Röcklein aus bei der großen Strenge und Aufmerksamkeit der Mutter für Schonung und Reinhaltung der Kleider, so daß ich von der unveränderlichen Farbe schon früh den Namen *grüner Heinrich* erhielt und in unserer Stadt trug. Als solcher machte ich in der Schule und auf der Gasse bald eine bekannte Figur und benutzte meine grüne Popularität zur steten Fortsetzung meiner Beobachtungen und chorartigen Teilnahme an allem, was geschah und gehandelt wurde.«[9]

Ähnlich erging es dem kleinen Robert Bosse (1832-1901):

»Überzieher für Jungen gab es damals nicht, wenigstens nicht für schulpflichtige. Wir trugen Jacken oder Röcke, die meist aus den nicht mehr gesellschaftsfähigen Kleidern des Vaters geschneidert waren. Damit zogen wir auch im kalten Winter auf die Schlittenbahn, die sogenannte Querbahn am Galgenberge. Da sausten wir, oft nicht ohne Gefahr, auf unsern eisenbeschlagenen Handschlitten in großen Absätzen den recht steilen Berg hinab. Eine Mütze hatte ich zwar, trug sie aber nur selten, zum Beispiel sonntags beim Kirchgang. Mein Vater sah Mützen als ein für Jungen ziemlich überflüssiges Kleidungsstück an.«[10]

Der soziale Abzeichencharakter einer Mütze war auch schon für die Kinder von Bedeutung. Der kleine Karl Friedrich von Klöden (1786-1856), dessen Familie in die unterste Kleinbürgerschicht abgesunken war, berichtet aus Berliner Kindertagen:

»Des Abends wurde zum Zapfenstreich nach der Wache am Oranienburger Tore gelaufen. Den Tambour begleitete der helle Haufen auf seinem Gange, und sowie er fertig war, wurde mit einem gellenden Gejauchze die

Kleidung der Armen als Mangel. (Theodor Hosemann 1807-1875)

Mütze hoch in die Höhe geworfen und dann fortgelaufen. Dies war herkömmliche Sitte, und bekanntlich werden alte Gewohnheiten von niemandem so fest gehalten wie von den Kindern. Ihre Spiele beweisen das: Murmel, Ball, Drachenspiel, die stets in jedem Jahre zu derselben Zeit anfangen. Ich hätte auch gern meine Mütze in die Höhe geworfen, aber ich hatte keine und konnte nur die Hände in die Höhe heben. Bis zum zehnten Jahre ist keine Bedeckung auf meinen Kopf gekommen; Regen und Sonnenschein, Kälte und Hitze konnten ungehindert darauf einwirken.«[11]

Daraus läßt sich noch anderes schließen, vor allem im Hinblick auf den sozialen Kontext. Kleidung kostete Geld, und das besaßen nicht alle Bürger in gleichem Maße. Für großbürgerliche Kinder war Kleidung, auch wenn diese langsam kindgemäßer wurde, meist eine Prestigeangelegenheit. Kinder aus den mittleren und kleinbürgerlichen Kreisen besaßen ein ganz anderes Verhältnis zur Kleidung. Je kleiner das materielle Polster der Familie war, desto mehr wurden Mäntel, Jacken, Hosen, Schuhe »aufgetragen« oder »vererbt«, ein Vorgang, den wohl kein Kind freudig erlebt hat.

»Um uns beizeiten alle Hoffart zu benehmen, wurden die Kleider und Schuhe der Älteren auf die Jüngeren vererbt, ohne Notar und Zeugen, und keiner freute sich der Erbschaft. Denn so einen Stiefel bekommen, vorn an den Zehen oder an der Seite mit einem Riester versehen oder einem Vorschuh, der über den halben Stiefel lief, war keine Herzensfreude. Oder wenn so eine Hose, etwas kürzer gemacht, und unten das Verdorbene wegoperiert wurde, dafür aber auf das Knie ein schöner, neuer Fleck (*Blezzen* genannt) kam, welche Überwindung kostete es, damit auf die Straße zum erstenmal zu gehen!«[12]

Mädchen

Die Kleidung der Mädchen aus bürgerlichem Hause in diesen Jahren zeigte sich anfänglich ebenso kinderfreundlich wie die der Knaben.

Das feingemachte Bürgerkind. (Stahlstich um 1830)

In den obersten Schichten des Bürgertums kleidete man die Mädchen wie bei den Aristokraten in zartfarbene, mit Schärpen umgürtete Musselinkleider. Die Saumlänge rutschte dabei bis zur Wadenmitte hoch. Unter dem kurzen Rock – er reichte um 1840 nur noch bis unter das Knie – sahen die vom modischen Biedermeier kreierten langen, weißen Wäschehosen hervor als Teil der Oberbekleidung. Dann begannen die Röcke weiter und die Höschen immer kürzer zu werden. Sie immer blütenweiß zu halten, wie es sich für artige Kinder gehörte, war schwer, und so gab es bald Ersatzbeinlinge zum Anknöpfen, die vor dem Spaziergang gegen die verschmuddelten ausgetauscht werden konnten. Um 1830 kamen auch Türkenhosen in Mode, die unten am Knöchel gebunden waren. Dann um 1840 wurden die Röcke weiter und die Höschen immer kürzer, und um die Mitte des Jahrhunderts war die Mode der langen Wäschehöschen für die Mädchen im Lernalter verschwunden. Höchstens zeigten sie noch einen gestickten oder mit Spitze besetzten Hosenrand unter dem Rocksaum, wenn das Alter von vier oder fünf Jahren überschritten war.

Was bedeuteten diese Wäschehosen, modisches und kindliches Charakteristikum des Biedermeier? Waren sie in dieser kinderfreundlichen Epoche ein für Knaben und Mädchen gemeinsames Zeichen der Kindlichkeit? Waren sie ein Zeichen von Bürgergesinnung und Bürgerkultur? Denn – wie das Beispiel des *Skeleton* gezeigt hat: die lange Hose der Kinderkleidung war sogar der Sans-culottes-Mode des Citoyen vorausgegangen! Noch andere Interpretationen sind denkbar. Hosen als ständige Unterwäsche der bürgerlichen Frau gab es erst seit dem Empire: knielang aus Tricotstoffen, was wohl auch mit der Durchsichtigkeit der Chemisenkleider und den in dieser Mode mangelnden Unterröcken zusammenhing. Die kleinen Biedermeiermädchen trugen ebenfalls zunächst keine Unterröcke unter ihren leichten Musselinkleidern, die beim Spielen, Laufen und Schaukeln flogen. So mögen die betulichen Biedermeiermütter aus hygienischen und moralischen Gründen diese Hosenmode für Mädchen gefördert haben, die den Unterrock ersetzte. Durch ihre Sichtbarkeit und ihre schmuckreiche Ausgestaltung mit Spitzen und Stickereien waren sie für einige Jahrzehnte ein modisches Element der Mädchenkleidung.

Auffällig bleibt die Parallelität zu den weißen Leinenhosen der

Knaben als eine Betonung des gemeinsamen Kinderstatus.

Aus der Stoffqualität der Bekleidung, der Art und Breite des Spitzenbesatzes, aber auch aus der blütenweißen »Reinheit« der Hosenränder konnte der Beobachter Rückschlüsse hinsichtlich des bürgerlichen Selbstbewußtseins ziehen, in dem die jungen Trägerinnen beheimatet waren.

»Es herrschten überhaupt damals noch Seide und Leinen mehr vor, wie später die Baumwolle, das änderte sich erst mit dem Abschluß des Zollvereins, wo die Seide sehr im Preise stieg. Das Vorurteil gegen die Baumwolle ging bei meiner Mutter auch dahin, daß sie den Teint verderbe. Wir durften um den Hals zu den damals allgemein ausgeschnittenen Kleidern nie andere als seidne oder leinene Tücher tragen, die ersten waren auch schottisch kariert, die letztern hatten große Krausen und wurden bald über, bald unter den Kleidern getragen. ›Ostindischer Nanking‹ war auch ein sehr beliebter Stoff in gelblicher Naturellfarbe. Wir Kinder bekamen Überröckchen daraus, mit bunten Börtchen gestickt, die über weißen, gestickten, vorn sichtbaren Unterröckchen offen getragen wurden. Der Stoff war ziemlich teuer, aber auch unverwüstlich, kam angeblich aus England und war dann nach Gründung des Zollvereins auch nicht mehr echt zu haben. ...

Was aber den Wollstoff betraf, den man hauptsächlich zu Hauskleidern trug, so gönnte man keineswegs England den Vorrang vor dem Vaterlande – ein deutsches gab es damals nicht, ich denke hier also nur an mein sächsisches, das auch im Namen des Fabrikats vertreten war: der *englische Merino* war nämlich ein ungleich schlechterer und auch billigerer Stoff als der *sächsische Merino*. Man hatte jenen im Verdacht, mit Baumwolle gemischt zu sein, er war leichter gewebt, aber doch von starrer Härte und hatte einen unangenehmen Glanz, man nahm ihn nur für Hauskleider, während der sächsische salonfähig war. Aus ihm ging später der *Tibet* und *Kaschmir* hervor, dieses Ideal aller wollenen Stoffe, was Weichheit, Feinheit, Faltenwurf und Haltbarkeit betrifft.«[13]

Daneben gab es noch andere Modetendenzen. Auch Mädchen schwärmten für den durch die Französische Revolution herbeigeführten Sieg des Bürgertums, kleideten sich begeistert in die Farben der Trikolore.

»Ich war damals ein kleines Schulmädchen, aber zum Glück wurden in unserem Hause Zeitungen gelesen und Zeitinteressen besprochen, und meine Lehrer waren für die neue Zeit begeisterte junge Kandidaten, die sich für verpflichtet hielten, selbst die kleinen Mädchen über das aufzuklären, was um sie herum geschah. Die Farbzusammenstellung von blau-rot-weiß machte auch einen sehr hübschen Effekt, und ich wäre außer mir gewesen, wenn ich nicht wenigstens ein so gestreiftes seidenes, großes Tuch und solche Schleifen erhalten hätte. In Shawlfaçon hieß die Trikolore auch *Fenella-Schärpe.*«[14]

Glaubt man dem damals beliebten Magazin »Die Mode«, so wechselte die Kindermode dieser Jahre deshalb wenig, weil bereits wieder die allgemeine Form der Kleidermoden ihrem Schnitt zugrunde gelegt und durch die mütterliche Phantasie bereichert wurden.

Die Modetendenz der vierziger Jahre zeigte für Mädchen wieder längere Kleider:

»... und sie gehen sehr oft ohne Beinkleider. Der Besatz der Kleider wird meist in Schürzenform arrangiert. Der halbhohe Leib (gemeint ist der Oberkörper) ist vorn breit latzartig geöffnet und mit Spangen vom Kleiderzeug über dem weißen Chemisett festgehalten. Diese Chemisetts sind

Die langen Wäschehöschen als Zeichen der Kindheit.
(Moritz von Schwind 1804-1871)

um den Hals in ein Bündchen gefaßt, mit einer wenig krausen, schmalen Spitze garniert. Die Kapottform ihrer Hüte folgt der eben geltenden Mode.«[15]

Die kleineren und größeren Biedermeiermädchen trugen an den Schläfen angeflochtene und locker nach hinten aufgesteckte Zöpfe mit schlichtem Mittelscheitel – statt der hochtoupierten Lockenfrisuren des 18. Jahrhunderts.

Bei kälterer Witterung empfahl das Blatt Kleider mit doppelten Röcken, als deren Stoff *Nanking* zu verwenden sei. Schließlich sollte das Nankingkostüm noch mit weißer Stickerei verziert werden. Neben Nanking und dem altbewährten Kaschmir wurde schottisch karierter Musselin modern. Die Röckchen reichten bis zur Wadenmitte, die kindlichen Beine steckten in kurzen Strümpfen. Die Leibchen wurden ebenfalls wieder höher.

Biedermeierzöpfchen.
(Theodor Hosemann 1807-1875)

So einfach und einheitlich die Kindermode auch aussah, so vielfältig war sie andererseits. Kindgemäß waren im Biedermeier nur die modischen Entwicklungen der Anfangsjahre bis etwa 1835; in diesem Zeitraum durften die Kinder ihren Bewegungsdrang ausleben, ihre Spielbedürfnisse befriedigen. Nach dieser Zeit der Freiheit mußten sie sich auch kleidungsmäßig wieder anpassen, sich wie kleine Erwachsene benehmen.

Wie detailliert die modischen Anweisungen für Kinderkleidung der letzten »Vormärzjahre« waren, geht aus einer damals führenden Modezeitschrift von 1847 hervor:

»Die Kinder haben ihre Modesaison wie die Erwachsenen, und zwar hat jedes Alter der Kinder seine besondere Mode, damit ist für die sorgsame Mutter ein weites Feld für den Luxus geöffnet. Die kleinen Mädchen von zwei bis vier Jahr alt tragen ihre Kleidchen in Schürzenform garniert, seien sie in einem wollenen schottischen Stoff gewählt, oder seien sie von einem rohfarbigen oder staubgrauen Sommeranzug gemacht. Der Besatz dieser Kleider wird meist von wenig abstechenden Borten oder von einer Schnürenstickerei ausgeführt. Zu diesen Kleidern tragen sie eine kurze weiße Hose und ein hohes Chemisett, das um den Hals mit einer gekrausten Spitze oder einem Plisseestreifen schließt. Für diese ganz kleinen Mädchen macht man lieber paletotartige Hüllen ...; sobald sie aber das Alter von sieben Jahren erreicht haben, tragen sie kleine Mantelets, welche von Taft gemacht und mit Zeugfalbeln garniert sind. Der Schnitt der Marie-Antoinette eignet sich für Kindermantelets besonders gut, er ist nämlich über der Brust gekreuzt, und hinten sind die Enden zusammengeknüpft. Die Mädchen von fünf bis zehn Jahren bekommen Taft- oder Foulard- oder Wollmusselinkleider, welche mit Falbeln oder auch mit Aufschlägen in Schürzenform ausgeputzt sind. Man gibt den Kinderkleidern noch oft eine Schoßtaille, oder man macht doppelte Röcke, wenn das Kleiderzeug leicht ist. Sehr modisch sind weiße Kleider für kleine Mädchen. Ein Anzug dieser Art besteht aus einem weißen Jaconaskleid, das vorn oder auch ringsum mit mehreren gestickten und ausgebogten Streifen besetzt ist, über dem Kleide sitzt ein Schoßspenzer, ebenfalls von weißem Jaconas angefertigt und mit Stickerei verziert, zum ganzen Anzug gehört noch ein weißes Beinkleid, eine kleine schottische Echarpe und ein Strohhut mit schottischem Band garniert. Bis zum achten, zehnten Jahre hat man allerliebste Hüte für die Mädchen, die mehr oder minder die Pamelaform beibehalten haben, da dieser Schirmschnitt den Kindergesichtchen sehr gut steht. Auch runde Hüte macht man häufig für die Kinder, und diese sind dann auf der Seite in die Höhe geschlagen und vorn nach dem Gesicht gesenkt, oder sie sind vorn in die Höhe geschlagen und an den Seiten niedergesenkt. ... Die Mädchen, die über zehn Jahre alt sind, hält man für junge Damen und kleidet sie also nach den gangbaren Damenmoden. Zu bemerken ist noch, daß man die weißen Beinkleider bei den Mädchenanzügen meist so kurz macht, daß man sie fast gar nicht sieht, und daß auf dem Lande die Mädchen oft Nankinggamaschen statt der Hosen tragen.«[16]

Mit 10 Jahren war also nun schon wieder für die Mädchen die Kindheit vorbei, und sie hatten sich auf ihre Rolle als junge Dame vorzubereiten. Dazu dienten vornehmlich die beliebten Tanzstunden:

»Es waren Kinder von jedem Alter bei diesen Tanzstunden beteiligt, und wir Mädchen trugen immer, wie es überhaupt damals Sitte war, tief ausgeschnittene Kleidchen und kurze Aermel. Im strengsten Winter gab es ein ergänzendes Krägchen, das sogenannte Korridormäntelchen, was aber meistens verschmäht wurde – man war es eben so gewöhnt und abgehärtet.«[17]

Tanzstunde galt als ein wichtiger Faktor in der Erziehung der kleinen Mädchen zur Weiblichkeit.

Daß bei der Herstellung der Mädchenkleider stets mehr oder weniger ausgebildete geschickte Hände tätig waren, versteht sich in dieser Zeit, da es noch keine fertige Kinderkleidung zu kaufen gab, von selbst:

»Dem Rikele hab' ich auch all meine kleinen und doch gewichtigen Sorgen anvertraut. Zu ihr rettete ich mich, wenn es Flecken oder ein Loch im Rocke gab, und wie oft half sie mir über den schwierigen Schnitt eines Puppenkleides hinüber. Das verstand sie, denn sie war ja die Leibschneiderin von uns sämtlichen Kindern und war schon deshalb eine gar bedeutungsvolle Person. Ohne je Schneidern gelernt zu haben, hatte sie's von selbst durch Fleiß und Geschick dazu gebracht. Am Erstlingskleidchen des Aeltesten hatte sie sich versucht, mit den Kindern wuchs auch ihr Unternehmungsgeist und ihre Geschicklichkeit, und es war der Höhepunkt ihres Wirkens, als sie meiner Schwester Anna sogar das Hochzeitskleid noch machen durfte.

Meine Mutter sah bei unserm Anzug auf guten Stoff, aber grundsätzlich auf große Einfachheit! Wie oft haben wir uns da hinter das Rikele gesteckt, daß sie uns einen sehnlich gewünschten Besatz – ein Sammetband oder ein ›Volantsle‹, wie sie sagte – unten am Rock herum herausschlug. Direkt hätte es die Mutter wohl selten erlaubt, aber es war wunderbar, wie das Rikele indirekt doch immer zu ihrem Ziele gelangte, sei's, daß sie auf geschickte Weise Aelteres noch zu verwenden wußte, sei's, daß sie in allerletzter Instanz an das stets opferbereite Herz der Großmutter appellierte. Waren dann die Kleidchen zierlich und nach Wunsch ausgefallen, dann bestand ihr größter Lohn darin, mit uns ausgehen zu dürfen, und wenn da und dort ein wohlgefälliges Auge auf uns ruhte, so war sie selig. Ein sie unsagbar beglückendes Ereignis war, als die Leute im Schloßgarten einst mich auf dem Arme meiner Wärterin in einem besonders gelungenen Rosakleidchen für den kleinen Prinzen hielten. Daß ihr, die unbeschreiblich stolz hierüber nebenher ging, die etwas zweifelhafte Rolle der Amme zufiel, vermochte sie in ihrem Glücksgefühl nicht zu stören.«[18]

Daß die Schicht der Bürger nicht homogen war, dementsprechend nicht alle die gleichen Möglichkeiten hinsichtlich ihrer Kleidung besaßen, muß nicht besonders betont werden. Je höher die soziale Schicht, desto größer die Kleidungszwänge für die Kinder. Sie waren mehr oder weniger ein Prestigeobjekt und wurden diesem gesellschaftlichen Ziel ganz selbstverständlich untergeordnet. Das vorhandene starke soziale Gefälle innerhalb des Bürgertums, deutlich abzulesen an den klassifizierenden Ausdrücken Groß- oder Kleinbürgertum, wirkte sich auch im Kleidungsverhalten aus.

Arbeiterkinder

Die Kleidung der Arbeiterkinder zu beschreiben, ist weitaus schwieriger als die der Bürgerkinder. Wer hat von ihnen zu Beginn des 19. Jahrhunderts Bilder gemalt, sie später fotografiert und solche Bilder auch noch aufgehoben? Selten sind aus ihren Kreisen Menschen hervorgegangen, die die Möglichkeit fanden, ihre Erinnerungen aufzuschreiben. Es entsteht daher sehr leicht die Gefahr einer Überrepräsentation der Kinderkultur und -kleidung aus der bürgerlichen Welt.

In der Zeit des Vormärz begann man langsam, das Vorhandensein einer Arbeiterschicht wahrzunehmen. Aber es vergingen noch Jahrzehnte, bis dieser aus jeglichen sozialen Bindungen entlassene Bevölkerungsteil, der sogenannte 4. Stand, menschlich akzeptiert und anerkannt wurde. Vorerst lebten seine Mitglieder in der Mehrzahl am Rande des Existenzminimums, keiner Schicht recht zugehörig, von niemandem gerufen und gewollt, doch unersetzbar für die ungeliebte Fabrikarbeit einer neuen Epoche. Für das Biedermeier gab es eine sozial-empirische Quelle von hervorragender Qualität über die Lebensweise der Arbeiter: Bettina von

Pestalozzis Waisenkinder. (Stahlstich von 1798)

Arnims (1785-1859) anklägerisches Werk »Dies Buch gehört dem König«, das sie 1843 erstmals veröffentlichte.[19] Es enthält eine Reihe dokumentarischer Berichte aus dem sogenannten Voigtlande, einem Viertel vor dem Hamburger Tor in Berlin, wo in sieben »Familienhäusern« 2500 Menschen in 400 Gemächern hausten. Doch auch aus diesen Berichten geht kaum etwas über ihre Kleidung hervor.

Soll davon die Rede sein, so muß man sich die strenge ständische Gesellschaftsordnung ins Gedächtnis rufen, welche die dem 19. Jahrhundert vorausgegangenen Epochen bestimmt und sich tief in das Bewußtsein auch der einfachen Menschen eingegraben hatte.

Während die aufgeklärte Bürgerschaft einer demokratischen Emanzipation auf allen Gebieten nachstrebte, verharrte nicht nur der Adel, sondern auch der »gemeine Mann« in vieler Hinsicht in den alten Hierarchien und vollzog manche Veränderung trotz materiellen Vermögens nur aus dem Grunde nicht, weil es sich nach seiner Vorstellung gesellschaftlich nicht schickte.

Die Kleidungshierarchie bedeutete für die Kinder von Kleinhandwerkern und Arbeitern, daß sie im allgemeinen die Moden der Oberschicht nicht mitmachen konnten, obwohl man Gleichheit und Brüderlichkeit predigte.

Die Schüler Johann H. Pestalozzis (1746-1827) trugen keine kindliche Kleidung, sondern das, was gerade für sie bereitlag. Der frühe Eintritt in die Arbeitswelt – und das gilt für das ganze folgende Jahrhundert – verkürzte die Kindheit dieser Kinder erheblich.

Sie trugen einfache Hosen, Jacken, Kleider, Röcke, oft von Erwachsenen oder größeren Geschwistern geerbt und mit der einzigen Funktion, bekleidet zu sein. Als besonderer Luxus galten Mäntel oder Hüte, allenfalls ein Umschlagtuch schützte die Mädchen vor der Kälte. Jungen zogen – sofern vorhanden – eine Jacke, geerbt vom älteren Bruder oder Vater, an. Oft genug war Flicken über Flicken gesetzt, und selbst die größtmögliche Sauberkeit konnte nicht über die Zerrissenheit und Armseligkeit der Bekleidung hinwegtäuschen.

Für Schuhe langte das Geld nur in den seltensten Fällen, arme Kinder liefen so lange wie möglich barfuß, – konnte doch häufig nicht einmal ein Schuster für das benötigte Schuhwerk der eigenen Kinder sorgen. Denn je ärmer die Verhältnisse waren, desto weniger fühlten sich die Betroffenen in der Lage, sich aus ihrer wirtschaftlichen Not selbst herauszuhelfen.

Arme Kinder. (Franz Graf von Pocci 1781-1876)

Anmerkungen

1 Weber-Kellermann, I.: Die deutsche Familie. st 185.
2 Otto, L.: Frauenleben. S. 57-59.
3 Bismarck, H. von: Erinnerungen. S. 19 u. S. 93.
4 Cunnington-Buck: Children's costume S. 87.
5 Ebers: Die Geschichte meines Lebens. S. 139.
6 Frommel: Familienchronik. S. 29 u. S. 53.
7 Ebda. S. 53.
8 Bebel: Aus meinem Leben. 1. Teil. S. 4.
9 Keller: Der grüne Heinrich. Bd. I. S. 95 f.
10 Bosse: Jugendzeit. S. 63; ähnliches berichtet Tony Schumacher von ihrem 1805 geborenen Vater (S. 51).
11 Klöden: Jugenderinnerungen. S. 29 f.
12 Frommel: Familienchronik. S. 53/54.
13 Otto, L.: Frauenleben. S. 52/53.
14 Ebda. S. 58.
15 Die Mode: Jg. 1845/20. S. 351.
16 Die Mode: Jg. 1847/21. S. 351/52.
17 Schumacher: Was ich als Kind erlebt. S. 215.
18 Ebda. S. 51.
19 Arnim, B. v.: Dies Buch gehört dem König! Werke und Briefe. Bd. 3. In: Konrad, G. (Hg.): Bettina von Arnim. Werke und Briefe. 5 Bde. Frechen bei Köln 1959-1963.

Familienbild des späten Biedermeier.
(Wilhelm von Harnier 1800-1838)

IV.
Nachmärz – Zeit der politischen Reaktion 1848-1871

Die Zeiten des Nachmärz, also die Jahre 1848-1871 nach einer gescheiterten Revolution, waren für die Bürger des damaligen Deutschland eine schwierige Phase. Wirtschaft und Handel erlebten dagegen einen Aufschung, womit sich eine größere Kapitalzirkulation verband. – Und wie wäre besser Wohlstand zu dokumentieren als mit äußerlicher Prachtentfaltung, auch in der Kleidung? Nun begann man, sich historischer Stile zu bedienen.

Das Modebild

Modisch gesehen bedeutete dies erneute Anlehnung an Paris, gegenüber der Biedermeierzeit ein Rückschritt. Der Hof von Paris brachte abermals einen prunk- und prachtbetonten Stil hervor, der äußerlich an das Rokoko erinnerte, daher auch der Name »zweites Rokoko«. Wieder wurden enge Korsetts getragen. Doch ohne technische Neuerungen, wie z. B. die Nähmaschine[1], wären die Moden jener Zeit nicht möglich gewesen. Das auffallendste Merkmal stellte die Krinoline dar, die Wiederholung jenes breiten Reifrockes, der auch 100 Jahre zuvor das Modebild bestimmt hatte. Benannt wurde er seit der Jahrhundertwende nach dem Stoff, mit dem er unterlegt war: *crin* = Roßhaar.

»Die Krinoline benötigte ungeheure Mengen an Stoff, besonders als zahlreiche Volants modern wurden, die den Blumengirlanden des Rokoko entsprachen. Kaiserin Eugénie trug im Jahre 1859 auf ihrem Ballkleid aus weißem Atlas 103 solcher Volants! Auch der Verbrauch an Reifen war beträchtlich. So lieferte die größte Fabrik in Sachsen in den Jahren 1854 bis 1866 insgesamt 9 597 Stück Krinolinen. Da eine einzige von ihnen durchschnittlich etwa 90 Ellen Draht benötigte, könnten wir mit ihnen die Erdkugel an ihren Meridianen etwa dreizehnmal umspannen.«[2]

Die modische Prachtentfaltung der Damen stieß nicht auf ungeteilten Beifall. Einer der wortmächtigsten Streiter gegen die gesundheitsschädigenden Folgen dieser Kleidermode war Friedrich

Theodor Vischer (1807-1887), Professor der Ästhetik in Tübingen. Er verdammte mit beißendem Spott einen derartigen Aufwand und stand damit nicht allein. Es gab sogar einen regelrechten literarischen »Krinolinenkrieg«.

Eine entgegengesetzte Entwicklung nahm die Herrenmode, die mit dem neuerlichen Rokoko nichts gemein hatte. Man verzichtete, dem geschäftigen Ernst des Industriezeitalters entsprechend, auf Buntheit und Zierat, die komplizierten Halsbinden verschwanden, die Farbigkeit der Westen wich; einziger Farbtupfer blieb die Krawatte. In jenen Jahren entstand der nüchtern-zweckmäßige *Sakko*, der seitdem unter verschiedenen Namen Grundelement der männlichen Kleidung blieb.

Seit den sechziger Jahren gelangten in Westeuropa erstmals Konfektionswaren in den Handel, deren Vorteil ihre Billigkeit war. Das »Confectionsgeschäft« und der Handel mit Stickmustern blühte. Berliner Blusen, Mantillen und Paletots wanderten um die halbe Welt. Überall stickte und strickte man nach Berliner Mustern mit Berliner Wolle, womit sich selbst Damen der mittleren Stände ein kleines Taschengeld für ihre Nebenausgaben verdienten.

Auch die Kindermode blieb von den rückschrittlichen »Neuerungen« der Damenmode nicht verschont, was nach den hoffnungsvollen Anfängen der dreißiger Jahre zu beklagen war.

Knaben

Die Modesilhouette der Knaben aus den oberen Bevölkerungsschichten veränderte sich vorerst kaum. Immer noch trug der »kleine Herr« den englischen Anzug, wozu ein Zylinder gehörte. *Bauschärmel*, *Garrick-* und *Capotemäntel* (Kapuzenmäntel) blieben bei Knaben und Mädchen beliebt.

Husarenuniformelemente und sonstige, den Uniformen abgesehene kleine Anzüge prägten das Bild der Knabenmode dieser Jahre. Im Gegensatz zu früher war jetzt jedoch in der oberen Gesellschaftsschicht die Neigung zu kindlich-schlichter Kinderkleidung häufiger als im putzsüchtigen Mittelstand. Die Hosen waren zum Teil schon aus waschbaren Stoffen und von unempfindlicher Farbe.

Wie in aristokratischen Kreisen liebte man auch bei der oberen Bürgerschicht einen gewissen Uniformcharakter. Um 1860 herum

Knabe in der Russenbluse. (Wilhelm Amandus Beer)
Knabe im Frack. (Julius Schnorr von Carolsfeld 1794-1872)

wurden unter Demokraten, in Nachahmung der Garibaldihemden, rote Blusen modern, die Knaben wie Mädchen im selben Schnitt trugen. Überhaupt hatte man seine Vorliebe für Ungewöhnliches, Revolutionäres – auch Internationales – neu entdeckt, was mit dem expandierenden Verkehrswesen zusammenhing. Besonders in modischer Hinsicht versuchte man vielerlei Anregungen aufzunehmen. Louise Otto erzählt aus ihrer Jugend von den

»roten Blusen – die Nachahmungen des Garibaldihemdes. Junge Damen und kleine Mädchen trugen diese ganz im Schnitt eines Männerhemdes aus rotem Flanell gefertigten Blusen gerade so wie sie Herren und Knaben trugen, doch wie die Männer noch Weste und Überrock darüber zogen, so wählte auch die elegantere Damenwelt darüber ein Jäckchen – Zuaven-Jäckchen waren die beliebtesten, entweder von Samt oder Tuch oder auch von dem gleichen Stoff wie das Kleid.«[3]

Als männlich-niedlich galt für Knaben die Verkleidung in Herrenanzüge, wie es Margarethe Lenk (1841-1917) in ihren Erinnerungen an ihren kleinen Bruder Gotthold beschreibt; wenn ihn die

Großmutter zu Kaffeebesuchen bei ihren Freundinnen mitnahm, kleidete sie ihn in einen eigens angefertigten Kavaliersanzug:

»Er trug dann kleine Stulpenstiefel (auf besondere Bestellung vom lachenden Schuster verfertigt), lange graue Höschen und eine Art Männerschlafrock von grau und blau quergestreiftem Wollstoff, den ich aus allen Kräften haßte. Gar seltsam quollen die goldblonden Locken, die gar nicht zu dem Anzug paßten, unter dem steifen Mützchen hervor.«[4]

Von Mänteln liest man in der zeitgenössischen Literatur jetzt häufiger:

»Alle Buben trugen lange, zugespitzte schwarze Kapuzen an den Mänteln; ich ließ meiner Mutter keine Ruhe, bis auch ich eine Kapuze besaß.«[5]

Sehr modern waren für Kinder schottische Stoffe, wie sie Heinrich Seidel (1842-1906) in seinen Kindheitserinnerungen vom Sohn des Nachbarn beschreibt:

»Er kam im ersten Frühjahr unseres Aufenthaltes in Schwerin in unseren Garten, ... um mit uns zu spielen. Uns mißfiel aber der fette verpimpelte Junge, der bei dem warmen Frühlingswetter einen schottisch karierten Mantel trug, durchaus, welchem Mißfallen wir dadurch Ausdruck gaben, daß wir ihn nahmen und ihn hinten durch seinen Halskragen zwischen Hemd und Haut so voll feuchte Gartenerde füllten, als er fassen konnte. Er flüchtete sich natürlich unmenschlich brüllend an seinen heimatlichen Herd, und wir gingen durch diese verruchte Tat seines ferneren Umganges verlustig.«[6]

Das Interesse an der Frage, wie denn die Kinder selbst ihre Kleidung empfunden haben, welche Mitbestimmungsrechte ihnen zustanden oder sie durchsetzen konnten, ist nur hin und wieder dürftig genug durch Angaben in Memoiren zu befriedigen. So schreibt der Volkswirtschaftler Karl Bücher (1847-1930) zu diesem Thema:

»Der Stoff zur besseren Kleidung wurde gewöhnlich in einer Tuchhandlung in Limburg gekauft, zu welcher der Vater alte Beziehungen hatte. Dann wurde er dem Schneider zum Machen hinausgegeben, nachdem er vorher zum Maßnehmen im Hause erschienen war.«

Der Knabe hätte die gestickten blauen Kittel vorgezogen, wie sie damals die Bauern trugen, und bettelte die Mutter lange darum.

»Wie glücklich war ich, als ich meinen Kittel haben durfte! Man trug ihn im Sommer wie im Winter. Im Winter zog man einen dicken selbstgestrickten Wams darunter, und im Sommer konnte man, wenn man's ganz leicht haben wollte, die Weste auslassen. War der Kittel auf einer Seite schmutzig, so ließ er sich umwenden. Das diente zwar nicht der Reinlichkeit, aber doch der Benutzungsdauer.«[7]

Diese Volkstümlichkeit der Kinderkleidung in einem bürgerlichen Hause war sicher nichts Selbstverständliches, paßte aber in die demokratische Zeitszene. Dem Kind war lediglich die Ungezwungenheit des Kittels von Bedeutung und damit nur indirekt seine Zeichensprache.

Die Frauenrechtlerin Helene Lange (1848-1930) erzählt von den Tricks, die sie und ihr Bruder, mit dem sie in guter Kameradschaft verbunden war, gegen die elterlichen Modegesetze anwandten:

»Er befreite mich, indem wir »Friseur« spielten, mit einem entschlossenen Schnitt seiner Schere von dem mir lästigen Zopf, und ich half ihm von der Samthose, die, einstmals ein Glanzstück, auf elterlichen Beschluß in der Schule aufgetragen werden sollte, was den Hohn der mehr aufs Ruppige gestimmten Klasse erregte. Als praktisch erkannten wir die Methode, daß er sich auf den Schleifstein setzte und ich drehte, was denn der anstößigen Eleganz und zum Glück auch der Haltbarkeit des Kleidungsstückes so gründlich Eintrag tat, daß es bald aufgegeben werden mußte.«[8]

Das waren bescheidene Proteste gegen die Fremdbestimmtheit der Kinderkleidung.

Die Modesilhouette der Knaben blieb in ihren Grundzügen immer noch dem Biedermeier verhaftet, wenn auch die in den ersten Jahren dieser Epoche aufgekommene kindliche Weiße-Hosenmode nur noch den Jüngeren zugestanden wurde. Die größeren Knaben des Spätbiedermeier bzw. der Nachmärz-Zeit waren wieder erwachsener gekleidet. Doch ließ sich darin spielen, was von der feinen Mädchenkleidung jener Zeit kaum noch behauptet werden konnte.

In einem Modeblatt von 1846 wurden bereits diese unsicheren Tendenzen in der Knabenmode jener Epoche kennzeichnend beschrieben:

»Die Knabenanzüge folgen leider jetzt gar zu bald den gangbaren Herrenmoden, so daß die Kinder oft wie kleine Papas aussehn, daher ist es immer ein großer Vorzug, wenn eine dem Alter angemessene Knabenmode aufkommt. Eine solche ist die *Blouse* = Paletot, der Schnitt derselben sieht wie ein grade enganliegender Gehrock aus, welcher eine Reihe Knöpfe und einen vorn zusammengehenden, glatt fallenden Rock hat. Das Eigenthümliche besteht eben in dem Rock, welcher vorn der ganzen Länge nach aneinander stößt, und welcher, wenn er nicht zufällig auf-

Die Kinder werden wieder kleine Erwachsene.
(Hugo Bürkner 1818-1897)

fliegt, wie eine Blouse aussieht, und dann tragen die Knaben von 10 bis 14 Jahren, für welche diese Blouse-Paletôt bestimmt sind, einen Ledergürtel mit Schnalle um die Taille.«[9]

Mädchen

Für die Mädchen, besonders für die Töchter modebewußter Mütter, waren die guten Zeiten einer kindgemäßen Kleidung seit den fünfziger Jahren vergangen. Mit der Verlängerung der Taille und der neuen Krinoline kam schon für die zehnjährigen jungen Damen das Fischbeinkorsett wieder auf, wenn solche Modezwänge auch in der Öffentlichkeit nicht unwidersprochen blieben. Denn sie waren außerordentlich gesundheitsschädlich und ließen dem kindlichen Bewegungsdrang zu wenig Spielraum.

Kaum vorstellbar, daß damenhafter Aufwand auch für den Alltag getrieben wurde, also außerhalb der Visiten oder anderen gesellschaftlichen Anlässen. Denn die Kinder der aristokratischen und großbürgerlichen Familien sollten sich früh an die gestellten Ansprüche gewöhnen. Für die Mädchen konnte das schlechte Abschneiden bei einer Morgenvisite bereits die Aussichten auf eine möglichst vorteilhafte Heiratspartie in Frage stellen. Mehr oder weniger freudig fügten sie sich den Vorschriften ihrer Mütter und Gouvernanten; sie schonten die unter dem bis zur oberen Wade hochgerutschten Kleidersaum hervorkommenden prächtigen

Kindermoden um 1851. (Allgemeine Modezeitung)

Spitzenbesätze der Unterkleider und Unterröcke und Wäschehosen, über denen sich dann die aufgeblähten Kleiderröcke wölbten. Dazu trugen die jungen Damen eine der Kapotte ähnliche Kopfbedeckung oder einen breiten Strohhut mit herabhängenden Bändern, denn immer mehr setzte sich der Gedanke durch, daß der kindliche Kopf unbedingt behütet sein müsse. Nicht früh genug konnte man damit beginnen, die kindliche Unbefangenheit den Zwängen des Erwachsenenlebens zu unterwerfen. Dazu gehörte auch die Krinoline, die wieder ganz in Mode gekommen war. Was ein solches Gestell für ein heranwachsendes Mädchen bedeutete, erzählt Isolde Kurz in ihren Jugenderinnerungen:

»Sie bestand gewöhnlich in einem durch Bänder verbundenen Reifgestell aus vielen Stockwerken, das erst unterhalb des schlankbleibenden Beckens leise begann und sich in immer erweiterten Ringen allmählich zu gewaltigem Umfang ausdehnte. Die Vielgeschmähte war jedoch nicht ganz vom Übel. Meine Mutter, sonst so gleichgültig gegen die Mode, hatte eine Vorliebe für diese Tracht, weil das leichte Gestell den Körper im Sommer hübsch kühl hielt, jedem Wind erlaubte, ihn zu fächeln und die Schnelligkeit ihrer Bewegungen nicht beeinträchtigte. Wenn man aber damit über Zäune sprang und von Balken fiel, so zerbrachen die Reifen, und es gab alsdann häßlich vorstechende Ecken ... Lili zerbrach die ihrige nicht mehr, sie verstand die Kunst – denn es war eine solche –, sich immer schicklich und anmutig darin zu bewegen und sie beim Sitzen elegant mit zwei Fingern niederzuhalten.«[10]

Um 1860 wandelte sich die Form der Krinoline. Sie stand jetzt nicht mehr von den Hüften ab, sondern verbreiterte sich nach hinten in einem durch Fischbein- oder Stahlreifen geformten Oval, mit Bändern am Korsett befestigt. Die Kleider über diesen Krinolinen waren in der Taille möglichst schmal. Die sogenannte Wespentaille wurde zum modischen Ideal für die Jahre des Erwachsenenseins, wofür man aber schon in der Jugend arbeiten, d. h. ein Korsett tragen mußte. Denn nur mit einer möglichst schlanken Taille wirkten die mit zahlreichen Volants, Biesen, Stufen, Abnähern, Samt, Litzen und Bändern besetzten Röcke vorteilhaft. Je modebewußter die Mütter waren, desto öfter trugen kleine Mädchen ihre Korsetts auch im Hause.

Die Stoffe der Hauskleider waren aus einfacherem, praktischerem und waschbarem Material wie Baumwolle, Flanell, Popeline,

Die neue Krinolinie. (Foto 1866)

Musselin. Kleiderluxus konnte selbstverständlich nur in Familien der bessergestellten Bürgerschicht getrieben werden, obwohl das Krinolinenkleid bis in die untersten Schichten Anhänger fand.

Je weniger stark der finanzielle Rückhalt war – und das traf für den überwiegenden Teil des Bürgertums zu –, desto mehr an Kleidung mußte im Hause durch Familienmitglieder selbst angefertigt werden. Wie wertvoll ein derart geschicktes Familienmitglied sein konnte, davon berichtet Eugenie Schumann (geb. 1851), Tochter Robert Schumanns, in ihren Erinnerungen: ihre ältere Schwester hatte

»die Aufsicht über uns Kleine; unsere körperliche Pflege, die Sorge für unsere Kleidung, alles ruhte auf ihren jungen Schultern. Soviel ich mich erinnere, habe ich, bis ich erwachsen war, selten ein Kleid getragen, das nicht ihre fleißigen Hände gefertigt hatten, und es genügte ihr nicht, die Sachen einfach herzustellen, sie mußten auch immer hübsch und geschmackvoll sein. Noch sehe ich die weiß und roten, die weiß und blau gestreiften, getupften und geblümten Stoffe, die meine Mutter meist aus England brachte, noch fühle ich die Spannung, mit der ich das Wachsen des neuen Kleides verfolgte, und welche Aufregung, als die erste Nähmaschine ins Haus kam und es ans Ausstudieren des kniffligen Wunders ging.«[11]

Weniger begeistert klingt es aus den Jugenderinnerungen der Monica Hunnius (1858-1934):

»Nadinka war unser guter Hausgeist, sie nähte unsere häßlichen Kleider und verfertigte unsere entstellenden Hüte, denn Geschmack besaß sie keinen. Auch unsere Mutter kannte nur Schönheit auf geistigem Gebiet.

Außerdem fürchtete man in meiner Jugendzeit nichts so sehr, als daß Kinder eitel werden könnten, und hübsch angezogene Kinder erschienen uns verdächtig und albern.«[12]

Die etwas puritanische Sorge vor Eitelkeit beherrschte weitgehend die bürgerliche Mädchenerziehung und hinderte die Kinder an einer freimütigen Einstellung zu ihrer Körperlichkeit:

»Noch einmal erregte ich Gretels Unwillen. Sie hatte mich mitgenommen, als sie einer Einladung der Familie Härtel folgte, und ich hatte mein bestes Kleid angezogen, blau mit weißen Bändchen besetzt; das hatte mir auch die gute Gretel gemacht. Ich bewunderte mich in Frau Hirzels großem Spiegel, und Gretel sagte lachend: ›Da siehst du nur ein kleines Äffchen.‹ Beschämt zog ich mich zurück.«[13]

Zu den leichten Waschkleidern trugen junge Mädchen, aber auch kleine Kinder stets eine Kopfbedeckung. Isolde Kurz erzählt, wie ihr, wenn ihre schicke Kusine Lili nach Tübingen kam, nur noch der Sinn nach Kleidern und Bällen stand.

»Einmal hatte sie mir einen allerliebsten weißen Tarlatanhut mit schwarzen Samtbändchen mitgebracht, wie sie selber einen trug, ganz ähnlich den jetzt an den Badeorten üblichen Strandhüten. Dergleichen war aber in Tübingen noch nicht gesehen worden, und das Hütchen erweckte auf meinem Kopf wieder einen sittlichen Unwillen. Als wir nun eines Tages mit unseren Tarlatanhüten und den schwesterlich gleichen grün und weiß gestreiften Waschkleidchen zusammen ausgingen und uns dabei sehr niedlich vorkamen, brach eine Rotte Schuljungen, die eben den Schulberg herabkamen, heulend und Steine werfend auf uns ein, daß wir die Pfleggasse hinauf uns in einen Bäckerladen flüchteten, der schnell geschlossen werden mußte. Die Gassenjugend bombardierte die Tür mit wütenden Steinwürfen, und wir wurden wohl eine Viertelstunde lang von der wohlwollenden Bäckersfrau in den hintersten Räumen versteckt gehalten, ehe wir uns wieder hinaustrauen durften.«[14]

Leider war man in Modefragen oft wieder zu der alten Vorstellung zurückgekehrt, daß Kinder mehr oder weniger kleine Erwachsene sein sollten. Doch seit den Jahren um 1850 fanden sich immer häufiger Stimmen, die für eine kindgemäße Kleidung plädierten, wie es der folgende Auszug aus der »Gartenlaube« von 1855 beschreibt:

»Die Kleidung, natürlich der Jahreszeit angepaßt, sei locker und kindlich, damit die Kinder sich nicht für Erwachsene halten. Bei Mädchen muß durchaus das Gewicht der Kleider von den Schultern getragen werden und deshalb dürfen sie nicht zu schwere Kleider (besonders Unterröcke) anziehen. Das Leibchen, an welches ein Teil der Bekleidung angeknöpft werden kann, sei locker und besonders über der Brust hinreichend weit; Korsetts sollten noch gar nicht gebraucht werden. Die zuträglichsten Kleider für Mädchen sind die nach dem Kutten- oder Blusenschnitt verfertigten.«[15]

Hier deuten sich bereits Kleidungsgedanken an, die später in der Reformbewegung der Jahrhundertwende realisiert werden sollten. Vielleicht drückte sich in diesem Zwiespalt der Meinungen über Kinderkleidung mehr aus als nur gegensätzliche Modeströmungen. Zeigten sich in dem vollzogenen modischen Rückschritt einerseits und den neuen Gedanken über das Wesen der Kindheit andererseits nicht vielmehr kulturpolitische Veränderungen im gesamtgesellschaftlichen Bereich?

Rote Mäntel und weiße Söckchen

In diesem Abschnitt soll exkursartig auf zwei typische modische Erscheinungen eingegangen werden. Zum einen handelt es sich hierbei um die Mäntel der Kinder der Oberschicht, zum anderen um die weiße Farbe in der Kinderkleidung, die dann besonders für die Gründerzeit charakteristisch wurde. Die feinen Mäntel und die weiße Farbe waren stets Zeichen eines bewußt elitären Denkens. Empfindlich in der Pflege und teuer in der Beschaffung, entsprachen sie nicht den kindlichen Wünschen. Sie dienten stets als Zeichen der besseren Gesellschaft, die genug Geld und Personal und das dazugehörige Standesbewußtsein besaß, um die Kinder an eine solche Mode zu gewöhnen.

Eine große Rolle scheinen Mäntel gespielt zu haben, die auf den schönen Familienfotografien leider nur selten wiedergegeben sind, den eitlen kleinen Mädchen bei ihren artigen Spaziergängen aber in besonderem Maße zur Repräsentation ihrer Feinheit dienten. Die kleine Fürstin Marie zu Erbach-Schönberg erzählt aus ihren Kindertagen, wie sie in Mailand im Giardino Pubblico spazierengeführt wurde:

»Ich trug damals einen rotbraunen Samtmantel, der mein Kleid ganz zudeckte und von oben bis unten mit wunderschönen rotseidenen Klunkern zugeknöpft war; darauf einen Kragen von gleichem Samt mit weißem Atlas gefüttert und ein Kapotthütchen von weißer Seide mit einem Rosenknöspchen daran. Der Anzug gefiel mir ausnehmend gut, und ich fühlte mich ganz hochmütig darin und weiß noch, welchen Stoß mein Hochmut erlitt, als eine kleine Italienerin, die auch schön angezogen war und mit der ich täglich musternde, bewundernde Blicke wechselte, eines Tages, so beim Vorübergehen, eine kleine Uhr herauszog und mich triumphierend ansah. Eine Uhr besaß ich noch nicht, und sie wurde von da an der Gegenstand meiner heftigsten Sehnsucht.«[16]

Rote Mäntel scheinen das Feinste vom Feinen gewesen zu sein. Marie von Bunsen (1860-1941) berichtet von Spaziergängen im Tiergarten, bei denen man zuweilen der Kaiserin begegnete, der die Bunsenmädchen wegen ihrer feuerroten Wintermäntel auffielen: englische Mode![17]

Die Farbe Rot und der Stoff Samt erinnerten und sollten wohl auch erinnern an Märchenkönige und -prinzessinnen und die feinen Kinder mit deren Image umgeben – wie die blauen Samtanzüge und Spitzenkragen der Knaben. Jedenfalls hob sie solche

Kleidung aus dem Kreis der Gleichaltrigen elitär heraus, was übrigens auch für die Mode der weißen Socken galt. Marie von Bunsen beschreibt diese »englische Schrulle« für die Zeit um 1870 so, daß:

»kleine Kinder der besten Kreise der Abhärtung halber auch im Winter mit kurzen Söckchen und nackten Beinen (gingen). Natürlich froren sie entsetzlich, und ich sehe noch das entrüstete Mitleid von Frauen aus dem Volk über unsere blaugefrorenen Waden.«[18]

Deren Kinder hatten wahrscheinlich vernünftigerweise gestrickte Wollstrümpfe an, und es läßt sich an diesem Beispiel jene merkwürdige Modeparadoxie erkennen, mit der dürftig Unpassendes mit dem Stempel des elitär Eleganten versehen wird – ohne Rücksicht auf Gesundheit und kindliches Wohlbefinden. Derartig unvernünftig herausgeputzt trugen sich die Töchter der Oberklassen bis um die Jahrhundertwende, d. h. bis zum Einsetzen der Reformbewegung, die ihnen wieder mehr Kindsein zugestand.

Arbeiterkinder – kindliche Arbeiter

Der vierte Stand, die Arbeiterschaft, deren Zahl seit den Jahren nach 1850 ständig wuchs, bildete in jeder Beziehung das absolute Gegenteil zur Oberschicht. Das bedeutete auch eine immer stärker werdende Barriere der Kleidungsgesetze. So fanden es manche Arbeiterfrauen bis nach dem ersten Weltkrieg nicht schicklich, Mäntel zu tragen, und blieben bei ihren karierten Umschlagtüchern.

Es wäre also mehr als gerechtfertigt, gerade der Kindergruppe dieser Schicht, die im Verlauf der Industrialisierung ständig an Zahl wuchs, erhöhte Aufmerksamkeit zu widmen.

Im ersten Drittel des 19. Jahrhunderts treten sie noch kaum in Erscheinung, stellen noch keine moralische Beunruhigung dar. Nach 1848 ändert sich das Bild. Jetzt brauchte die Wirtschaft viele tausende dieser Kinder, um ihre Maschinen zu betreiben. Außerdem brauchte man ungelernte kindliche Kräfte nicht voll zu bezahlen. Sie mußten nur gerade leben können – wie gut oder wie schlecht, das interessierte den Fabrikherrn nicht.[19]

Autobiographische Zeugnisse aus diesen Jahren lassen sich nicht viele finden, und die vorhandenen gehen kaum auf Kleidungsgewohnheiten ein. Aber dieses Nicht-Eingehen auf einen Komplex, der in anderen Bevölkerungskreisen von höchster Bedeutung war, spricht eine deutliche Sprache. Kleidung war zwar wichtig, um sich vor den größten Unbilden der Natur zu schützen, aber wichtiger blieb die Sorge um das tägliche Brot zum Überleben und um das Dach über dem Kopf. Die Sorgen dafür waren so groß, daß alles andere in den Hintergrund treten mußte.

Nach 1848 verbreiterte sich mehr und mehr die Kluft zwischen Kleinhandwerkern und Arbeitern einerseits sowie den Bürgern und Großbürgern auf der anderen Seite. Den kleinen Leuten fehlte es an Geld, und zudem schickte sich das Tragen der Oberschichtmode nicht für die sozial darunter stehenden Kreise, wenn es auch keine obrigkeitlichen Kleiderordnungen mehr gab. Damit vollzog sich die äußerlich sichtbare Abschiebung dieser Gruppe in die unterste Klasse der Gesellschaft.

Anmerkungen

1 Schon seit der Mitte des 19. Jahrhunderts wurde die Mode bestimmt durch die Einführung und rasche Verbreitung der Nähmaschine. Die erste brauchbare Nähmaschine war 1845 von dem amerikanischen Webergesellen Elias Howe erfunden und 1851 durch den deutschstämmigen Amerikaner J. M. Singer weiter entwickelt worden. 1862 entstand die erste europäische Nähmaschinenfabrik in Frankfurt/Main. Vgl. dazu Weber-Kellermann: Frauenleben. S. 105, 164 u. a.
2 Kybalova: Bilderlexikon. S. 281.
3 Otto: Frauenleben. S. 90.
4 Lenk: Aus meiner Kindheit. S. 64.
5 Vierordt: Das Buch meines Lebens. S. 26.
6 Seidel: Gesammelte Schriften. Bd. XIII. S. 73.
7 Bücher: Lebenserinnerungen. Bd. I. S. 37 f.
8 Lange: Lebenserinnerungen. S. 31 f.
9 Die Mode. 1846. S. 744.
10 Kurz: Jugendland. S. 122 f.
11 Schumann, E.: Erinnerungen. S. 28 f.
12 Hunnius: Baltische Häuser. S. 24.
13 Lenk: Aus meiner Kindheit. S. 40.
14 Kurz: Jugendland. S. 151 f. »Tarlatan« hieß ein gazeartiger, durchsichtiger Baumwollstoff mit steifer Appretur.
15 Zur Gesundheitspflege. Gartenlaube 1855. S. 175.
16 Erbach-Schönberg: Entscheidende Jahre. S. 15 f.
17 Bunsen: Die Welt, in der ich lebte. S. 14.
18 Ebda. S. 12.
19 Kuczynski: Lage des arbeitenden Kindes.

Die feingemachten Bürgerkinder der Kaiserzeit. (Foto um 1900)

V.
Kinderkleidung im Kaiserreich 1871-1918

Gründerzeit und Jahrhundertwende

Nach dem Krieg von 1870/71 brachten die französischen Reparationszahlungen einen schnellen Aufschwung der Wirtschaft hervor. Massenproduktion wurde Trumpf.

Das reichgewordene Groß- bzw. Besitzbürgertum orientierte sich äußerlich immer mehr am Adel, wodurch sich der Historismus kulturell weiter steigerte. Gegenüber dem unteren Mittelstand und den Unterschichten grenzte man sich hermetisch ab.

Die ersten 20 Jahre des Kaiserreiches, die Gründerzeit, zeichneten sich für die Neureichen durch eine Neigung zum Pompösen im Bau-, Wohnungs- und Kleidungsstil aus, die oft zu peinlicher Geschmacklosigkeit führte.

»In allem drückt sich ein Adel aus, der sich durch gekaufte, nicht ererbte Altertümlichkeit beweist. Die Geschichtlichkeit wird hier zu einem Wert, mit dem sich die Person wie mit einem Nimbus umgibt. Man will nicht seinen eigenen Stil demonstrieren, sondern als Besitzer anerkannter kunstgeschichtlicher Objekte bewundert werden. Das ist der größte Gegensatz zur Gemütlichkeit und Bequemlichkeit der Biedermeier-Interieurs, durchaus unbürgerlich, gewollt fürstlich. Im Schlafzimmer befindet sich ein Himmelbett mit Baldachin und kostbarem Teppich als Decke. Faltstühle der Renaissance, auf denen unbequem zu sitzen ist, stehen herum. Gotische Türen mit Eisenbeschlägen und reich geschnitzten Täfelungen versetzen uns in die Stimmung von alten Burgen, durch die man geführt wird, aber in denen man nicht schläft. An der Decke ein Lüsterweibchen, auf dem Nachttisch ein unbequemes, altertümliches Lichtgestell aus Schmiedeeisen, neben dem Bett ein kleines Schränkchen, dessen Tür einen sonderbaren Folianten vortäuscht, um den realen Zweck zu verbergen.«[1]

Hermann Sudermann (1857-1918) hat in seinen ostpreußischen Kleinstadterinnerungen die Schichtung der damaligen bürgerlichen Gesellschaft deutlich beschrieben:

»Die oberste Klasse sind die Honoratioren. Dazu gehören die Studierten, die Gutsbesitzer, die wohlhabendsten Kaufleute und einige wenige sonst, die durch Anbiederung oder Konnexionen darin Unterschlupf finden. Die zweite Kaste heißt der Mittelstand; zu ihm wird alles gerechnet, was noch halbwegs auf Ansehen oder Bildung Anspruch machen kann: die mittleren Beamten, die besseren Gastwirte, das Gros der Ladenbesitzer und viele sonst, die sich des Verkehrs mit der Crême nicht würdig fühlen. Von ihr wiederum durch Klüfte getrennt ist der Handwerkerstand, dessen Nachwuchs die Volksschule besucht und der in Schützen- und Turnvereinen seine gesellschaftliche Zusammenfassung erfährt. Die Dienenden, die Armen und Namenlosen, bilden die letzte Schicht. Von ihr wird geschwiegen, also schweige auch ich.«[2]

Diese Unterschicht lebte oft von der Hand in den Mund, in Mietshäusern, aber im dritten, vierten oder fünften Hinterhaus, ohne sanitäre Einrichtungen in schlecht belüfteten, überbelegten Räumen. Die Frauen hatten den härtesten Teil des schweren Arbeitslebens zu tragen. Nur als Näherinnen und Heimarbeiterinnen nahmen sie an der Mode teil und ermöglichten so deren immer rascheren Wechsel.

Eine Gesellschaft, die noch in ihren Untergruppen so stark geschichtet war und bei der jede Schicht ihrerseits so großen Wert auf eine absolute Abschottung nach unten legte, mußte auf äußere Zeichen dieser Schichtung bedacht sein. Sie fand sie neben anderem vor allem in der Kleidung, und auf diesem Gebiet erlebten auch die Kinder von klein auf ihre soziale Einordnung.

»Wir waren reizend angezogen. Mama, ein Fräulein bastelten, banden besonders an den Mädchen von früh bis spät herum; auch ich sehe auf einem Gruppenbild wie aus dem Ei gepellt aus; Gleichnis der spröden, nach englischem Muster aufgezogenen Zeit, in der vom lieben Gott der drei Staatskonfessionen bis zu dem lütchesten (Diminutiv von ›lütch‹, hannoverisch gleich little) Detail alles gentleman- und ladylike klappte!«[3]

Zunächst ein paar Worte über die Moden der Gründerzeit. Gegen Ende des Jahrhunderts wurde die herrschaftliche Damenmode immer aufwendiger, kostspieliger und signalisierte eine immer weitere Entfernung vom alltäglichen Arbeitsleben.

Hatte die Krinoline der sechziger Jahre die Frauen klein und zierlich gemacht, so folgte ihr nach 1867 die gegenteilige Tendenz. Um 1870 setzte sich, zur Betonung des schönen Hinterteils, die *Tournüre* durch. Im vorne enggespannten, fußfreien Rock und lang herabgezogener Taille sollte die Gestalt schmal und schlank erscheinen. Die Raffungen über der Tournüre wurden mit Rüschen, Volants, Fransen und Schleifen verziert, mit einem zweiten schleppenartig verlängerten Rockteil. Dem verschwenderischen stoffreichen Kleiderputz entsprachen die üppigen Hutkreationen. Der Sonnenschirm wurde zum unverzichtbaren Moderequisit. Um 1890 erreichte diese Mode mit dem Cul de Paris einen letzten Höhepunkt, Zeichen äußerster Abgehobenheit der »gnädigen Frau« von Alltag und Arbeitswelt.

Die Herrenkleidung lag in jener Epoche in den Grundelementen fest und folgte streng dem englischen Modediktat.

Nach 1890, nach dem erzwungenen Rücktritt Bismarcks, veränderte sich das gesellschaftliche Leben im Kaiserreich entscheidend, nicht zuletzt auch die Mode. Stilgeschichtlich begann Ende der neunziger Jahre der Jugendstil mit einer neuen körperbetonenden Modelinie. Allgemein differenzierte sich die Kleidung in Straßen- und Berufskleidung, Sport-, Nachmittags- und Abendkleidung. Damit trat zum ersten Mal die Tatsache der weiblichen Berufstätigkeit in modische Erscheinung. Die berufstätige Frau, die Teilnehmerin an der bürgerlichen Frauenbewegung, trug ein Schneiderkostüm und Hemdblusen.

Mit der Konfektionsindustrie, die sich seit 1863 von Berlin aus verbreitete, wurde moderne Kleidung für breitere Kreise erschwinglich. Mode blieb nun nicht mehr das Vorrecht einer herrschenden Klasse – man konnte sich auch mit weniger Mitteln modisch kleiden, besonders nach der Erfindung der Nähmaschine.

Die fast gleichzeitig einsetzende maschinelle Stoffproduktion, seit 1889 auch die von Strickwaren (Bleyle), und die rapide anwachsende Konfektion leiteten eine neue Epoche ein. Die Mode demokratisierte sich. Dieser Trend war aber nicht nach jedermanns Geschmack.

In einer deutlichen Polemik ereiferte sich der schriftstellernde Junker Fedor von Zobeltitz (1857–1934) gegen die Modetendenzen kurz vor dem Ausbruch des Ersten Weltkrieges:

»Es liegt das an dem ganzen Sichgeben der jungen Damen, an ihrem Gehaben, an Miene und Geste, auch an der Toilette. Gegen die moderne Frauentracht ist ja von den Schützern der Sittlichkeit oft genug gewettert worden; von den Kanzeln wurde dagegen polemisiert, ein Bischof fand scharfe Worte gegen die Sünde der geschlitzten Röcke und das Oberlicht der Blusen. Nun, ich bin kein Eiferer und halte nicht alles für Sünde, was keck ist; aber ich muß doch auch sagen, daß unsere Damenkostüme nicht nur hui, sondern hie und da entschieden pfui geworden sind. Toiletten, wie wir sie alle Tage sehen, wären vor zwanzig Jahren unmöglich gewesen.«[4]

In diesen Sätzen kommt die ganze Stilvielfalt der späten Kaiserzeit zum Ausdruck. Aber ebenso deutlich weist Zobeltitz auf die strukturellen Veränderungen der Gesellschaft hin, auf das Absinken der einst führenden Aristokratie und das Aufsteigen der mittleren Schicht mit ihrem weniger normierten Kleidungsverhalten.[5]

Der Einfluß der bürgerlichen Geldaristokratie ist jetzt fast überall zu spüren, auch in der Mode. Es erscheint deshalb sinnvoll, von nun an diese beiden Schichten – Aristokratie und Bürgertum – modisch als eine zusammenhängende Gruppe zu sehen.

Die feingekleideten Herrschaftskinder der Gründerzeit

Die größte Faszination der Gründerzeit ging von dem Bedürfnis nach Repräsentation und Reputation aus. Kleidung, auch Kinderkleidung, war dafür ein deutliches Zeichen. Hatte 50 Jahre zuvor im Biedermeier noch kindgemäße, pflege- und bewegungsfreundliche Kleidung als richtig gegolten, so war das längst vergessen. Jetzt sah man in den Kindern, besonders den festlich gekleideten, Repräsentationsfiguren, die zur standesgemäßen Selbstdarstellung der Eltern beitragen sollten.

Knaben

Die feingemachten Knaben der Gründerzeit wurden in aristokratisch schwarzen oder blauen Samt gekleidet und trugen van-Dyck-Kragen. 1886 hatte Hodgson Burnett ihren Bestseller »Little Lord Fauntleroy« veröffentlicht, und nun schwärmten die Mütter für den Look des kleinen Lords, die Söhne wohl weniger. Die Größeren bevorzugten Tweedjacketts mit Kragen und Schleife und dazu lange Hosen oder die aus England kommenden *Breeches*, enge Kniehosen. Das war sportlich und männlich zugleich. Schnürstiefel und sogar Halbschuhe kamen auf, und so war der junge Herr schon mit zehn Jahren fertig. Höchstens die Länge der Hosen verriet etwas von der Ansicht der Eltern über die Dauer von Kindheit und Abhängigkeit.

Die meisten autobiographischen Dokumente dieser Zeit beschreiben vor allem die festliche Kleidung. Der Alltag eignete sich weniger zur Repräsentation. In den frühen Hätscheljahren gingen Knaben und Mädchen im Röckchen, und bis zum dritten, vierten Lebensjahr war für Knaben eine Zeit zu überstehen, deren Ende herbeigesehnt wurde: die Jahre, in denen sie in »Mädchenkleidern« umherlaufen mußten. Die Beweggründe dafür waren wohl hauptsächlich von der Hygiene bestimmt, vom »Sauberwerden«.[6] Der kleine Fritz von Bodelschwingh (1877-1946) empfand die offensichtliche Mißachtung seiner »Männlichkeit« als empörend unehrenhaft:

»Auf meinem Leben in der Kinderstube lag ein Schatten. Je weiter ich in meinem dritten Jahr vorwärtsrückte, desto mehr bekümmerte es mein Herz, daß ich noch immer Mädchenkleider tragen mußte. Die von meiner Schwester abgelegten Sachen wurden in angemessener Weise gekürzt und

Der kaiserliche Enkel mit van-Dyck-Kragen. (Foto 1887)

mir zugeteilt. So vermied man Neuanschaffungen, und ich war ein billiges Glied der menschlichen Gesellschaft. Dieser Zustand drohte die schon durch die abendliche Milchsuppe genährte Abneigung gegen die ältere Schwester bedenklich zu verstärken. Wenn sie wenigstens ein Junge gewesen wäre! Dann hätte ich mir ihre alten Kleider gern gefallen lassen. Diese Einrichtung aber ging allmählich gegen meine Ehre.«

Erst als die Eltern die erste Hose kauften, war der Junge befriedigt, fühlte sich vollwertig und als »Mann« der Schwester überlegen:

»Plötzlich gingen die Eltern mit mir in einen Laden, in dem Kleider aller Art zu kaufen waren. Ich wäre bald vor Freude umgefallen, als meine Mutter sagte: ›Wir möchten für unseren Kleinen einen Anzug haben‹. Als die richtige Größe und Farbe gefunden waren, wurde ich auf den Ladentisch gesetzt. Man nahm mir die verhaßten Mädchenkleider ab und zog mir die ersten richtigen Jungenshosen an.«

Auf der Straße meinte der Kleine,

»daß nun alle Leute stehenbleiben müßten, um dies Wunder der Verwandlung anzustaunen. Dies geschah zwar nicht. Kein Mensch fand an mir etwas Besonderes. Aber in mir war eine Veränderung eingetreten. Nie mehr sollten nun meine großen Brüder sich über meine Kleidung lustig machen! Zugleich war die Autorität der Schwester Frieda fast ganz vernichtet. Mochte sie immer noch drei Jahre älter sein als ich; sie blieb ihr Leben lang ein Mädchen, und ich war ein Mann geworden!«[7]

Mit diesen Worten tritt die Anschauung einer ganzen Epoche zutage, in der die Gesellschaft männlich geprägt war und schon die jüngsten Kinder in dieser Richtung beeinflußt wurden. Mädchen blieben ihr Leben lang in Kleidern, während die Knaben mit 3-4 Jahren behost wurden.

»Mädchenkleider« für kleine Knaben im Vorschulalter waren allgemein üblich und wurden nicht immer als unehrenhaft empfunden. Theodor Heuß (1884-1963) fand es ganz natürlich, daß die Mutter aus Bequemlichkeit lieber Mädchenröcke für ihn anfertigte. Schlimmer verstieß sein Barfußgehen nach Art der Dorfkinder gegen die bürgerlichen Konventionen. Das gehörte sich nicht für Beamtensöhne:

»Der Vater konnte sehr strenge sein. Das Ungeschickte war, daß man nicht wußte, wann er es sein würde ... Eines Tages waren Hermann und ich barfuß bis auf den Marktplatz gegangen, gänzlich arglos; in unserer Gegend ohne Schuhe und Strümpfe herumzulaufen, war uns bei freundlichem Wetter selbstverständlich. Als wir heimkamen, gab es eine furchtbare Abstrafung, die wir nicht verstanden. Irgendein Bekannter hatte uns gesehen und dem Vater, der sich selber so gar nicht ans Konventionelle hielt, dargestellt, daß sich dies mit seiner akademischen und beamtlichen Reputation nicht vertrage.«[8]

So kleinlich urteilte eine auf »Lebensart« abgestellte Gesellschaft, waren doch die letzten Jahrzehnte des Kaiserreiches geprägt durch scharfe Sozialkontraste: reiche Kinder trugen Knöpfstiefel, arme mußten barfuß laufen. Ein barfüßiges Kind aus wohlsituierten Verhältnissen konnte also ungewollt das hierarchische Gewissen wecken.

Je mehr sich das Jahrhundert neigte, desto wichtiger gestaltete sich die Bekleidungsfrage für Kinder aus gutem Hause. Der Dramatiker Carl Sternheim (1878-1942) beschreibt die morgendliche Zeremonie des Ankleidens der sechs Kinder:

Kinder im Nachthemd. (Reklamebild um 1900)

»Das halbe Dutzend wurde in die Badewanne gesetzt, vom Fräulein reingebürstet; einer nach dem andern im Badetuch durch die offene Tür ins Nebenzimmer getragen, auf das Billard gesetzt, wo Mama mit großem Badelaken, ›Bädeläken‹, alles zu Ende blitzblank putzte.

Dann ging es an die Höschen, Röckchen, Jäckchen, Bänderchen und Schlipschen; zum Schluß bekam jeder von meiner Mutter einen zärtlichen Backenstreich, der sich bei peinlichen Umständen des einen oder anderen zur Backpfeife steigerte!«[9]

Dem Ziel, die erreichte Lebensform unter allen Umständen zu erhalten, mußte in einfacheren bürgerlichen Kreisen eiserne Sparsamkeit dienen. Gertrud Bäumer (1873-1954), sozial- und kulturpolitische Schriftstellerin, engagierte Teilnehmerin der Frauenbewegung, die aus einem Lehrerhaus kam und selbst Lehrerin wurde, gewährt uns einen amüsanten Einblick in bürgerliche Sparsamkeitstechniken:

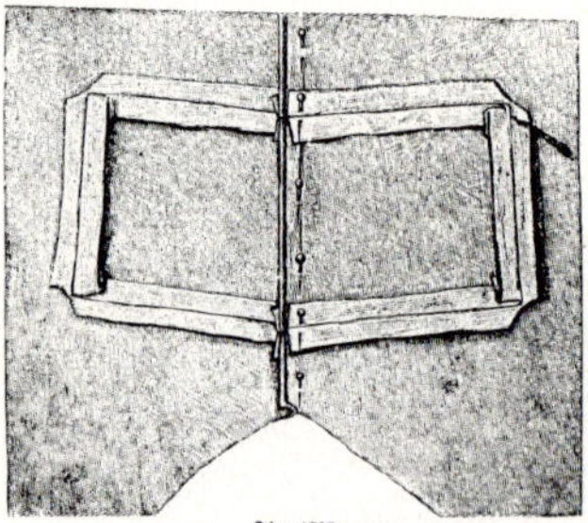

Fig. 1395.
Das Flicken eines Hosenbodens mit Berücksichtigung der Naht.

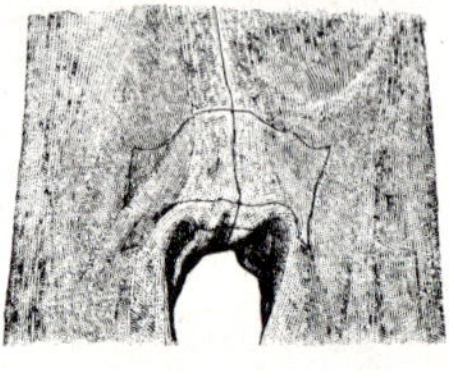

Anleitung zum sparsamen Flicken.
(Antonia Steimann: Die tüchtige Hausfrau, 1913, S. 573)

»Großmutter hatte ihren Jungen an den Knien innen Knöpfe in die Hosen genäht, dann konnten sie nicht durch Herumrutschen ewig Hosen zerreißen, das tat zu weh. Diese vorbeugende Methode war für sie charakteristisch. Das sieht alles sehr hart aus, ich muß aber aus der Erinnerung sagen, daß eine konsequente Gewöhnung in diesen äußeren Dingen nicht als Härte empfunden wird. Kinder nehmen den Standard an, der ihrem Leben gegeben wird, und schließlich ist von jedem Standard aus das Gebiet ihrer Wünsche grenzenlos.«[10]

Im Zuge mittelständischer Sparsamkeit galt es im neuen, dem 20. Jahrhundert, nicht als anstößig, wenn etablierte Modeblätter detaillierte Anweisungen zum Flicken von zerrissenen Hosenböden lieferten.[11]

Immer öfter widmen die einschlägigen Zeitschriften der Kinderkleidung große Teile, wie z. B. der »Leitfaden der Damenschneiderei« (1909).[12] In ausführlichen Kapiteln konnte sich jeder über Baby-, Knaben-, Mädchen- und Backfischkleidung informieren, genaue Schnittmuster und auch manchen nützlichen Hinweis zu weniger kostspieliger Kindermode erhalten.

Vergleicht man diese Tendenzen mit der allgemeinen gesellschaftlichen Entwicklung, so macht sich allmählich ein Umschwung bemerkbar. Zwar war die Konjunktur der Wirtschaft noch gut, aber Hoch- und Tiefphasen wechselten einander ab. Die französischen Reparationszahlungen nach 1871 waren verbraucht, die kaiserliche Flottenpolitik verschlang Unsummen, das Vorbild des Adels und des Großbürgertums leuchtete nicht mehr so glanzvoll wie einst. Das Bürgertum mußte sich mit neuen Strömungen auseinandersetzen, und das wirkte sich auch in liberaleren Bekleidungstendenzen aus.

Mädchen

Die kleinen und jüngeren Bürgermädchen der Gründerjahre durften seit dem Ende des Biedermeier nicht mehr kindlich unbeengt sein, sofern sie zu den oberen Schichten gehörten. Das adlige Leben war immer noch Vorbild für ihre Sozialisation. Lily Braun (1865-1916), selbst aus einer alten, standesbewußten Adelsfamilie stammend, wuchs ganz in den Normen auf, die diese Umwelt setzte. In ihren Memoiren erzählt sie:

»Eine große blonde Frau, von einem kleinen Mädchen und einem halberwachsenen Knaben begleitet, stand vor mir, und nun mußte ich Rede und Antwort stehen, während meine Augen ängstlich an meinem fleckigen Lodenrock und den schmutzigen Stiefeln hingen. Kurz vor dem Haus riß ich mich unter dem Vorwand, die Blumen ins Wasser stellen zu wollen, los, und erschien, noch glühend vor Erregung, nach zehn Minuten im weißen Musselinkleid wieder, das mir die alte Kathrin mit einem ›Kind, Kind, was wird die Tante sagen – das war ja die Prinzessin Friedrich!‹ hastig übergeworfen hatte.«[13]

Hatte sich die Kleidung der Kinder und Jugendlichen rund 40 Jahre vorher so erfreulich den kindlichen Lebensbedingungen angepaßt, so war besonders in den Gründerjahren eine gegenläufige Entwicklung bemerkbar. Kleidung als soziales Verhalten widerspiegelte bald die Tendenz, die Jugendlichen möglichst früh an die herrschenden Ordnungen zu gewöhnen. Ein damals sehr geschätztes Jungmädchenbuch mit dem Titel: »Backfischchens Leiden und Freuden« läßt die Vorstellung einer idealen Mädchengestalt exemplarisch vor dem Auge des Lesers erstehen. So wünschte sich die Oberschicht ihre Töchter:

Mit 10 Jahren eine junge Dame. (Foto um 1900)

»Hole dir Hut und Tuch, Gretchen (15 Jahre), wir wollen einige Visiten machen! sagte die Tante eines Tages, und ich eilte, ihrer Weisung zu folgen, um schnell fertig zu werden, denn sie liebte es gar nicht, auf mich zu warten ...

Heute nun hatte es geregnet, und so schürzte ich mit zwei niedlichen Klammern, welche die Tante mir zu diesem Behufe geschenkt, mein Kleid sorgfältig auf ... Mit Schal und Regenschirm wohl ausgerüstet folgte ich eilig meiner Führerin, welche wie gewöhnlich früher als ich fertig war. Auf der Treppe aber bemerkte ich erst, daß ich meine Handschuh vergessen, und erschrocken sprang ich zurück, dies mir recht unangenehme Kleidungsstück zu suchen ...

Mit hoch klopfendem Herzen folgte ich dem anmeldenden Diener und trat dann schüchtern der Dame des Hauses entgegen, welche mich freundlich bewillkommnete ... Da fiel mein Blick auf meine Handschuh, und neuer Schrecken durchfuhr mein armes Herz! Ach, in der Eile und Hitze hatte ich ein paar alte ergriffen, und erst jetzt mußte ich es bemerken! Was würde die Tante sagen, wenn sie das sah, denn sehen würde sie es, ihrem Auge entging ja nichts! Und was sollte die vornehme Geheimrätin von mir denken ... Anbehalten mußte ich die abscheulichen Dinger, denn ohne Handschuhe, wie ich auf dem Lande ging, das wäre ja ganz unschicklich!«[14]

Die Vorstellung von einem so abhängigen 15jährigen Mädchen ist heute kaum nachvollziehbar. Das Anziehen war nicht nur im Roman langwierig und sehr kompliziert; das wird dem Leser der Memoiren von Mechtilde von Lichnowski (1879-1958) deutlich in einem katholischen Mädchenpensionat mit der Hektik des kollektiven morgendlichen Aufstehens vor Augen geführt:

»Das Waschen und Anziehen am Morgen war eine heikle Sache. In dreißig Minuten mußte man fertig sein. Fräulein Grain sah auf die Uhr; aber nicht etwa, wenn das Kind sein Bett verließ, sondern im Augenblick des Weckens. Ein paar Minuten kann man noch liegen ... Ist die halbe Stunde verstrichen, ehe die Kinder fertig angekleidet sind, so gibt es keinen Kaffee in der Milch. Die Furcht vor dem weißen Frühstück und das schlechte Gewissen schützen Christiane vor dem allzu tiefen Schlaf ...«[15]

Die Probleme der Unterwäsche wurden durch den Siegeszug der englischen Baumwolle und die Feinheit der englischen Strickmechanik erleichtert.

Als Männerhandwerk war das Stricken schon mindestens seit dem 16. Jahrhundert bekannt; die Frauen entdeckten den Reiz dieser Handarbeit im 18. Jahrhundert. Schon im April 1800 verfaßte F. J. Bertuch in seinem »Journal des Luxus und der Moden« ein Loblied auf die *Strickerey*, die er als eine »äußerst einfache und leichte Kunst« bezeichnete, welche von jedem Menschen ausgeübt werden könne. Alle männlichen und weiblichen Kleidungsstücke, die sich den Körperformen anschmiegen sollen, könnten gestrickt werden. – Wie sehr die Strickkunst allerdings die Mode

No. BERLIN W. 5. 5 1909
95 LEIPZIGER STR. 95.

ARNOLD MÜLLER

KAUFHAUS FÜR KINDERBEKLEIDUNG.

BANK-CONTO: DEUTSCHE BANK HAUPT-CASSE.

POSTSCHECK-CONTO No. 949.

TELEPHON: AMT I, 262. AMT I, 1903.

RECHNUNG für Frau Dr. Schmieden

„ERFÜLLUNGSORT BERLIN."

1 Leibchen Mk. 2. 55

Betrag dankend erhalten 4 - MAI 1909 Arnold Müller

Bitte an die Boten nur gegen Quittung mit Firmenstempel Zahlungen zu leisten.
Bei persönlicher Zahlung bitte diese Rechnung mitzubringen.
Bei Zahlung durch die Post bitte obige Nummer anzugeben.

beeinflussen würde, konnte Bertuch nicht voraussehen. In ihren 1935 erschienenen Lebenserinnerungen »Good-bye for the present« beschreibt Eleanor Acland, was 50 Jahre zuvor ein Mädchen aus guter Gesellschaft an Unterzeug anzuziehen hatte:

»Zuerst eine Unterjacke. Dann ein Hemd, ein Kleidungsstück, dessen Nutzen uns nie ersichtlich war, aber man gab uns zu verstehen, daß es durchaus nicht ›hübsch‹ wäre, ohne es zu gehen. Es war aus Kattun und reichte bis zu den Knien. Als eine Art von Korsett (Leibchen) diente ein Streifen von wattiertem Piqué, dessen Benutzung unmißverständlich war. Zusätzlich zu den 5 Knöpfen, die dieses Leibchen auf dem Rücken schlossen, gab es viele andere Knöpfe in den verschiedenen Zwischenräumen und an den verschiedenen Stellen rund um die Taille. Zwei davon hielten die Gummi-Strumpfbänder; die 5 Knopflöcher unserer Unterhosen gehörten zu den anderen 3 Knöpfen, und noch zwei weitere wurden in die Knopflöcher geknöpft, die in das Taillenband unseres flanellenen Unterrocks genäht waren. Darüber kam ein weißer Unterrock mit einem Mieder. Die Kanten aller weißen Kleidungsstücke waren mit außerordentlich kratzenden Garnierungen aus Batist verziert ... Ich habe die Strümpfe vergessen: lange schwarze Strümpfe, die bis über das Knie reichten – wollene im Winter, dicke baumwollene im Sommer.«[16]

Diese Unterwäschemode galt in ähnlichem Stil für die deutschen Kinder, stark durch England beeinflußt. Ebenfalls aus England kamen die kurzen weißen Söckchen, die feine Kinder bis spät in den Winter trugen. Neben der Sucht nach englisch-sportlichem »Chic« verbarg sich wohl in einem derartigen elterlichen Verhalten auch das Bedürfnis nach dem Kleinhalten der Kinder, einer möglichst deutlichen Betonung ihres kindlichen Wesens durch Kurzbestrumpftheit. Dazu kamen die zum Teil schneiderisch sehr anspruchsvollen Kleider und Mäntel, die häufig in nichts der Kleidung weiblicher Erwachsener nachstanden. Aber nicht immer gereichten Samtmäntel zum höchsten Kinderglück.

Was lieblose Einkleidung für ein in seinem Selbstwertgefühl noch unsicheres Mädchen bedeuten konnte, beschreibt Charlotte Berend-Corinth (1880-1967). Aus einem alten, königsblauen Mantel der Mutter soll die Kleine einen Schulmantel gemacht bekommen:

»Er war nur etwas zu kurz, nur etwas. Es fand sich eine breite, schwere, schwarze Seidenborte, wie man sie für Portieren verwendet. Die wurde quer unten gegengesetzt. Nun war er zu lang. Beim Gehen schlug er gegen die Waden. Das wäre rasch ausgewachsen. In diesem sackartigen, leuchtendblauen, schweren Mantel schlich ich zur Schule. Die Kinder steckten die Köpfe zusammen und flüsterten über mein Aussehen. Die Jungens vom Wilhelm-Gymnasium, die immer bei Schulschluß an der Straßenecke standen und uns ihre Mappen an die Köpfe warfen, was manche von uns erwiderten, diese Jungens zeigten mit Fingern auf mich. Auch die Erwachsenen blickten auf mich. Meine Scheu steigerte sich derart, daß ich von selber die andern mied. Ich ging nicht mehr durch die Lützowstraße. Auf Umwegen schlich ich durch die Magdeburger Straße. Dicht an den Häusern entlang, in der Hoffnung nicht bemerkt zu werden. Über den Fahrdamm rannte ich, wie ein gehetzter Hase über eine Lichtung rennt. Ich kam müde zu Hause an.«[17]

Dieser eindrucksvolle Beleg für die Rolle von aufgezwungener Kleidung bei der Sozialisation eines Kindes steht für viele ähnliche Erlebnisse.

Mit Samtmantel und Blumenhut. (Foto um 1900)

Freilich waren Mäntel ein Prestigezeichen für feine Kinder und gehörten oft zum höchsten Putz:

»›Diese oder keine!‹ beschloß ich, als ich eines Wintermorgens einem allerliebsten kleinen Mädchen, in einen weiß- und blaukarierten, havelockähnlichen dichten Kragenmantel gehüllt, mit kleinem Pelzkäppi auf dem reizenden, schleiergeschützten Köpfchen, weißbehandschuht, in arger Verlegenheit unter der Apothekentür an der Ecke stehend, ihre in den Schnee gepurzelten Schulbücher fein säuberlich aufhob und abgestäubt in die große Ledertasche zurückexpedierte, genau so in Reih und Glied, wie es die kleine Pedantin, die sie übrigens geblieben ist, verlangte. Sie hatte nur ein Löschblatt verloren im Schnee, ich aber mein Herz.«[18]

Das Feinste aber war und blieb die Farbe Weiß. Weiß als Zeichen der Unschuld und Kindlichkeit, als Farbe der Reinheit in vielfa-

Blütenweiß mit roter Schärpe. (Foto um 1895)

chem Sinne – denn wer konnte es sich bei den damaligen Waschbedingungen schon leisten, gerade die Kinder in Weiß zu kleiden! Theodor Fontane hat solche bourgeoise Ethik im Sinne von Familie Saubermann angesprochen, als er die kleine Lizzi beschreibt, Jenny Treibels Enkelin, deren Mutter eine Hamburgerin mit Englandtouch ist:

»Lizzi, trotz früher Stunde, war schon in vollem Staate. Das etwas gewellte blonde Haar des Kindes hing bis auf die Hüften herab, im übrigen aber war alles weiß, das Kleid, die hohen Strümpfe, der Überfallkragen, und nur um die Taille herum, wenn sich von einer solchen sprechen ließ, zog sich eine breite rote Schärpe, die von Helenen nie ›rote Schärpe‹, sondern immer nur ›pink-coloured scarf‹ genannt wurde. Die Kleine, wie sie sich da präsentierte, hätte sofort als symbolische Figur auf den Wäscheschrank ihrer Mutter gestellt werden können, so sehr war sie der Ausdruck von Weißzeug mit einem roten Bändchen drum.«[19]

Das hier beschriebene weiße Kleid war für »bessere« Kreise sehr wichtig, damit der Kontrast anderen Sozialschichten gegenüber noch auffallender, ja unwirklicher erschien.

So beschreibt Gabriele Reuter (1859-1941) als Haupterinnerung an das Familienfest zu Großmamas Geburtstag, daß die Kinder weiße Kleider und Kornblumenkränze trugen[20] – vielleicht in Erinnerung an die Königin Luise?

Die kleine Charlotte Berend-Corinth geht als Vierjährige mit ihrem Vater im Sonntagsstaat im Garten spazieren:

»Es war mein weißes Kleid aus Schweizer Stickerei, wie Mama es nannte. Es war gestärkt, so daß der Rock von mir abstand. Die breite seidne Schärpe, die um die Mitte gebunden war, kam aus Italien, sagte Mama. Und glatt war das Haar gekämmt. Meine Strümpfe waren weiß und die Schuhe aus blankem, braunem Leder. Der Vater sah mich lächelnd an, als ich so vor ihm stand. ›Na – dann komm!‹

›Pappi – hast du das gesehen?‹

›Was?‹

›Wie der Gärtner sich bückte. Warte mal, Pappi, ich zeige es dir. Sieh, so‹, und ich hob das Bein so hoch, daß der gestärkte Rock über den Kopf fiel und die weiße Hose zu sehen war, die auch mit schöner Schweizer Stickerei umrahmt war.

›Laß das‹, sagte mein Vater und rüttelte mich an der Hand. ›Du bist ein kleines Mädchen und kein alter Gärtner.‹«[21]

Daß der Sonntagsstaat physisch und psychisch behinderte, beschreibt auch Frida Leider (1888-1975) für Berlin:

»Im allgemeinen waren aber die Sonntage für uns Großstadtkinder recht langweilig. Der steife Sonntagsstaat – gestärkte Waschkleider mit vielen Rüschen und Volants, die die arme Mutter schon am frühen Morgen im Schweiße ihres Angesichts gebügelt hatte (damals noch mit glühenden Bolzen) – war höchst unbequem und behinderte uns beim Spielen.«[22]

Die schönste Beschreibung eines stolzen Kindes in Weiß stammt von Alice Herdan-Zuckmayer:

»Es war ein Kleid ganz und gar aus weißen Spitzen, und der untere Teil des Kleides bestand aus lauter Spitzenvolants, einer bedeckte zur Hälfte den nächsten, und da gab es acht Spitzenvolants bis über die Knie. Und unter dem Spitzenkleid war ein rosa Batistunterkleid, das schimmerte durch die Spitzen an den Stellen, wo es keine Volants gab.

Und zuletzt setzte sie mir einen Hut auf, der war aus weißem Batist mit einem langen rosa Band, auf dem waren kleine rosa Röschen befestigt.

Ich stand vor dem Spiegel und drehte mich rechts und drehte mich links und konnte gar nichts sagen.«[23]

Aber war das ein wirkliches Kinderglück?

Noch ein weiteres, eigentlich unkindliches Phänomen verdient hier Beachtung – und das waren die Accessoires, vor allem die Hüte.[24] Kein »besseres« Kind betrat die Straße ohne Hut; im Sommer waren die aufgeschlagenen Strohhüte sehr beliebt. Doch wechselte die kindliche Hutmode mit der der Erwachsenen, und die Hutaufbauten bzw. Ringellockenfrisuren dürften kaum dem kindlichen Bewegungsdrang günstig gewesen sein.

Was zu Anfang des 19. Jahrhunderts so hoffnungsvoll begonnen hatte, nämlich der Versuch einer kindgemäßen Lebenswelt auch in der Kleidung, das war nun kaum noch zu erkennen. Wie kleine Erwachsene sahen die Kinder der reichen Leute wieder aus, wobei aus der Sicht der Erwachsenen die Süße des Kindlichen im Kontrast solcher Hüte mit den Kindergesichtern bestand.

Die Kopfbedeckung besitzt in allen Epochen, in allen ethnischen und sozialen Gruppen eine Bedeutung, die zumeist über die reine Schutzfunktion hinausgeht. Merkwürdig muten uns heute diese raffinierten Hüte der Mädchen an, die so gar nicht zu den Wadenstrümpfen und Grübchenwangen passen wollten. Modisch stammen sie wohl aus dem viktorianischen England, wo die führende Upper-Class kaum mehr als zwei bis drei Prozent der Gesamtbevölkerung ausmachte. Das Bedürfnis, das diese Hüte befriedigten, kam aus dem Prestigebewußtsein der Eltern, denn kindhaft waren solche Kopfbedeckungen nicht. Doch drückten sie so sehr erstrebtes Wohlleben aus, daß der Maler Gustave Doré (1832-1883) in seinem Londonbuch 1872 den Bettelkindern mit Vorliebe als makabre Kostümierung die weggeworfenen, zerbeulten Hüte der Reichen aufgestülpt hat.

Arbeiterkinder

Die Lebensverhältnisse der untersten sozialen Schicht hatten sich gegenüber der vorhergehenden Zeit des Biedermeier und des Nachmärz zunehmend verschlechtert. Seit den fünfziger Jahren des 19. Jahrhunderts versuchten die gehobeneren sozialen Schichten, ihr Gewissen mit dem Schlagwort vom Pauperismus zu beruhigen. Pauperismus umschrieb die mit der Industrialisierung einhergehende Massenverarmung der an sich schon ärmeren Bevölkerungskreise. Während der Kaiserzeit verschärfte sich die schlechte soziale Lage dieser Menschen noch mehr. Die Kluft zwischen Bourgeoisie und Arbeiterschaft klaffte gegen Ende des Jahrhunderts tiefer denn je. Zwar ersehnten die Arbeiterfrauen oft als Ausweg aus ihrem Elend ein kleinbürgerliches Frauenleben in Ruhe und Behaglichkeit; die Arbeiter-Frauenbewegung mit ihren Zielen einer Verselbständigung der Arbeiterinnen fand wenig Widerhall.[25]

1882 gibt Emanuel Sax einen anrührenden Bericht über die hygienischen Zustände von Heimarbeiterwohnungen und -kleidung:

»Wie es in solchen Wohnungen um die Reinlichkeit bestellt ist, läßt sich leicht denken. Unter der Woche wird nicht gekehrt, es sammeln sich an den Werkeltagen die Abfälle bei der Arbeit (Hausindustrie in Thüringen) zu stattlichen Haufen an, welche erst am Sonnabendnachmittag hinausgeräumt werden ... Dann wird alles Hausgerät gescheuert und der Fußboden aufgewaschen, aber selten erstreckt sich die Reinigung bis auf die Schlafkammer, welche vielmehr in ihrem gewohnheitsmäßigen Schmutz bleibt. ›Wenn ich mit dem Executor komme‹, sagte mir der Bezirksvorstand, ›dann finde ich öfters die Mutter den Kindern die Wäsche machen, während die Kleinen sich nackend auf dem Boden wälzen, sie haben eben nur ein Hemd, das gerade für den Sonntag rein gewaschen wird; die Alten sind schon besser dran, die haben zwei Hemden, eins auf dem Leib und eins auf dem Zaun.‹«[26]

Diese drastische Schilderung vom Kinderleben ergreift gerade we-

»Unbehütete« Kinder mit Hut. (Gustave Doré 1832-1883)

gen ihrer Qualität als Berichterstattung. Wenn hier auch eine Thüringer Arbeiterfamilie gemeint ist, so dürfte es in städtischen Arbeiterhäusern nicht viel anders ausgesehen haben. Nach Schätzungen um die Jahrhundertwende kann man davon ausgehen, daß etwa 1 Million Proletarierkinder arbeiteten, d. h. ein Achtel aller Schulkinder war gezwungen, das Familienbudget mitaufzubessern. Erst das Deutsche Kinderschutzgesetz von 1903 verbot für Kinder unter 12 Jahren jedes Arbeitsverhältnis, wurde jedoch vielfach gerade bei der Heimarbeit umgangen.[27] »Kein Bett zu haben, ist aber nur eine Seite des Elendsbildes«, stellt Otto Rühle 1911 in seinem sozialkritischen Werk über »Das proletarische Kind« fest:

»Eine andere heißt: kein Hemd, keine Kleider, keine Schuhe haben. Tausende, viele tausende Proletarierkinder sind ohne Hemd und Schuhe, ohne genügende Wäsche, ohne ausreichende warme Kleidung. Zu einer Zeit, da die Mode der Bourgeoisie sich in einem bisher nie gekannten Luxus überbietet, die Reichen sich in Seide und Brokat, herrlichste Spitzen und kostbarste Pelze hüllen, entbehrt der Nachwuchs der Armen und Ärmsten

Der große Unterschied. (Simplizissimus 1897, S. 268)

buchstäblich des armseligsten Fetzens, der seine Blöße deckt. Welch ein Wahnsinn!«[28]

Rühle betont zu Recht das Nebeneinander eines unerhörten Luxus der Oberschicht und des ebenso unerhörten Mangels der Armen, bei denen die bloße Haut durch die »Lochstickerei« ihrer Bekleidung schimmert. Nach Rühle besaßen viele dieser Kinder nur selten ein brauchbares Wäschestück auf dem Leib. Man sah Knaben mit Mädchenhosen bekleidet, Kinder, die Frauenhemden trugen; und oft sei die Wäsche in einem so schlechten Zustand, daß man kaum noch von Lumpen sprechen könne. – Die Lektüre zeitgenössischer Memoiren bestätigt das von Rühle gezeichnete Bild. Auch Erhebungen in Schulen konnten diesen Eindruck nicht beseitigen, denn:

»In einer Schule in Sonneberg waren von 920 Kindern 138 mangelhaft bekleidet, 67 besaßen kein Schuhwerk. In einer anderen Schule dieser Stadt waren von 1 343 Kindern 530 schlecht mit Kleidern versorgt, und 398 hatten keine Schuhe.«[29]

Oder:

»In Glatz wurde konstatiert, daß von 1842 Volksschulkindern 940 noch zwei ganze Hemden hatten, 446 nur ein Hemd, 129 gar kein Hemd; 489 hatten zwei Paar ganze Strümpfe, 703 ein Paar, 297 überhaupt keine Strümpfe; 669 hatten weder einen Mantel noch eine warme Jacke, 147 nur Holzschuhe oder Stoffschuhe (Patschen), 21 überhaupt keine Schuhe.«[30]

Diese Zahlen dokumentieren eine Armut, die das Bewußtsein eines heranwachsenden Kindes auf erschreckende Weise bestimmte.

»Da vielfach alle Mittel durch die Anschaffung von Lebensmitteln aufgezehrt werden, bleibt zumeist nichts für die Anschaffung für Wäsche, Kleidung und Schuhwerk. Nach den übereinstimmenden Berichten ist es keine Seltenheit, daß Kinder nur ein oder überhaupt kein Hemd haben. Im Gebiet Sondershausen hat es sich bei den schulärztlichen Untersuchungen gezeigt, daß in vielen Fällen bei den Schulkindern der Zustand der Hemden ein ganz trostloser ist!«[31]

Noch beklagenswerter waren die Waisen- und Armenhauskinder, die sich nach Schulabschluß selbst ihre Lehrstellen suchen mußten. Das war zu Ende des 19. Jahrhunderts nicht einfach, denn arbeitswillige junge Menschen gab es mehr als genug. Auch hing oftmals die Zusage eines Lehrherrn zur Aufnahme eines Jungen

Zeitungsjunge von 1928. (Conrad Felixmüller 1887-1977)

davon ab, ob dieser sich die vorgeschriebene Berufskleidung selbst anschaffen konnte. Bestimmte Handwerke besaßen (und besitzen bis heute) eine traditionelle Berufstracht schon für die Lehrlinge – wie z. B. die Schornsteinfeger schwarze Drillichanzüge mit Zipfelmützen, die Bäcker schwarzweißkarierte Pepitahosen, weiße Jacken und Mützen, die Fleischer dunkelblauweißgestreifte Anzüge und Schürzen. Diese Ausstattung hatten meist die Eltern anzuschaffen. Sie verlieh den Knaben dann ein gewisses Wir-Gefühl und eine Berufsidentität, die sich in Solidarität, aber auch in Aggressionen den anderen gegenüber ausdrücken konnte. Statt der Eltern sprangen zuweilen die Meister für diese Ausstattung ein. Gegen Ende des 19. Jahrhunderts aber sahen sich die Handwerker, und hier wieder besonders die Kleinhandwerker, immer weniger in der Lage, väterlich, d. h. im Geist der alten

Lehrlingskleidung. (Paul C. Chocarne-Moreau 1855-1930)

patriarchalischen Haushaltsführung, für die jungen Lehrlinge zu sorgen. So fragte 1891 ein solcher Meister einen fünfzehnjährigen Waisenjungen, der sich bei ihm bewarb, sorgenvoll nach der Bekleidung:

»›Warum kommst' denn alleine? Wo ist deine Mutter?‹ ›Ich habe keine Mutter.‹ ›Und dein Vater?‹ ›Ich hab' keinen.‹ ›Bei wem bist du denn?‹ ›Kostkind bei Herrn Eile.‹ ›Na, das ist ja recht schön! ... Aber sag' mir, Bub, wer wird denn das G'wand kaufen?‹ Eine Weile stockte ich, dann sagte ich zögernd: ›Ich hab' niemanden‹. In dem Moment kam mir der rettende Gedanke: ›I' lern' halt vier Jahr, damit ich auch das G'wand krieg.‹ Damit war der Meister zufrieden ...«[32]

Wie gering muß die Entlohnung des Lehrlings gewesen sein, wenn er ein ganzes Jahr zusätzlich arbeiten mußte, um sich die Berufskleidung zu verdienen – als billige Arbeitskraft!

Bevor ein Proletarierkind jedoch das Lehrlingsalter erreicht hatte, mußte es eine fast noch härtere Schule absolvieren. Gaben sich die Mütter auch die größte Mühe, ihre Kinder sauber und adrett einzukleiden, soweit das mit den geringen Mitteln möglich war, so erregten sie damit zuweilen den Unmut der etablierten Kreise. Denn guten Geschmack oder Fantasie billigte man Frauen aus verarmten Verhältnissen nicht zu:

»Von Natur erfinderisch, wußte die Mutter auch den dürftigsten Kleidern ein hübsches Aussehen zu geben. Wir hörten in der Folge manchmal von spitzen Weiberzungen, die Armenhauskinder seien besser gekleidet als die Bauernsprößlinge.«[33]

So lernten die Kinder, gleichgültig welcher Abkunft sie waren, beizeiten, was Standesunterschiede seien, auf welcher Stufe der sozialen Leiter sie unverrückbar standen. Von kleinauf wurde auf diese Weise der Klassenkampf geübt und erlernt, zu dessen sichtbaren äußeren Zeichen die Kleidung gehörte. Ein Mädchen mit Umschlagtuch und Deckelkorb war ebenso einer bestimmten Sozialstufe zugeordnet wie ein barfüßiger Junge auf dem Schulweg.

»Olga säumte nicht und ging in die Hinterstube, um hier ihr rot- und schwarzkariertes Umschlagtuch zu holen, das, neben einem etwas zerschlissenen Schnurrenhut, ihr gewöhnliches Straßenkostüm bildete.«[34]

Ein Mantel kam für diese Kinder nicht in Frage.

Verena Conzett, selbst Arbeiterin in einer Züricher Seidenspinnerei, malte ein plastisches Bild von der »Tracht« der Spinnerinnen um 1875. Zwischen erwachsenen Frauen und Mädchen bestand kein Unterschied; sie trugen alle die handgestrickten Zipfeltücher, die nur wenig vor Wind und Wetter schützten.

Die Kinder dieses Milieus verhielten sich untereinander solidarisch und schlossen sich eng zusammen, um die Zurücksetzung besser ertragen zu können:

»In Zschaiten waren wir die einzigen Armenhauskinder und allein in dem Gefühl der Zurücksetzung. Doch in Großenhain lernte ich so etwas wie soziale Zugehörigkeit kennen. Die Jungens aus der Volksschule und auch die aus der zweiten Bürgerschule standen mit den Realschülern in ewiger Fehde, die bisweilen zu heftigen Linealkämpfen führte. Die Realschüler höhnten uns immer, weil wir barfuß zur Schule gingen.«[35]

Die Kinderfeindschaft zwischen den verschiedenen sozialen Klassen war brutal, und sensiblere Kinder litten oft schwer unter den bedrückenden Verhältnissen und verwünschten ihr Schicksal, wie es Max Winter, Waisenkind in Wien, tat:

»Ich fluchte meinem Schicksal, meiner Mutter. Lebendiger denn je stand in diesen Jahren vor meiner Seele der Wunsch, nach Bergdorf zu fliehen. Dem aber stand eines im Wege. Ich hatte fast nichts zum Anziehen. Eine blaue Barchentjacke, eine Zeughose, ein Hemd, Wollsocken und Holzschuhe, sogenannte Holzschlappen waren nebst einer alten Kappe das Um und Auf meiner Toilette. In diesem Aufzug nach Bergdorf zu kommen, nein, da wäre ich vor Scham vergangen. Und bessere Kleider waren für mich nicht zu bekommen. Nicht einmal Schuhe. Einmal hatte mich der Lehrer vom Turnen heimgeschickt, weil ich beim Beinschleudern mit meinem Holzpantoffel einen Kollegen verletzt hatte, aber Schuhe bekam ich keine.«[36]

Der Nichtbesitz von Schuhen stellte nach wie vor das äußerste Zeichen gesellschaftlicher Einschätzung von Armut dar, wie überhaupt der Mangel an Kleidungsstücken.

»Die furchtbare Kälte jenes Winters (1879/80) war für mich besonders schlimm, weil ich weder einen Mantel noch Handschuhe mein Eigen nannte. Solange mein Vater zu Bett liegen mußte, meine Mutter also ans Haus gefesselt war, so daß sie nichts verdienen konnte, habe ich oft genug bei Freunden meiner Eltern einige Groschen für ein Brot borgen, oft genug auch im Leihhause Haushaltsgegenstände und Kleidungsstücke meiner Mutter aus besseren Zeiten versetzen müssen. Am peinlichsten war mir, daß ich auch hin und wieder, während mein Vater schon lange hoffnungslos darniederlag, zur Schule entweder väterliches oder mütterliches Schuhwerk anziehen mußte, wenn mein einziges Paar Stiefel in Reparatur war.«[37]

Besaßen Arbeiterkinder Schuhe, die sie in die Schule, an Sonntagen oder zu anderen feierlichen Gelegenheiten tragen konnten, so gehörten sie schon in die besseren Kreise der Arbeiterschaft. Daher wurde alles, soweit es ging, auf Zuwachs angeschafft:

»Ich hatte nur dabei, was ich auf dem Leib trug, und das war wenig: eine kurze Hose, ein Hemd und ein leichtes Sommerkittele. Wenn das Hemd dreckig sei, könne die Großmutter es ja über Nacht geschwind herauswaschen, hatte die Mutter gemeint. Nachthemden und derlei vornehme Dinge kannten wir nicht. Trotzdem hatten wir keine Kleidersorgen. Meine einzige war die, daß die Mutter die Hosen alle viel zu lang machen ließ, zum Hineinwachsen. Dafür war sie auch bei den Schuhen, von denen sie mir bei dem Schuhmacher Kölle alle paar Jahr ein Paar anmessen ließ.«[38]

Arbeiterkinder im Sonntagsstaat. (Foto um 1890)

Hosen auf Zuwachs sind zu begreifen; aber Schuhe im voraus mehrere Nummern zu groß anzuschaffen war doch eine Sünde wider die Kinderfüße, die noch keine festgeprägte Form haben. Dann wäre Barfußgehen besser gewesen. Schuhe waren fast unerschwinglich für ärmere Leute und doch notwendig und begehrenswert. Der Besitz von Fußbekleidung spielte eine ausschlaggebende Rolle für das Selbst- und Fremdansehen der Kinder.

»Barfußlaufen war für uns Fabriklersbuben in unserem Arbeiterviertel, das man seiner östlichen Lage am Waldrand wegen das Chinaviertel nannte, nicht etwa nur ein gelegentlich und launenhaft und je nach Witterung betriebenes modisches Spiel, sondern vom April bis in den Spätherbst hinein und bei jedem Wetter eine selbstverständliche Sparmaßnahme.«[39]

Die Arbeiterfrauen setzten alles daran, ihren Kindern wenigstens Holzschuhe anziehen zu können.

»Und der Kleine war kein anderer als der Sohn der Waschfrau, der gerade vorbeiging und ehrerbietig seine Mütze zog, ihr Schirm war gebrochen, und man konnte sie in die Tasche stecken. In den ärmlichen, aber reinen und überaus gut geflickten Kleidern und mit schweren Holzschuhen stand der Junge ehrerbietig, als stände er vor dem König selbst.«[40]

Zudem achteten die Mütter meist auf peinlichste Ordnung und Sauberkeit ihrer Sprößlinge und dazu auf gutes Benehmen, um wenigstens hier keine schlechte Note im bürgerlichen Verhaltenskodex zu erhalten.

Die Mühe der Mütter um Schuhe, ja – um ein Sonntagskleid, der Versuch des Sich-Absetzens vom grauen Alltag war auffallend. Denn hiermit fand am ehesten die Annäherung an das kleinbürgerliche Ideal statt. Wenn aus der Kaiserzeit Abbildungen von Kindern der »kleinen Leute« überliefert sind, dann meist im Sonntagsstaat.

Eine Rolle mag auch die Befolgung des Gebotes zum Kirchgang gespielt haben, denn nach wie vor blieb es ein ungeschriebenes Gesetz, daß man sich und seine Kinder für diese Gelegenheit feinzumachen habe. Die weißen Kleider der Bürgerkinder zu sonntäglichen Anlässen waren bei den einfachen Leuten nicht zu finden, auch keine weißen Wadenstrümpfe und Lackschuhe, statt dessen dunkle Schottenkleider, schwarze Strümpfe und Stiefel. Die Beziehungen zwischen den sozialen Schichten waren merkwürdig unkonkret, und die Attitüde bürgerlicher Damen, sich aus Angst vor Strafe für unverdientes Wohlergehen zu kasteien, dürfte den Armen kaum genutzt haben:

»Die Mutter hatte Zeiten der Furcht, wo sie sich freiwillig Entbehrungen und harte Arbeiten auferlegte, um gewissen Unglücksfällen zuvorzukommen. Dann gab sie mir Legenden zu lesen und leitete mich ebenfalls zum Entsagen an. Wie mir jedoch alles zum Unmaß geriet, so tat ich auch in diesen Dingen der Meisterin bald übergenug, verschenkte Spielsachen, Vesperbrot und Stiefel, ahmte die Haltung der Armen nach, ging demütig und barfüßig umher und versetzte mir mit spitzen Oleanderblättern Stiche in die Wangen.«[41]

Das Zeichen »barfuß« setzte also auch für den Erzähler Hans Carossa (1878-1956) die Armen von allen anderen ab, und die schichtspezifische Erziehung bestärkte das bürgerliche Kind bereits in diesem Klassendenken.

Mit der Aufhebung der Sozialistengesetze (1878-1890), der Einrichtung von staatlichen Grundschulen, dem gemeinsamen Straßenspiel von Kindern aus allen Schichten[42], begegneten sich allmählich Kinder über die Klassenschranken hinweg, auch ohne Wunsch und Wissen der Eltern. Für die Bürgerkinder bedeutete das gegenüber der vorhergehenden Generation den Gewinn neuer Lebenserfahrungen, was wohl auch ihr Kleidungsverhalten beeinflußte.

Alice Herdan-Zuckmayer berichtet von einer harten Begegnung mit einer Armen (um 1900), die in ihrer Schule einen Freiplatz hatte und in der Klasse auffiel:

»... weil ihr Mantel nicht zu unsern Mänteln paßt, und unter den Kleidern hat sie Barchentwäsche, die ist färbig ... ›Die Anna ist dort gestanden, wo ihr Mantel hängt, und hat was gegessen. Die Henriette ist auf und ab gegangen zwischen uns, und plötzlich ist sie stehengeblieben vor der Anna. Zuerst hat sie nichts gesagt und hat nur immer auf die Strümpfe von der Anna geschaut, die sind noch viel dicker wie meine, die müssen noch viel mehr kratzen wie meine, und viel mehr Löcher sind drin, viel schöner gestopft, als die Burgi stopft. Dann hat die Henriette ein Paar Handschuhe aus ihrer Schürzentasche gezogen und der Anna hingehalten und gesagt: Hier sind meine alten Wollhandschuhe, ich brauch sie nicht mehr, ich habe Pelzhandschuhe von meinem Vater bekommen. Da hat die Anna die Handschuhe gepackt und dann ... und dann ...‹ Ich hielt mir vor Schrecken die Hände vor den Mund. ›Was war?‹ sagte Luise. ›Die Anna hat die Handschuh gepackt, und dann hat sie in alle Finger von den

Handschuhen hineingebissen, und alle Maschen hat sie aufgerissen, bis garnichts mehr da war – nur lauter Wolle. Die Wolle hat sie zusammengewickelt, so geschwind, daß man gar nicht hat hinschauen können; dann hat sie den Knäuel genommen und der Henriette ins Gesicht geworfen, und dazu hat sie geschrien: Ich brauch deine Handschuhe nicht. Sie hat noch nie geschrien, und ihre Augen waren ganz glühend, und wir haben uns gefürchtet vor ihr. Aber die Henriette hat sich nicht gefürchtet vor ihr, die ist auf ihrem Platz stehengeblieben, hat den Wollknäuel auf dem Boden angeschaut und gesagt: Ich habe nicht gewußt, daß eine Wäscherin genug Geld hat für anständige Wollhandschuhe.‹«[43]

Diese erschütternde Geschichte von der bewußten provozierenden Beschämung eines armen Kindes, die dem erzählenden Herrschaftskind unauslöschlich im Gedächtnis blieb, schließt mit der Wiedergabe einer bezeichnenden Bemerkung des Dienstmädchens, daß die Anna, das Freiplatzkind, sich so nicht hätte benehmen dürfen, »das gehört sich nicht für eine Arme«. Und das hat wieder etwas mit jenem erstarrten und devoten Standesbewußtsein zu tun, das in einem Obrigkeitsstaat aufgewachsenen Menschen häufig eigen gewesen ist. Das gleiche devote Standesbewußtsein war auch daran Schuld, daß die sozialen Verhältnisse so schlecht blieben. Erst der gewaltsame Umbruch von 1918 führte einschneidende Veränderungen herbei.

Am Schluß dieses Kapitels erhebt sich die Frage, die stets bei der Betrachtung von Arbeiter-Lebensverhältnissen aufkommt: Gibt es eine spezifische Arbeiterkultur? Sind Proletarierkinder in der gleichen Weise an ihrer Kleidung zu erkennen wie Bürger- oder Dorfkinder? Ganz sicher nicht im Sinne einer Aufzählung von objektiven Kriterien. Die zahlreichen Memoirentexte dieses Kapitels haben eindrucksvoll gezeigt, daß nicht der Besitz an bestimmten Kleidungsstücken das Arbeiterkind kennzeichnete, sondern eher der Mangel. Den Standard bot meist die jeweilige städtische Durchschnittskleidung, aber dieser Standard wurde von den Arbeiterkindern nur selten und unter großen Anstrengungen der Mütter erreicht. »Arm, aber reinlich« war eine der rücksichtslosen Forderungen der Gesellschaft an die Arbeiterfrau, ohne zu bedenken, daß Sauberkeit beim Besitz von sechs Hemden leichter zu erreichen ist, als wenn es sich um bestenfalls zwei handelt. So blieb die Wertorientierung bürgerlich gerichtet mit modischen Wunschvorstellungen. Zumindest am Sonntag wollte auch die Arbeiterfrau ihre Kinder herausputzen.

Zu einer eigenen kulturellen Formulierung kam es kaum; der Mangel an materiellen Mitteln und an Zeit verboten in dieser Epoche aufwendiger bürgerlicher Kindermoden auch nur das geringste Gleichziehen mit der nächsthöheren Klasse. Und zu einer selbständigen, angepaßten Kleidung fehlte im allgemeinen die kreative Kraft. Erst die Wandervogelbewegung brachte hier eine Änderung, aber aus dem Geist einer neuen Jugend.

Modeblatt 1910

Zwei Brüder im Matrosenanzug. (Foto um 1890)

Exkurs: Der Matrosenanzug

Es gibt wohl kein Kleidungsstück, das so sehr kindliches Allgemeingut gewesen ist wie der Matrosenanzug.

Das erste Auftreten einer Kleidung *à la matelot,* wie es in der Pariser Modesprache hieß, war vor 1800 zu beobachten. In England entstand diese neue zweckmäßige Richtung im Interesse der Kinder und entsprach dem sportfreudigen, naturfreundlichen Bürgergeist der Engländer. Der Seemannstracht war der halsfreie Ausschnitt entnommen, auch der große Schulterkragen. Allerdings hatte gerade dieses anknöpf- und waschbare Kleidungselement, das später zum Hauptschmuckstück des Kinderanzugs werden sollte, bei den englischen Matrosen des 18. Jahrhunderts die zweckmäßige Funktion, das blaue Tuch vor dem fettigen Teer zu schützen, mit dem die Matrosen sich den Zopf festigten, um sich nicht täglich frisieren zu müssen.

Dora Lühr geht in ihrer kostümgeschichtlichen Darstellung noch weiter[44] und bezieht in die Linie der Matrosenanzüge bereits den *Skeleton* mit ein wegen des offenen Kragens und der langen bequemen Hosen, die der Arbeitskleidung der Marseiller Hafenbevölkerung nachgebildet seien. Sie zitiert dazu Friedrich Schiller, der im »Don Carlos« den Infanten sagen läßt:

»So tief bin ich gefallen – bin so arm geworden, daß ich an unsre frühen Kinderjahre / dich mahnen muß – daß ich dich bitten muß, / die lang vergessenen Schulden abzutragen, / die du noch im Matrosenkleide machtest.« (1. Akt, 2. Auftritt)

Dora Lühr führt überzeugend aus, daß Schiller 1787 von seinem zeitlichen Standpunkt aus (nicht von dem des Infanten) kaum ein solches Bild gewählt haben dürfte, wenn sein deutsches Publikum nicht den Knabenanzug *à la matelot* gekannt hätte. – Also der kindliche Matrosenanzug als Kleidungsverhalten revolutionärer bürgerlicher Gesinnung noch vor Einführung der Röhrenhose in der Herrenmode?

Festzuhalten ist, daß damals das Bürgertum in bewußter Absetzung von der Aristokratie eine eigene natürliche Kleidung für seine Kinder suchte und dafür eine Arbeitertracht als Vorbild fand. In einer von Locke und Rousseau vorgeprägten und genährten selbstbewußten Haltung erfüllte man die Wünsche seiner Kinder nach Ungezwungenheit und Bewegungsfreiheit, denn man sah darin eine notwendige Grundlage für ihre Persönlichkeitsentwicklung. Schon die Pädagogen Johann B. Basedow (1724-1790) und Christian G. Salzmann (1744-1811) empfahlen ausdrücklich Kinderkleidung aus praktischem waschbaren Zwillich.[45]

Aber dieser Geist blieb nicht lange erhalten; in der Biedermeierzeit verschwand die Seemannstracht des 18. Jahrhunderts bald wieder aus der Kinderkleidung. Knielange Kittel mit weiten, blusigen Ärmeln ersetzten *Skeleton* und Matrosenmode in der Knabenkleidung. Überhaupt wurde immer mehr die Bluse – bei der Marine als *Hemd* bezeichnet – mit ihrem Zubehör das bestimmende Merkmal. Aber der Matrosenanzug war nicht tot; diese Kindermode erwachte mit Militarismus und Nationalgefühl zu neuem Leben, und es gibt wohl kaum eine Erscheinung, die so markant den europäischen Weg zum Nationalismus begleitet hat wie der Matrosenanzug.

Der neue Typus dieser Knabenkleidung, die den Ersten Weltkrieg überdauert hat, wurde in der englischen Hofgesellschaft kreiert. Dort hatte der deutsche Gesellschaftsporträtist Franz Xaver Winterhalter (1805-1873) bereits 1846 ein viel beachtetes Bild des Prince of Wales in einer kindlichen Matrosenuniform gemalt, die er an Bord der »Victoria and Albert« getragen hatte. Größere Verbreitung fand die neue Kindermode dann nach 1860, als eine Matrosenbluse mit eckigem Kragen aufkam, wozu Knikkerbocker und ein brauner Strohhut mit langen, schwarzen Bändern gehörten.[46]

In Deutschland wurde die Matrosenkleidung etwas später Mode durch das Vorbild der englischen Königskinder und die von ihnen vorgelebte politische Zeichensetzung: Britannia rules the waves! England gab seit Nelson in der Uniformfrage für die Seeleute aller Marinen den Ton an; warum nicht auch für die Kinder? Hatte es sich anfänglich nur um einen Sommeranzug aus weißem Drillich gehandelt, so eroberte er sich bald in marineblauem Serge und gestricktem Jersey auch die Winterkleidung, wobei der offene Ausschnitt mit der Unterziehweste typisch blieb. Kragen und Manschetten zeigten drei weiße Streifen, – auch das ein Erbteil der englischen Marine nach den drei großen Seeschlachten Nelsons. Die kleidsame Tellermütze wurde wohl von der französischen und deutschen Marine übernommen.

Für englische Mädchen gab es seit 1880 Matrosenblusen zum Faltenrock; Matrosenkleidung war also eine Kindermode, die

Die Kaiserkinder im Matrosenhabit. (Foto um 1914)

von den Knaben auf die Mädchen überging, deren Kleidung kindgemäß machte und von der Frauenmode wohltuend entfernte.

Die deutschen Vettern im Berliner Schloß zogen nach. Schon 1862 zeigte sich Wilhelm II. als dreijähriger Prinz in der neuen englischen Knabentracht: in einer Bluse mit großem rechteckigen, über den Rücken fallenden Kragen, mit spitzem Ausschnitt und dem zum Knoten verschlungenen schwarzen Seidentuch mit den obligaten, unter dem Kragen zusammengebundenen weißen Leinenbändchen.

Mechtilde von Lichnowski (1879-1958) und ihre Geschwister werden von der fürsorglichen Mutter anläßlich einer Beerdigung in ihre besten Matrosenkleider und -anzüge gekleidet, deren blaue Farbe so dunkel war, daß sie fast schwarz wirkte.

»Linda und Henriette, auch wie Michael in Matrosenkleidern, standen, dunkelblau und hellblond, etwas näher beim Katafalk … Michael trug seinen besten Matrosenanzug mit einem weißen Gilet, auf welches ein blauer Anker gestickt war, auf dem linken Arm ein roter; der Stoff war so dunkelblau, daß er fast schwarz wirkte ... und Mama ließ noch einmal von Nelson aus England Matrosenkostüme für den Sommer kommen.«[47]

Die »besseren« Familien bestellten also ihre Matrosenanzüge und -kleider immer noch bei englischen Firmen, wie die hier erwähnte mit dem traditionsreichen Namen »Nelson«.

Im Zeichen der wilhelminischen Großmachtträume verschwanden das englische Modell und das »Kopenhagener Matrosenhabit« mit der »dänischen Matrosenmütze«, das in der Garderobe der Thomas Mann'schen Knabengestalten eine so beherrschende Rolle gespielt hatte. 1874 begann der Aufbau der kaiserlichen Flotte und erfüllte die Deutschen mit einer ungeheuren Marine-Begeisterung. Wilhelm II. propagierte den Kriegshafen Kiel als Symbol für Deutschlands Zukunft auf dem Wasser, als Ausgangspunkt für koloniale Eroberungen. 1898 wurde unter Beteiligung von Krupp und der HAPAG der »Deutsche Flottenverein« zur Propagierung dieser Politik gegründet. Alsbald entstand in Kiel auch eine Textilfabrik für Matrosenkleidung. Immer wieder erschienen Fotografien der kaiserlichen Kinder in dieser Kinderuniform, und der »echte Kieler Matrosenanzug« gedieh zur Wertmarke bürgerlichen Nationalstolzes. Die größte Beliebtheit hat er in Deutschland wohl in der Regierungszeit Wilhelms II. erlebt – und zwar nicht nur im gehobenen Bürgertum. Dank der kaiserlichen Familie als Vorbild avancierte der »Kieler Anzug«, besonders in der teuersten Ausführung aus reinem Cheviot, zur festlichen Tracht für die Kinder der herrschenden Oberschicht der Jahrhundertwende – auch für die Mädchen.

Renommierte Spezialfirmen wie die Hoflieferanten Grutzmann

& Sebelin oder Hermann Busch u. a., selbstverständlich alle mit Sitz in Kiel, sorgten für die vorschriftsmäßige Ausstattung, d. h. für die erwünschte Exklusivität. Nun begann der eigentliche Siegeszug des »Kieler Anzuges«. Man trug Matrosenkleidung zu jeder Gelegenheit. In seiner »Chronik einer Kindheit« schildert Fritz A. Kauffmann (1891-1945) den mit seinem Bruder Leonhard endlich siegreich bestandenen Kampf um Waschanzüge mit richtigen Matrosenblusen:

»Leonhard hatte nach langem Betteln erreicht, daß die neuen blauen Waschanzüge mit richtigen Matrosenblusen ohne Latz ausgeführt wurden. Der Halsausschnitt war also bis zur Krawatte herunter offen, und das versprach ein Gefühl von göttlicher Freiheit, denn das Kindervolk kannte damals noch nicht die leichte Freilufttracht von heute. Die Erwartungen wurden nicht enttäuscht. Es gewährte eine wahre Wonne, die bloße Brust den Lüften entgegenzuwerfen, und wo hätte dies besser geschehen sollen als auf der Schaukel.«[48]

Für die Schule hatte man von Kiel bis Wien ebenfalls Matrosenkleidung, freilich jeweils in anderer Ausführung. Je nach Saison wechselten Farbe und Stoffqualität, und vor allem am Stoff konnte der finanzielle Hintergrund abgelesen werden:

»Auf meine Bank zu kam eine ›Neue‹ und stellte sich vor mir auf ... Über einem dunkelblauen Matrosenkleid trug sie eine Batistschürze ... Sie hieß Liesel Neumann. Zweifellos war sie eine Tochter des Kleiderhauses Neumann in unserer schönen Kärntnerstraße, und das war zu jener Zeit das Kleiderhaus der Träume für uns Kinder. Winters gab es die weichen, warmen, dunkelblauen Mäntel mit goldenen Knöpfen und die dunkelblauen Matrosenanzüge, sommers die gestreiften oder die ganz weißen Anzüge, die mächtigen Kragen blau eingefaßt, dazu blaue oder weiße Marinekappen, mit einem Band verziert, auf dem in goldenen Lettern ›Admiral Tegetthoff‹ stand. Ich wußte, daß er 1866 Sieger in der Seeschlacht von Lissa gegen die Italiener gewesen war.«[49]

Die Aussage des großbürgerlichen Mädchens Alice Herdan-Zuckmayer läßt mancherlei Rückschlüsse zu. Nach der Jahrhundertwende trugen kleine Mädchen sowohl Schulschürze als auch Matrosenkleid in der Schule, beides Zeichen der Kindheit. Aber zugleich wird die Popularität der Matrosenmode deutlich. Mäntel, Anzüge, Kleider, Kappen, Mützen – alles war im Seemannslook gehalten; und es scheint den meisten Trägern und ihren Eltern gar nicht bewußt geworden zu sein, in welchem Grade damit eine politische Meinungsbildung unterstützt, das System unbewußt auf breitester Ebene stabilisiert wurde. Im Gegenteil: junge Damen übernahmen ihrerseits von den Kindern dieses Modebild und schmückten sich um 1900 mit Matrosenkragen, vor allem beim Tennisdreß.

Theodor Fontane beschreibt seine »Effi Briest« (erschienen 1894) in der Eingangsszene des Romans als kindliches junges Mädchen in einem blau und weiß gestreiften, halb kittelartigen Leinwandkleid,

»dem erst ein fest zusammengezogener, bronzefarbener Ledergürtel die Taille gab; der Hals war frei, und über Schulter und Nacken fiel ein breiter Matrosenkragen.«

Daß diese Kleidung ein Kindheitszeichen war, bezeugt Fontane wenige Zeilen später, als er Effi zu ihrer Mutter sagen läßt:

Abc-Schütze im hausgeschneiderten Matrosenanzug. (Foto um 1910)

»Warum steckst Du mich in diesen Hänger, diesen Jungenskittel? Mitunter denke ich, ich komme noch wieder in kurze Kleider. Und wenn ich die erst wieder habe, dann knickse ich auch wieder wie ein Backfisch.«[50]

Als Jungenkleidung war der Matrosenanzug schon seit den siebziger Jahren in Deutschland Mode, für die Mädchen erst etwa 10 Jahre später. Selbst klassenbewußte Arbeiter liebäugelten mit der schmucken Kinderkleidung für Sonntagsspaziergang und Fotografen, und so erinnert sich Erich Kästner

»an Herrn Patitz und an sein Atelier für künstlerische Portrait-Photographie in der Bautzener Straße: Ich trug ein Matrosenkleidchen mit weißem Pikeekragen, schwarze Strümpfe, die mich juckten, und Schnürschuhe. (Heute tragen die kleinen Mädchen Hosen. Damals trugen die kleinen Jungen Röckchen.) Ich stand an einem niedrigen Schnörkeltisch, und auf dem Tisch ein buntes Segelschiff.«[51]

Auch die Mädchen trugen Matrosenkleidung. (Foto um 1910)

Die Glückwunschkarten-Industrie bemächtigte sich gleichfalls dieses Motivs, und die Matrosenkleidung wurde zur Kinderkleidung schlechthin. Mit dem Kriegsausbruch 1914 scheint diese Kindermode nochmals einen Höhepunkt erreicht zu haben. Klaus Mann (1906-1949) erzählt im »Wendepunkt«, daß die Eltern den Kindern 1914 hübsche Matrosenanzüge gekauft hätten, die dann 1917 fadenscheinig und ausgewachsen waren.[52] Ein anderes Zitat aus der Zeit des Ersten Weltkriegs bestätigt diesen allgemeinen Eindruck.

»Pfeiffer war in nichts der echte deutsche Junge des Jahres 1914. Er trug auch keine Matrosenanzüge mit rot- oder goldgestickten Ankern, nur graue, hochgeschlossene Wollsweater oder Joppen.«[53]

Der echte Kieler Matrosenanzug war zur Standeskleidung der Kinder des gehobenen Bürgertums geworden und signalisierte deren elitär nationales Bewußtsein. Zwar gab es Matrosenkleidung in allen Schichten, aber Stoffart und Schnitt ließen doch merken, wohin man gehörte. Doch es gab auch matrosenanzugfeindliche

Proletarier. Über den Klassencharakter der Schulkleidung in der Kaiserzeit hat sich der Großbürgersohn Carl Zuckmayer (1896-1977) kompetent geäußert:

»Ich ging bereits als Vorschüler in das ›feine‹ neue Gymnasium ... Auf dem Schulweg jedoch mußte man an der Volksschule der Mainzer Neustadt vorbei, und dort hausten die ›Bittel‹. So nannte man in Mainz die Söhne der weniger begünstigten Stände, der Arbeiter, Handwerker, kleinen Leute, deren Eltern sich nicht das teure Schulgeld für eine höhere Lehranstalt leisten konnten und die in abgetragenen Anzügen, manche mit Flicken auf den Ärmeln und Hosenbeinen umherliefen, worum ich sie heimlich beneidete. Ich hätte mich darin wohler gefühlt und freier bewegt als in dem glatt gebügelten Matrosenanzug oder gar der Samtjoppe mit Umlegekragen und Schlips. Schülermützen trugen wir nicht, aber durch die Art der Kleidung, auch die mit Seehundsfell bespannten Ranzen oder ledernen Schultaschen waren die Unterschiede deutlich gekennzeichnet, und so spielte sich unter den 6-12jährigen eine primitive, doch keineswegs harmlose Vorstufe des Klassenkampfs ab. Morgens war man verhältnismäßig sicher, denn Proletarier- und Bürgersöhne waren gleichermaßen zu spät dran und mußten laufen, während in ihren Zwingburgen schon die Klingel schrillte. Aber mittags hatten die Bittel offenbar mehr Zeit als unsereiner, der zu einem ordentlichen Familienessen pünktlich zu Hause sein mußte, und lauerten uns auf dem Heimweg auf, um uns zunächst durch Spott- und Schimpfworte aufzureizen ... Dann schmissen sie mit Steinen oder verstellten einem, gewöhnlich in einer geschlossenen Gruppe, den Weg. Ausreißen war unmöglich, man hätte sich vor Freund und Feind, auch vor sich selbst, ewiger Verachtung ausgesetzt. So mußte man, wenn auch mit vollen Hosen, trotzig erhobenen Hauptes und mit verächtlicher Miene an ihnen vorbei oder durch ihre drohende Phalanx hindurchmarschieren. Manchmal begnügten sie sich damit, nach uns zu spucken oder uns von hinten Roßäpfel ins Genick zu werfen – manchmal aber fielen sie über einen her, um einem den Schlupp am Matrosenkragen, den vornehmen Schulranzen, die Bänder an der Kappe herunterzureißen, man wehrte sich, und es kam zu einer Rauferei, bei der man recht übel zugerichtet oder auch, besonders bei Regenwetter und Matsch, im Dreck gewälzt werden konnte.«[54]

So erweist sich an diesem Beispiel, daß der Zeichencharakter kultureller Gegenstände nicht statisch ist, sondern jeweils ein Bewußtsein ausdrückt, das Wertgefühl seiner Träger oder von deren Gegenspielern.

Nach dem Kriege trat zunächst – zumindest in Hamburg – eine Veränderung ein: Die Revolution von 1918, bei der die Matrosen eine so entscheidende Rolle spielten, brachte den Matrosenanzug zwischen 1918 und 1921 beim Hamburger Bürgertum in Mißkredit, wie Hävernick schreibt.[55] Dieser Aussage muß man eine Weile nachsinnen, widerspiegelt sie doch die ganze Misere der bürgerlichen Gesellschaft. Hatten einst vor 130 Jahren selbstbewußte Bürger die Matrosenkleidung als ein Zeichen für Freiheit und Natürlichkeit und wohl auch für Gleichheit ihren Kindern übermittelt, so fühlte sich nun die Hamburger Bürgerschaft dem Matrosenvolk feindlich so weit entfernt, daß sie nicht einmal deren stilisierte Blusen an ihren Söhnen dulden wollte. – Aber das waren vorübergehende örtliche Erscheinungen, die die Relativität der kulturellen Zeichen beweisen.

In Hamburg, schreibt Hävernick weiter, sei dann später in den zwanziger Jahren die Mode als Aushangeschild nationaler Gesinnung noch einmal aufgekommen, doch mehr oder weniger reduziert auf die größeren Jungen aus den besseren Familien. – Das trifft sicher nicht für alle Gegenden Deutschlands zu. Matrosenkleidung wurde noch viel getragen, auch von einfachen Kindern, die die haltbaren Sachen vielleicht zuweilen von irgendwoher geerbt hatten.

Die Nationalsozialisten schätzten solche Kinderkleidung nicht und verachteten sie als bürgerlich-reaktionär; so verschwand sie allmählich aus dem Klassen- und Straßenbild.

Soweit die Kostümgeschichte – mit der abschließenden Bemerkung, daß der Matrosenanzug als bürgerliche Kinderkleidung von 1880 bis in die dreißiger Jahre in ganz Europa verbreitet war:

Hanno Buddenbrook »lehnte am Flügel, in seinem Kopenhagener Matrosenanzug«[56], und Katja Mann beschreibt den jungen Polen, dem Thomas Mann seine Novelle »Tod in Venedig« gewidmet hat, als einen »bildhübschen, etwa dreizehnjährigen Knaben, der mit einem Matrosenanzug, einem offenen Kragen und einer netten Masche gekleidet war«.[57]

Und Susanna Agnelli (geb. 1922) erzählt ihre italienische Kindheit unter dem beziehungsvollen Titel »Wir trugen immer Matrosenkleider«.[58]

Über den Gruppengeist dieser Kinderkleidung, vor allem zwischen 1900 und 1920 in Hamburg, hat Hävernick aufgrund empirisch erhobenen Materials eine aufschlußreiche Untersuchung vorgelegt[59] und eindeutig den Höhepunkt auf das Jahr 1914 festlegen können. Er hat diese Tracht in all ihren vielfältigen Varianten untersucht und die Korrelationen zum Gruppenverhalten dargestellt. Er kommt zu dem Schluß,

1. daß die Matrosenkleidung eine typische Kinderkleidung war, die während vieler Jahrzehnte die Kinder optisch von den Erwachsenen abhob;
2. daß sich die durch die Matrosenkleidung definierte Kindheit mehr und mehr verlängerte: während 1890 schon die 12jährigen fast wie Erwachsene gekleidet waren, verschob sich um 1925 die Grenze bis zu den 16jährigen;
3. daß sich der Widerspruch zwischen dem Wunsch der Jugendlichen, erwachsen zu sein, und dem langen Tragen der Matrosenkleidung dadurch auflöste, daß die Knaben aus sehr guten Familien und die sehr guten Schüler besonders lange diese kindlichen Kleidungsformen bewahrten und damit eine Idolwirkung ausstrahlten;

Matrosenanzug und militärischer Geist. (Foto 1894)

4. daß die Matrosenkleidung die Funktion eines Abzeichens besaß: Der Träger hatte weder die Rechte noch die Pflichten eines Erwachsenen.

Hinzuzufügen wäre

5. das Sozialprestige dieser Kleidung, ihr Klassencharakter, denn der gleichzeitige 14jährige schulentlassene Volksschüler hatte sich ja bereits wie ein kleiner Erwachsener anzuziehen. Ein 16jähriger im Matrosenanzug war also gleichbedeutend mit Gymnasiast.

Hävernick betont mehrfach, daß die Beliebtheit dieser Kleidung nicht das Resultat von Eltern- oder Lehrerwünschen gewesen sei, sondern von den Jugendlichen selbst gewählt wurde – etwa wie eine Uniform der Kindheit. Dem ist allerdings nur bedingt zuzustimmen, denn zum Wesen der Uniform gehören Rangabzeichen der inneren Hierarchie. Die Matrosenkleidung aber war für alle kindlichen Alters- und Standesgruppen die gleiche (es gibt Kinderbilder von Willy Brandt im Matrosenanzug), und man unterschied nur in der Qualität zwischen echtem Kieler und preiswerteren Phantasiefabrikaten. Wichtiger erscheint die auffallende Korrespondenz zur Sozialgeschichte der bürgerlichen Familie: Als kulturelles Zeichen entsprach der Matrosenanzug ganz der scharfen Grenzziehung zwischen Kindheit und Erwachsenenstatus, der Tabuisierung der Erwachsenengeheimnisse, der schönen Verlängerung der Kindheit – und damit allerdings auch der Abhängigkeit. Der Matrosenanzug symbolisierte jenes Verhältnis zwischen Erwachsenen und Kindern, das die damalige herrschende Gesellschaft erstrebenswert fand.

»Mein Unwille stieg sehr, als man mir einen neuen Original-Kieler-Matrosenanzug anprobierte: weiße Bluse, weiße lange Hose, die ich besonders haßte, und eine ganz kurze blaue Überjacke mit goldenen Knöpfen. Dazu eine bebänderte Mütze mit der Goldschrift ›Kaiserliche Matrosendivision‹«[60]

schreibt Viktor Mann (1890-1949) anläßlich eines Familienfestes. Möglichst lange sollte die Abhängigkeit der Kinder in den bessergestellten Kreisen dauern, symbolisiert durch die kurzen Hosen der Söhne und die kurzen Faltenröcke der Töchter.

Matrosenkleidung in dieser zeichenhaften Art gibt es heute nicht mehr. Doch taucht der Matrosenstil, der den Kindern so gut zu Gesichte steht, immer einmal wieder auf im modischen Bild der Kindermoden. Hin und wieder entlehnen auch die Modeschöpfer der großen Modehäuser Zubehör – wie Kragen, Farbe, Schnitt – aus dieser Kleidung, womit ein Hauch von kaiserzeitlicher Nostalgie verbunden ist. Blusen, Kleider, Hosen, Schuhe, Strümpfe, Hüte, Mäntel, Jacken, Pullover im Mariner-Look werden immer wieder modern. Eine Altersgrenze ist dabei nicht mehr gegeben – und auch der bürgerlich-ideologische Hintergrund fehlt, der einst dieser Kleidung eine solche Modegeltung bescherte.

Der Matrosenanzug. (Wien 1919)

1 Hamann Hermand: Gründerzeit. S. 25.
2 Sudermann: Bilderbuch. S. 56.
3 Sternheim: Vorkriegseuropa. S. 15.
4 Zobeltitz: Ich hab so gern gelebt. S. 173.
5 Weber-Kellermann: Frauenleben. S. 96 ff.
6 Weber-Kellermann: Kindheit. S. 112 ff.
7 Bodelschwingh: Aus einer hellen Kinderzeit. S. 14 f.
8 Heuss: Vorspiele des Lebens. S. 191.
9 Sternheim: Vorkriegseuropa. S. 9.
10 Bäumer: Im Lichte der Erinnerung. S. 54 f.
11 Z. B. Mode und Haus, Nr. 24.
12 Steimann (Hg.): Leitfaden.
13 Braun: Memoiren. 1. S. 52 f.
14 Helm: Backfischchen. S. 20 f.
15 Lichnowski: Kindheit. S. 127 f.
16 Nach Cunnington-Buck. S. 200.
17 Berend-Corinth: Als ich ein Kind war. S. 114 f.
18 Schleich: Besonnte Vergangenheit. S. 24.
19 Fontane: Frau Jenny Treibel. S. 88 f.
20 Reuter: Vom Kinde zum Menschen. S. 44 f.
21 Berend-Corinth: Als ich ein Kind war. S. 14 f.
22 Leider: Das war mein Teil. S. 13 f.
23 Herdan-Zuckmayer: Kästchen. S. 83.
24 Weber-Kellermann: Kindheit. S. 123 f.
25 Weber-Kellermann: Frauenleben. S. 162 ff.
26 Sax: Hausindustrie. Bd. 1. S. 38 f.
27 Kuczynski: Lage des arbeitenden Kindes. S. 171 ff.
28 Rühle: Das proletarische Kind. S. 165.
29 Ebda. S. 166.
30 Ebda.
31 Ebda. S. 167.
32 Winter: Ich suche meine Mutter. S. 68.
33 Krille: Unter dem Joch. S. 10.
34 Fontane: Stine. S. 9.
35 Conzett: Erstrebtes und Erlebtes. S. 19 f.
36 Winter: Ich suche meine Mutter. S. 66 f. u. S. 29.
37 Scheidemann: Memoiren. S. 11.
38 Götz: Schwäbische Kindheit. S. 40.
39 Ebda. S. 7.
40 Andersen: Mein Leben. S. 165.
41 Carossa: Eine Kindheit. S. 74.
42 Weber-Kellermann und Falkenberg (Hg.): Was wir gespielt haben.

43 Herdan-Zuckmayer: Das Kästchen. S. 88.
44 Lühr: Matrosenanzug und Matrosenkleid. S. 23.
45 Vgl. Das Kind. S. 245.
46 Cunnington/Buck: Children's Costume. S. 182 f.
47 Lichnowski: Kindheit. S. 84/143, 249.
48 Kauffmann: Chronik einer Kindheit. S. 442/43.
49 Herdan-Zuckmayer: Genies sind im Lehrplan nicht vorgesehen. S. 53/54.
50 Fontane: Effi Briest. Werke 3. S. 196.
51 Kästner, E.: Als ich ein kleiner Junge war. S. 60.
52 Mann, K.: Der Wendepunkt. S. 59.
53 Glaeser: Jahrgang 1902. S. 249.
54 Zuckmayer: Als wär's ein Stück von mir. S. 119 f.
55 Hävernick: Der Matrosenanzug. S. 21.
56 Mann, Th.: Buddenbrooks. S. 464.
57 Mann, Katja: Meine ungeschriebenen Memoiren. S. 71.
58 Agnelli: Wir trugen immer Matrosenkleider.
59 Hävernick: Kinderkleidung und Gruppengeistigkeit in volkskundlicher Sicht. In: Beiträge zur deutschen Volks- und Altertumskunde. Teil I: 4 (1959). S. 37-61; Teil II (1962). S. 21-64.
60 Mann, V.: Wir waren fünf. S. 168.

Reformversuche. (Foto 1904)

VI.

Reformkleidung und Wandervogelkluft

Der Reformgedanke in der Kinderkleidung

Den Rückschlag gegen den immer unkindlicher werdenden Kinderputz bildete um die Jahrhundertwende die neue Reformbewegung. Die Reformkleidung, die mit dem Berliner Frauenkongreß von 1896 begann, bezog ihre Forderungen ausdrücklich auch auf die Kinder und verlangte Bewegungsfreiheit für alle Organe wie natürliche Regulierung der Körpertemperatur durch praktische und waschbare Stoffe.[1]

Knaben

Die Knaben jener Jahre waren meist angezogen wie in der Gründerzeit. An ihrer Kleidung wurden, wenn überhaupt, nur geringfügige Neuerungen vorgenommen – entsprechend den Tendenzen der Herrengarderobe.

Um die Jahrhundertwende trugen kleinere Knaben wieder Kittel über ihren Höschen, sogenannte Faltenkleider, für Sonntage mit, für Werktage ohne Spitzenverzierung. Allmählich hatte sich die Ansicht durchgesetzt, daß kleinere Knaben nicht der Erwachsenenmode folgen müßten. So hieß es hierzu in dem bereits zitierten »Leitfaden der Damenschneiderei« in dem die »Knabenkleidung« behandelnden Kapitel:

»Bei der Wahl der Modelle gibt das Alter des Kindes den Ausschlag. Je jünger das Kind ist, um so bequemere, natürlich angemessene Kleidung muß es erhalten. Wenn die Kinderkleidung nach irgend einer Seite hin beengt ist, gewöhnt sich das Kind leicht unangenehme Manieren in Bewegung und Haltung an; es bemüht sich unwillkürlich, mehr Bequemlichkeit an der beengenden Stelle zu schaffen. Die Folgen davon brauchen nicht gerade sofort aufzufallen, sie sind aber nur scheinbar unwesentlich und müssen nach Möglichkeit durch Anschaffung von bequemer Kleidung, die die freie Entwicklung des Körpers und die freie Bewegung des Kindes gestattet, beseitigt werden. Um diesen Anforderungen zu genügen und etwaigen Mißgriffen vorzubeugen, bringen wir für verschiedene Altersstufen die passenden und zweckmäßigsten Modelle nebst Schnittübersichten zur Darstellung.«[2]

Neu ist die Selbstverständlichkeit, mit welcher das Alter des Kindes die Kleiderauswahl beeinflussen soll. Noch waren die bis zu den Oberschenkeln reichenden Kittel häufig durch Gürtel zusammengehalten, aber wenige Jahre später kam man auch davon ab. Das Material bestand hauptsächlich aus Samt, Cheviot oder weichem Tweedstoff, im Sommer aus Leinen.

Die Zwänge der Gründerzeit mit Vatermörder und Krawatten für die jungen Herren von 15/16 Jahren aufwärts waren den weichen, umgelegten Schillerkragen gewichen, die an die Kostüme der Biedermeierjungen erinnerten. Insgesamt begann also die kindlich-bürgerliche Mode der Reformer etwas mehr auf die Bedürfnisse der jungen Träger einzugehen. Vielen Kindern machten die allerdings nach wie vor bestehenden Unterschiede in der Kleidung noch zu schaffen, mit denen die Sozialschichten klar auseinanderdividiert wurden; die Samtjoppe mit Umlegekragen und Schlips stellte ein eindeutiges Klassenzeichen dar, und geflickte Hosen paßten nicht in das Bild der bürgerlich geordneten Welt.

Hans Fallada (1893-1947), Sohn eines Berliner Amtsrichters, erzählt aus seiner Kindheit, wie die sparsame Mutter durchgerutschte Hosen rücksichtslos mit Flicken aus anderem Stoff und von anderer Farbe besetzte.

»Das ist nun gut fünfunddreißig Jahre her, und doch sehe ich diese Hose des Unheils noch genau vor mir: es war eine dunkelblaue Bleyle-Hose, und mit grauen Flicken wurde sie geziert. Ach, über den Hohn und das Gespött, die mir diese Hose eingetragen hat! Es waren natürlich nicht die wirklich ›Feinen‹ in der Klasse, die mich damit aufzogen. Die übersahen den Defekt vornehm, freilich war ich auch für jeden Umgang mit ihnen erledigt ... Aber die andern, die Coyoten der Wölfe gewissermaßen, wie offen und schamlos verhöhnten sie mich! ... Man hatte damals eben sehr ausgesprochene Ansichten über das, was schicklich war. Und am Prinz-Heinrich-Gymnasium waren geflickte Hosen eben unschicklich.«[3]

Bleyle-Hosen (die Firma Bleyle bestand seit 1889 in Stuttgart), wegen ihrer Dauerhaftigkeit bei Kindern wenig beliebt, von den Müttern außerordentlich geschätzt, ließen sich anstricken, kunststopfen, die Beine konnten verlängert werden. Sie begleiteten ihre Träger über Jahre hinaus, und alle nachfolgenden Geschwister durften sie erben.[4]

Die Reformbewegung ging mit einer Versportlichung parallel, am deutlichsten sichtbar in der Hosenmode. Pumphosen waren jetzt modern, bei den größeren Jungen *Breeches*, die auch die

Väter trugen. Die Breeches waren um die Hüften und Oberschenkel weitere, bis zum Knie reichende Hosen. Die Pumphosen reichten nur bis unter das Knie, wo sie durch einen Bund zusammengehalten wurden.

»Am andern Tag habe ich den Arthur gesehen. Er war aber nicht so groß wie ich und hat lange Haare gehabt bis auf die Schultern und ganz dünne Füße. Das habe ich gesehen, weil er eine Pumphose anhatte. Es war noch ein Mann dabei mit einer Brille auf der Nase. Das war sein Instruktor.«[5]

Einem aufgeweckten kindlichen Beobachter fielen körperliche »Unebenheiten«, hervorgehoben durch eine in diesem Falle ungünstige Mode, besonders auf.

Eine andere, positive Begleiterscheinung der Reformmode war die damit einhergehende Nivellierung der sozialen Unterschiede. Diese Tendenz ging nicht von den Oberschichten aus.

Wer wollte und es sich leisten konnte, trug Reformkleidung, denn sie repräsentierte nicht Schichtzugehörigkeit, sondern beruhte anfänglich auf einer um Natürlichkeit und Gesundheit besorgten Gesinnung. Ob Herrschaftskind oder Bäckerjunge, das zählte bei diesem Kleidungsstil nicht. Zu den Hosen gehörte, um zünftig zu sein, ein sportlicher Rollkragenpullover:

»Am Äußeren glichen wir uns ja trotz verschiedener Herkunft wie die Äpfel eines Baumes. Auch die paar Familiensöhne trugen die gleichen Pumphosen, gestopften Strümpfe und zerkratzten Stiefel, vor allem aber die gleichen Sweater (sprich Swetta) mit Rollkragen, dazu dieselben kühnen Sportmützen wie die proletarischen Kameraden. Niemals wäre ich, oder der aus ähnlichen Verhältnissen stammende Hans Münzinger, in heimischer Familiengala bei den Buben auf der Straße erschienen. Der Umstand, daß mancher der Ärmeren einen Anzug trug, der aus einem Herrschaftshaus stammte, machte die Schar noch uniformer.«[6]

Der *Sweater* war ein blusenartiges, bis an den Hals reichendes, mit Kragen versehenes gestricktes Kleidungsstück, dem Rollkragenpullover ähnlich. Die Reformmode war für Knaben weniger »reformerisch« als vielmehr sportlich leger und nicht mehr so steif.

Mädchen – die weibliche Reformmode

Als individualistisches Phänomen stellte das Reformkleid den Gegensatz zum Korsettkleid der vorhergehenden Mode dar, obwohl es sich hier nur um eine relativ kurzlebige Periode auf dem Weg zu einer modernen und körperlich angemessenen weiblichen Kleidung handelte. Es war Teil der Reformbewegung, einer kulturellen Anstrengung des Bildungsbürgertums, der Künstler und des gehobenen Mittelstandes. Daraus ergibt sich, auch in der Kindermode, ein fast durchgehend bürgerlicher Charakter der Modelle.

Die reformerischen Ziele waren schließlich wegbereitend für eine moderne, den Lebensbedingungen der Frau des 20. Jahrhunderts angepaßte Kleidung[7], zudem hervorgebracht durch die Frauen selbst. Neues und erstrebenswertes Ideal war, wie 100 Jahre zuvor, der antike Körper und die antike Kleidung, d. h. ohne Korsett, Fischbein und Rüschen. Die Reformmode wollte die Frau als ein sich emanzipierendes und eigenständiges Wesen sehen, das auch über seinen Körper selbständig verfügte. Im Rah-

Kleidchen mit gesmokten Passen. (Foto 1908)

men der gesellschaftsreformerischen Bestrebungen dieser Zeit (1896-1910) reproduzierte die Geschichte der Mode deutlich die sich anbahnenden Veränderungen der Lebensweise des weiblichen Geschlechts.

Mit der Reformmode der Mädchen schien eine Kleidungsweise aufzukommen, die dem kindlichen Charakter Rechnung trug. Für die kleineren Mädchen gelangten wieder das Hängerkleidchen und sogenannte Blusenkleider zur Geltung.

Bei den für die jüngeren Altersstufen gebräuchlichen Hängern wurde an einer Passe der Hängerteil angekraust, sehr oft ohne Futterstoff, um die Schultern zu entlasten. Der gesunden Betonung der Schulterpartie kam eine schneiderische, von England übernommene Neuheit entgegen: die Smoktechnik. Entdeckt hatte man sie an den leinenen englischen Bauernhemden und zuerst für die Tenniskleidung verwendet. Dann aber zeigte sich, daß auch in dünneren Stoffen als dem steifen Leinen, ja sogar in Seide gesmokt werden konnte; die ideale Handarbeit war erfunden und hat bis heute nichts an Beliebtheit, besonders für die Kinderkleidung, eingebüßt: feine Kleidchen sind gesmokt.

Die Blusenkleider unterschieden sich von diesen Hängerkleidchen nur in der Länge des Rockes. An ein lockeres Oberteil, dessen Länge der Mode unterworfen war, reihte sich der Rock bzw. der kurze, rockähnliche Volant.

Gegenüber den bis mindestens 1892 modisch verbreiterten Schultern und eng gegürteten Taillen wirkte dieser neue Kleidungsstil geradezu revolutionär, machte sich hier doch eine veränderte Auffassung von Kindheit bemerkbar. Ähnliche Zeichen hatte es im Biedermeier gegeben, aber sie waren zugunsten eines autoritär-patriarchalischen und auf Familienrepräsentation abzielenden Gesellschaftsbildes nach wenigen Jahrzehnten wieder in den Hintergrund getreten.

Nun folgte man neuen Gesundheitsbestrebungen, welche die Hauptlast der Kinderkleidung auf die Schultern verlegen wollte.

Vom 13. Lebensjahr an traten die Mädchen der damaligen Jahrzehnte in das »Backfischalter« ein, heute etwa dem Teenager vergleichbar. Sie gehörten nun weder dem Kindesalter an, noch waren sie den Großen zuzurechnen. Dieser Zwischenstufe sollte auch die Kleidung entsprechen, d. h.:

Die schottische Mode. (Foto 1906)

»... die Moden für Kinder und für Erwachsene (sollten) in anmutiger Weise miteinander verbunden werden. Das Lose, Hängende, das bei der Kinderkleidung in richtiger Erkenntnis seiner gesundheitlichen Vorzüge vorherrschend ist, weicht hier dem Bestreben, die zierlichen Formen der heranwachsenden Mädchengestalt vorteilhaft zur Geltung zu bringen, ohne jedoch den gerade in diesen Jahren stark im Wachstum begriffenen Körper irgendwie einzuengen.«[8]

Schwere Stoffe und reichere Garnituren lehnte man ab, denn einfache Kleidung, so meinte man jetzt in den fortschrittlicher denkenden Kreisen, betone mehr den jugendlich frischen Reiz. Nur mußte die Kleidung genügend weit sein und Ober- und Unterteil zusammenhängen. Ein weiteres unmißverständliches Zeichen der Kindheit war die Länge des Kleides geworden. Die Säume rutschten immer höher zum Knie hinauf, bis die Mädchenkleidung nur noch kniebedeckend war.

In der Unterkleidung lehnte man kategorisch alles Beengende ab. Außer Hemd oder Hemdhose sollten nur noch das Reformleibchen, das Reformbeinkleid und ein Unterrock getragen werden. Als Stoffe wurden waschbare Materialien gewählt, im Sommer Baumwollstoff, im Winter Barchent, ein Woll- oder Baumwollgewebe, und Pikee.

Sowohl Form als auch Schnitt der Reformkleider für Kinder waren sehr viel einfacher herzustellen als bei einem Taillenkleid. Auch das praktische Schürzenkleid tauchte in der Reformmode wieder auf. Wie jedoch die Kinder selbst diese Art von Kleidung empfanden, hat Irmgard Keun (geb. 1910) eine Generation später ironisch wiedergegeben:

»Mutter und Tante sind in die Stadt gefahren, um im Reformhaus gesunde Reformkorsetts zu kaufen, und das Kind wünscht sich, daß sie ihm nur nichts Gesundes mitbringen möchten, ›nämlich ein kratziges Wolleibchen oder besonders gesunde Schuhe, mit denen ich nicht laufen kann und über die andere Kinder nur lachen, oder eine gesunde, praktische Wachstuchschürze für die Schule, über die auch nur gelacht wird, oder einen gesunden, praktischen Geradehalter. Sie sagen, sie kauften es aus Liebe, aber alles Gesunde und Praktische, das sie kaufen, ist mir eine scheußliche Qual. Sie wissen gar nicht, wie das ist, wenn man als einziges Kind mit einer praktischen, gesunden Regenkappe aus Wachstuch und Flanell in die Schule gehen muß, wo lauter Kinder sind, die nicht so was Komisches aufhaben. Regen macht mir nichts aus, aber die Kappe hat mir etwas ausgemacht, und wenn ich sie bei schlechtem Wetter aufsetzen mußte, hab ich sie abgenommen, sobald ich aus dem Haus war, und in meine Schultasche gestopft‹.«[9]

Die Schürze als schöner Kleiderschutz. (Foto um 1900)

Damit deutet sie auch die materielle Aufwendigkeit dieser Mode an, die doch eigentlich Gesundheit »für alle« bringen wollte.

Die bevorzugten Überkleider für Kinder waren der doppelreihige *Paletot,* für kleinere der Sackmantel bzw. der verdeckt geknöpfte damenhaftere Mantel (Paletot) für größere Mädchen.

Vergleicht man nun die Mädchenreformmode mit der übrigen Mode der damaligen Zeit, so läßt sich feststellen, daß sich beide einander immer mehr anglichen. Lediglich die Namen waren verschieden: das Kimonokittelkleid entsprach mehr oder weniger dem Hänger und unterschied sich von diesem nur durch einen niedrig aufgehefteten, lockeren Gürtel. Der Wintermantel für kleinere Mädchen entsprach im Schnitt dem Paletot. Nur für die Backfische der Jahrhundertwende läßt sich ein solcher Vergleich nicht mehr halten. Hier differierten die bürgerliche und die Reformmode so, wie es den Weltanschauungen entsprach. Die junge

Die Mantelmoden der Kinder um 1902. (Buttericks Modenrevue)

Dame, die sich ihrer Reize durchaus schon bewußt war, kontrastierte zu dem gewollt kindlich-formlos gehaltenen Reform-Backfisch. Wenn die Reformbewegung auch die Aspekte der Gesundheit, Natürlichkeit und praktischen Tragbarkeit in die Frauen- und Kindermode einbrachte, so scheiterte sie doch letzten Endes am Diktat der Mode, am Zwang zur Vermarktung. Waren schon die einfachen Reformschnitte zu kostspielig für eine allgemeine Verbreitung gewesen, so galt das in zunehmendem Maße für die allmählich immer raffinierter werdenden Reformmodelle.[10] Reformkleidung konnten sich nur Wohlhabende leisten, und diese wiederum wollten weder für sich noch für ihre Töchter auf modischen Zuschnitt verzichten.

In kleinbürgerlichen Kreisen mußte sparsam gewirtschaftet und mit begrenzten Geldmitteln hausgehalten werden. Wichtig war nicht der Schnitt, sondern Sauberkeit und Ordentlichkeit.

Die Wandervogelkluft

Neben diesen Reformbewegungen, parallel zu ihnen entstand eine Jugendbewegung, die ihr Selbstgefühl aus dem Gegensatz gegen die herrschende bürgerliche Gesellschaft bezog. Was eignete sich besser zum äußeren Zeichen solchen Empfindens als die Kleidung:

»Unsere Kleidung war von erlesener Schlichtheit und deshalb auffälliger als die mit vielen peinvollen Überlegungen zusammengestellte Pracht eines Gecken. In der wärmeren Jahreszeit trugen wir eine kurze Hose aus braunem Samt, ein weißes Hemd, das den Hals frei ließ und dessen Ärmel bis zu den Ellbogen aufgekrempelt waren. Ein Hut wurde verschmäht, auch im Regen, ein Selbstbinder war für uns das Abzeichen eines Spießbürgers. Gleich der erste Anblick, den wir darboten, sollte den übrigen Menschen zeigen, daß wir mit ihren Lebensgepflogenheiten gebrochen hatten und entschlossen waren, dem Weltlauf eine Richtung zu geben, die schnurstracks ins Glück und zur Weisheit führe. Unsere Waden waren, kaum daß der Frost verging, nackt, sie schimmerten sommers in goldener Bräune. An den Füßen trugen wir Sandalen; sie hatten ganz niedrige Absätze und wiesen über dem Rist ein kunstvoll verschlungenes Riemenwerk auf, ließen aber die Zehen frei. Die Sandalen hatten verschiedene Namen, je nach ihrem Aussehen, und waren nur in Läden zu kaufen, die mit den Bedürfnissen lebensreformsüchtiger Menschen ein gutes Geschäft zu machen wußten, denn ihre Preise waren im Gegensatz zu den salz- und gewürzlosen Speisen, die sie empfahlen, außerordentlich gepfeffert.

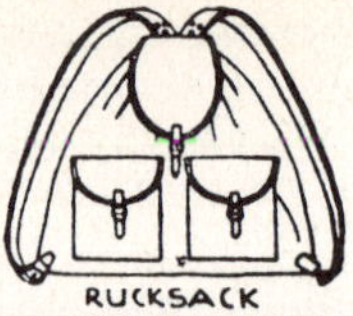

Was gebraucht der Wandervogel zu seiner Ausrüstung?

Einen kräftigen Rucksack

mit breiten geschweiften Tragriemen
Preis: M. 3.—, 3.50, 4,50, 5.40, 7.50, je nach Ausführ.

Einen großen Aluminium-Eßnapf mit Ring.

Preis für sehr starke Ausführuug 90 Pfennige

Einen kurzen Löffel u. Gabel

aus Aluminium. Preis je 15 Pfennig

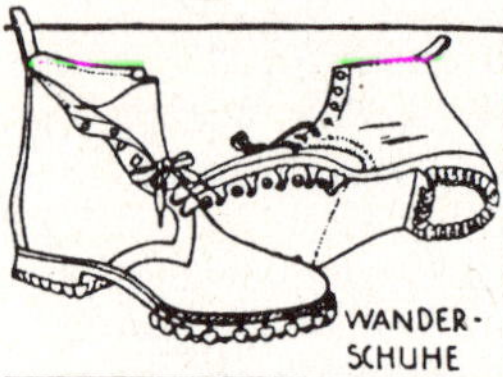

Ein Paar kräftige Wanderschuhe

mit derben Sohlen aus gutem, geschmeidigem Leder gearbeitet.

Preis: M. 7.—, 9.—, 12.—. 16.50, 18.—, je nach Größe und Ausführung.

Empfehlenswert sind meine Schul- u. Wanderschuhe

Eine starke Wanderkluft,

welche auch in der Schule getragen wird.

Preis: M. 5.—, 7.50, 10.—, 12.— aus Waschstoff.

„ M. 16.—, 20.—, 25.—, 30.— aus Loden oder Rippensamt

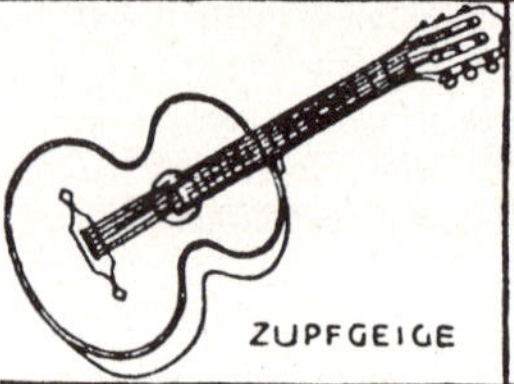

Eine Zupfgeige.

Ich ließ für Wandervögel eigens zwei sehr schöne und starke Modelle bauen.

Beide haben guten Ton und bewährten sich sehr gut.

Preis: M. 9.60 und 12.80.

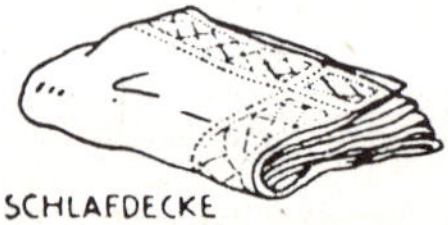

Eine Schlafdecke

welche sich gut im Rucksack verstauen läßt.
Gewicht 1¼ Pfund. Preis M. 3.25.

oder **Schlafsack**

mit Heu-Kissen-Einrichtung. Preis M 6.75.

Wir trugen Sandalen mit dem Namen *Landsknecht*. In Verbindung mit einigen Liedertexten, die wir bei jeder Gelegenheit sangen, hatte dieser Name für uns einen großen Reiz, er ließ ein freies, ungezügeltes Leben ahnen. Dabei war die Sandale nichts anderes als eine Art Ledersohle, mit einigen Riemen, die, über dem nackten Fuß gekreuzt, ein dürftiges Ornament bildeten.«[11]

Beschreibt der österreichische Autor hier auch die Grazer Verhältnisse der zwanziger Jahre, so gilt die wiedergegebene Stimmung doch durchaus für die ganze Bewegung, die vor dem Ersten Weltkrieg entstand.

Die Wandervogelbewegung war eine Revolution gegen übermäßigen Schulzwang, Stubenhocken, langweilige Schulpartien, sie war ein von der Jugend verwirklichtes und getragenes Ideal. Jugendliche aus allen Sozialschichten verbündeten sich gegen die bürgerliche Gesellschaftsordnung, gegen deren Materialismus und die veralteten Maximen ihrer Jugenderziehung.

Die Wandervogelbewegung war schon 1896 in Berlin gegründet worden.[12] Diesen Jugendbewegungen schlossen sich Jugendliche zwischen 12 und 19 Jahren an, die die Kameradschaft der gemeinsamen Wanderungen und Fahrten auf ihre Wimpel geschrieben hatten; ein besonders deutliches Zeichen ihres Protestes war, wie gesagt, die Kleidung. Sie kleideten sich vor allem gesund mit kurzen Hosen, Kniestrümpfen, bequemen Stiefeln oder Sandalen, offenen Hemden.

Sie verstanden ihr Verhalten als eine Revolte gegen ihre Elterngeneration und deren Lebensart. Sie lebten natürlich und »sozial«, benutzten die billigste Klasse der Eisenbahn, zelteten oder übernachteten in Scheunen.

»In der ersten Zeit erschien jeder in einer anderen Kluft, oft trugen sie riesige Hüte mit oder ohne Feder. Die einzelnen Gruppen hatten ihre eigenen kleinen Abzeichen oder Nadeln, Erkennungszeichen, die stets getragen wurden; und in den zwanziger Jahren wurde das Tragen von Uniformkleidern obligatorisch – kurze Hosen, blaue, weiße, braune, grüne oder graue Hemden. Je nachdem, welchem Bund man angehörte, Pfadfinderhalstücher, rote und blaue Kordeln, eine bestimmte Kopfbedekkung.«[13]

In den Anfangsjahren dieser Bünde überwog die Begeisterung der Teilnehmer, die *Kluft* hatte noch keine große Bedeutung.

War in der bürgerlichen Gesellschaft die kurze Hose der Knaben ein Zeichen der Kindheit, doch auch der verlängerten Abhängigkeit vom Elternhaus, so geriet sie durch die Jugendbewegung gerade im Gegenteil zum Symbol jugendlicher Unabhängigkeit von der gesamten Erwachsenenwelt.

Beim Abkochen. (Foto um 1920)

Die Jugendbewegung veränderte das bürgerliche Kleidungsverhalten in ihrem Geist zu einem sportlichen Merkmal für abgehärtete Jugendlichkeit und übernahm von daher die kurzen Hosen in ihre Kleidungsnorm; von hier aus erreichte sie auch die Arbeiterjugend. Ludwig Turek (geb. 1898) erzählt, wie er bei einem Treffen der proletarischen Arbeiterjugend mit einer sozialdemokratischen Jugendgruppe »zum ersten mal kurze Hosen, Kochgeschirre, Klampfen« sah.

»Bei den nächsten Abenden gärte es gewaltig, aber unser Jugendleiter zeigte sich konservativ, und als ich am anderen Sonntag mit abgeschnittenen Hosen erschien, wurde ich von ihm zurückgewiesen mit der Begründung, die Arbeiterjugend sei doch kein Maskenball. Meine dicksten Freunde nahmen Partei für mich, und infolge der rasch an Zahl wachsenden abgeschnittenen Hosen demissionierte der alte Genosse, wahrscheinlich in der Meinung, daß die Ortsgruppe nicht ohne ihn bestehen könne.«[14]

Nach dem Vorbild der englischen Boy-Scouts wurden seit 1909 Jugendpflegevereine unter dem Namen »Pfadfinder« mit militärähnlicher Gliederung gegründet, die die Jugend körperlich und moralisch ertüchtigen sollten, was schon aus den Geboten hervorgeht,

»die der Pfadfinder stets befolgen soll:

1. Sei treu dem Vaterland, den Freunden und der von Dir als recht erkannten Sache.

2. Sei hilfsbereit und kameradschaftlich gegen Menschen, freundlich gegen Tiere, gehorsam, offen und wahr gegen Deine Führer und zuverlässig in rechten Dingen.
3. Sei munter, vergnügt und maßvoll, benimm Dich wohlerzogen, teile die Zeit recht ein, sei pünktlich, sparsam, verschwiegen.
4. Enthalte Dich des Alkohols und Nicotins, pflege Deinen Körper.

Merk Dir: Trag nie etwas nach! Tu eine Sache um ihrer selbst willen, erwarte also von Niemandem einen Dank. Achte die Meinung anderer! Schone das Eigentum anderer wie Dein's.«[15]

Ebenso streng wie diese körperlich-moralischen Regeln waren auch die Vorschriften bezüglich der Gliederung der Bünde, der Kleidung und Abzeichen:

»2. Alle Trachtenstücke können nur über einen *Horst* (Organisationsform des Bundes) bestellt werden.
3. Bei Ausgabe von Trachtenstücken ist vom Vater des Jungen oder dessen Stellvertreter eine Verpflichtung zu unterschreiben, nach der bei Ausscheiden des Jungen aus dem Bund die Tracht dem Horst zum Rückkauf zurückzugeben ist. Ein Muster wird bei allen Trachtenhemden mitgeliefert.
4. Nach Rücksprache mit vielen Teilen des Bundes wird das Folgende festgesetzt:

a) Die Achselspangen kommen in Wegfall. Da sie jedoch wegen des Herstellungsschutzes der Firma Horn, Bamberg, zunächst mitgeliefert werden müssen, sind sie bei Eintreffen im Horst vor der Ausgabe zu entfernen.
b) Die Hüte sollen nur als Wetterschutz getragen werden.
c) Schulterriemen (sog. *Siporiemen*) und alle äußerlich sichtbaren Messer sind bei uns nicht üblich.
d) Zur Tracht gehört in jedem Falle ein vom Bunde geliefertes Halstuch. Die Farbe ist den Horsten freigestellt, soll jedoch innerhalb des Horstes geregelt sein. Mehrfarbige Halstücher sind verboten. Das Halstuch wird vorn mit einem Ring zusammengehalten: das Vertriebsamt liefert solche aus Leder oder Messing. Künstlerische Ausgestaltung wird freigestellt, soweit sie männlich und nicht auffällig wirkt.
e) Die Pfeifenschnur der Festtracht wird einfach um den Hals gelegt, vor der Brust geknotet und dann zur linken Brusttasche geführt. Zum Alltag ist sie nur im Knopfloch der Brusttasche zu sehen und kann auch im Knopfloch des bürgerlichen Anzugs getragen werden.

Die äußerliche Kennzeichnung der Stände ist dann folgende:

Wölflinge	– Wölflingsabzeichen
Buben (Buern)	– Wölflingsabzeichen blaue Schnur (Treue)
Freie	– Waffenzeichen grüne Schnur (Feldjäger, freie Jungmannschaft)

Sonnwendgautag der Feldwandervögel. (»Wandervogel«, Jg. 11, 1916)

Alle *Feldmeister*, Kämpen-Waffenzeichen, schwarze Schnur (Ernst, Tiefe), und zwar:

Horstführer	– schwarz-blau
Gauvogt	– schwarz-grün
Landesvogt	– schwarz-gelb
Bundesvogt	– schwarz-rot
Bundeskanzler	– schwarz-weiß
stellv. Reichsvogt	– schwarz-silber
Reichsvogt	– schwarz-gold

Die Reihenfolge der Farben ist die des Regenbogens.«[16]

Bei allen diesen Jugendgruppierungen handelte es sich später in den zwanziger Jahren um Angehörige verschiedenster Ideologien von der jüdischen Sportjugend bis zu den faschistisch orientierten Gruppen. In unserem Zusammenhang soll nur betont werden, daß hier zum ersten Mal in der Geschichte der Kinderkleidung eine von den Jugendlichen selbst erdachte Tracht getragen wurde mit vielen Elementen der Uniformierung, wie es dem Geist dieser Wandergruppen entsprach. Die Kadettenuniform war nach dem Vorbild des Militärs geschneidert, der Matrosenanzug nach den Modemustern der Textilindustrie. Die Wandervögel aber folgten in besonderem Maße ihrer eigenen Phantasie und produzierten ihrer Weltvorstellung entsprechend eine Art von Anti-Kleidung, die in kein Muster der herrschenden Gesellschaftsordnung und Mode hineinpaßte.

Anmerkungen

1 Adamek: Reformkleidung.
2 Steimann: Leitfaden. S. 389.
3 Fallada: Damals. S. 43 f.
4 Die Firma Bleyle wurde 1889 von Wilhelm Bleyle gegründet. Neben Kinderbekleidung produzierte sie Herrenwesten und Berufsjacken. W. Bleyle gilt als der Erfinder der Maschenkonfektion. 1977 wurde die Fertigung von Kinderkleidung eingestellt.
5 Thoma: Lausbubengeschichten. S. 9.
6 Mann, V.: Wir waren fünf. S. 108.
7 S. hierzu Stamm: Reformkleid; vor allem Adamek: Reformkleidung.
8 Steimann: Leitfaden. S. 417.
9 Keun: Das Mädchen. S. 141 f.
10 Adamek: Reformkleidung.
11 Taucher: Schattenreise. S. 68.
12 »Der Wandervogel«, 1896 durch Karl Fischer am Gymnasium Berlin-Steglitz gegründete Wandergruppe, 1914 am mitgliedsstärksten (12 000), verlor nach 1918 an Bedeutung und wurde 1933 aufgelöst.
Vgl.: Laqueur, W. Z.: Die deutsche Jugendbewegung. Eine historische Studie. Köln 1962; Seidelmann, K.: Bund und Gruppe als Lebensform deutscher Jugend. München 1955.
13 Laqueur: Die deutsche Jugendbewegung. S. 40 f.
14 Turek: Ein Prolet erzählt. S. 39 f.
15 Seidelmann: Die Pfadfinder. S. 44.
16 Seidelmann: Die Pfadfinder. S. 127.

Bauernjunge aus Bayern. (Foto um 1900)

VII.
Die Landbevölkerung und ihre Kinder 1800-1918

Ländliche Strukturen und Normen

Gern übermittelt die heimatkundliche Literatur des 19. Jahrhunderts agrarromantische Darstellungen von einem in sich geschlossenen, in überlieferten Ordnungen beharrenden Bauerntum und zeichnet das Idealbild eines ländlich-ständischen Landvolkes mit seinen Bräuchen und Trachten. Das trifft ganz sicher so nicht zu. Die ländlichen Verhältnisse waren vielmehr sozial außerordentlich differenziert, die Sozialstruktur feinstufig gestaffelt. Neben Gutsherren oder Grundherrschaft und einer nach Besitzgröße und Erbrecht vielfältig unterschiedenen Bauernschaft gab es das (ohn-)mächtige Heer der unterbäuerlichen Schicht: Gesinde, Häusler, Kätner oder wie die Kleinstbesitzer in den verschiedenen Landschaften hießen, besitzlose Landarbeiter und mobile Saisonarbeiter mit ihren Familien.[1]

In Ostelbien stießen die Regulierungsgesetze des Freiherrn vom Stein von 1807 auf den Widerstand der Gutsbesitzer und konnten nur schleppend bis etwa 1860 durchgesetzt werden – allerdings auf Kosten der Bauern und zugunsten der straff organisierten und wie kleine Staatswesen gegliederten mächtigen Gutswirtschaften. Eine »Befreiung« der Bauern fand nicht statt. Statt dessen wuchs ständig die Zahl der besitzlosen Landarbeiter, die dann in die städtischen Fabriken drängten oder auf die Auswandererschiffe.

Der mittel- und nordwestdeutsche Bauernstand folgte nach der Bauernbefreiung und den Ablösungen im 19. Jahrhundert verhältnismäßig schnell dem modernen Wirtschaftsdenken. Landwirtschaftliche Vereine und Schulen, Genossenschaften und Kassen führten den Landbewohner zum Anschluß an rationale Wirtschaftsmethoden und an die vom Kapitalismus gebotenen Aufstiegswege zur Marktwirtschaft. Diese Umstellung der Bauern vom Gutsabhängigen und Gemeindemitglied zum eigenverantwortlichen Kleinunternehmer, der im wirtschaftlichen Konkurrenzkampf durch ständige Leistungssteigerung bestehen und gewinnen wollte, führte auch zu einem Umbau der alten Ordnungen in Sitte und Brauch. Demgegenüber verharrte die süd- und südwestdeutsche Bauernschaft viel länger in den überlieferten Lebensformen von Gemeinde und traditioneller Bauernfamilie.

Die Landfamilie war – im Gegensatz zur Bürgerfamilie des 19. Jahrhunderts – eine Institution der Arbeitswelt. Wohl besaß die Frau ihre selbständigen innerhäuslichen Bereiche, aber die repräsentative Autorität innerhalb der Dorfgemeinde lag – dem alten Haushaltsfamiliendenken entsprechend – beim Manne. Diese Ausschließlichkeit der Rollenverteilung wirkte retardierend auf die Partnerschaft in der Ehe, aber auch hemmend auf den Generationenzusammenhang. Ständig mußte die Arbeitsleistung gesichert und der nötige Arbeitsbesatz reproduziert werden. Das hieß nichts anderes, als daß die Bauernfamilie auf eine ausreichende Kinderzahl angewiesen war und sich durch ledige Verwandte und Gesinde erweitern konnte.[2] Für die Gebiete mit Realteilung trifft das allerdings nicht im gleichen Maße zu.

Die Rollenzuordnung der Familienmitglieder und die Erziehung der Kinder folgten bei den Bauern bis weit in die Gegenwart dem alten Hausvaterprinzip mit vorgeschriebenen Normen und Lebensläufen. Das Erlernen dieser Lebensweise übten die Eltern ihren Kindern von klein auf ein, und die Kinder wuchsen unmerklich in das dörfliche Kommunikationssystem hinein, auch in den Formen ihrer Kleidung.

Damit festigten sich die von Generation zu Generation althergebrachten Ordnungen und sozialen Anschauungsweisen, die vornehmlich durch den Landbesitz und dessen mögliche Erweiterung bestimmt waren und vor denen gefühlsmäßige Beziehungen zurückstehen mußten.

Die Versorgung aller Angehörigen in der Familie bedeutete ein völliges Aufeinanderangewiesensein, eine Geborgenheit, aber auch totale Eindeutigkeit für den Lebensablauf. Damit war das Kind von früh an in das Bauernleben hineingebunden und zwar an einer Stelle in der großen Weltordnung, die der Besitz bestimmte. Es hatte wohl eine klare Gruppenidentität, aber keine Möglichkeit, seinen persönlichen Neigungen zu folgen. Diese Festlegungen lassen sich nicht von den modernen bürgerlichen Werten und Normen aus betrachten, sondern nur innerhalb des gesamten Systems, das die ländlichen Lebensläufe umgab. Solche kritische Einschätzung ist besonders für das Eltern-Kind-Verhältnis in der alten Bauerngesellschaft angebracht, das sehr früh, d. h. unmittelbar nach der »Hätschelperiode«, zu einem Arbeitsverhältnis wurde, in dem das Kind der Verfügungsgewalt der Eltern unterstellt war.

Die Kinder wurden so früh wie möglich zu allen Arbeitsleistungen herangezogen – je ärmer die Familie war, um so intensiver. Man beurteilte sie nach dem Nutzen für die Eltern und sprach mehr von den Pflichten der Kindesliebe als von der elterlichen Kinderliebe. Das entsprach übrigens auch den religiösen Vorstellungen von der Gotteskindschaft, die die patriarchalische Ordnung auf dem Lande auch im 19. Jahrhundert weiterhin lebhaft stützte.

Die Kluft zwischen Reich und Arm war tief und sichtbar aufgerissen, und das Armenhaus galt als die gefürchtete unterste Stufe im Dorfansehen:

»In dieser Lage (als Witwe mit kleinen Kindern) brauchte die Mutter Unterstützung. Die konnte ihr aber nur in der Heimat des Gatten werden, in Zschaiten. Die bäuerlichen Gemeinden sind nicht geneigt, etwas zu tun, wozu man sie nicht durch das Gesetz zwingen kann. Die Mutter machte der Gemeinde den Vorschlag, ihr eine geringe Summe zu geben, mit der sie eine gebrauchte Nähmaschine kaufen konnte. Darauf wollte sie in Dresden für sich und die Kinder den Unterhalt verdienen. Der Gemeindevorstand mit dem Rittergutsbesitzer lehnte das ab und zwang die Mutter, nach Zschaiten zu übersiedeln. Dort blieb ihr nichts übrig als die Gutsarbeit, die schwere und schlecht entlohnte. Zur Wohnung erhielten wir das Armenhaus.«[3]

Derselbe Verfasser schildert die grausame Ungerechtigkeit der am Besitz orientierten Dorfbewohner gerade den Armenhauskindern gegenüber:

»Die Armenhauskinder waren ziemlich rechtlos. Kam es zu den bei Kindern häufigen Streitereien, wurde die Schuld uns aufgeladen; wir sollten die Sünden der ganzen Dorfjugend tragen.«[4]

Mit der Einführung der allgemeinen Schulpflicht, die sich allmählich im 19. Jahrhundert durchsetzte, wurde die familien- und besitz-bestimmte Ordnung der Dörfer zum erstenmal im Hinblick auf die Kinder durchbrochen: der Kopf war unabhängig vom Grundbesitz, und es hätte sich nun eine anders strukturierte Hierarchie der Intelligenz durchsetzen können. Das war aber aus vielerlei Gründen nicht der Fall. Die materielle Abhängigkeit der von den Bauern schlecht bezahlten und kaum ausgebildeten Lehrer, die Notlage armer Eltern, denen die Arbeitshilfe ihrer Kinder mehr galt als deren Schulbildung, weite Schulwege und überfüllte Klassen, mangelhafte Möglichkeiten, die Schularbeiten ordnungsgemäß zu machen – das alles führte oft zur Beibehaltung der alten Maßstäbe.

Kindsein auf dem Lande war also gleichbedeutend mit Abhängigkeit, was sich in vielen Zeichen ausdrückte und altersmäßig nicht begrenzt war.

In eine Tabelle gebracht, wäre der Veränderungsprozeß seit 1800 bis zum Ersten Weltkrieg etwa wie hier dargestellt zu denken:

Alte Bauernfamilie vor der Industrialisierung und der Mechanisierung der Landwirtschaft	Verbürgerlichte Bauernfamilie zunehmend seit 1900
3-Generationen-Arbeitszusammenhang	oft vorhanden, aber nicht unbedingt notwendig
Partnerwahl durch Familie bestimmt	nicht Bedingung
Hochzeit = größtes Familienfest	meist ja (cultural lag)
2-3 Generationen wohnen, kochen, wirtschaften, gemeinsam	zunehmend nein
Hausvater bestimmt Leben und Ausbildung der Kinder	Kinder emanzipieren sich
Hof bleibt unbedingt in der Familie	nicht notwendig
Hausvater vererbt Besitz und das notwendige Fachwissen	1. ja 2. nicht so wichtig wegen der neuen Techniken
Alte Generation wird von und in der Familie versorgt	zunehmend nein (Rentenwesen)
Kinder werden für das gleiche Leben erzogen wie Eltern	zunehmend nein: neues Schulwesen, andere Ausbildungschancen

Aus der Tabelle ergibt sich eine verhältnismäßig schwache Dynamik der gesellschaftlichen Bewegung, wenn man z. B. das Bürgertum damit vergleicht.[5]

Eine Darstellung der ländlichen Kinderkleidung, aufgeteilt in fünf Epochen, wie sie für die anderen Gesellschaftsklassen im 19. Jahrhundert in dieser Arbeit durchgeführt wird, erscheint deshalb für die Landbevölkerung nicht angebracht. Die Frage der kindlichen Kleidung auf dem Lande wird also im folgenden für das gesamte 19. Jahrhundert beantwortet, wobei dann als spezielles Beispiel die Schwälmer Tracht (Oberhessen) folgen soll.

Arm und Reich im Dorf

Ehe die Besonderheiten der Trachten, ihre Form- und Verhaltensbedingungen behandelt werden und darin wieder die spezielle Frage nach den Kindertrachten, seien einige allgemeine Beobachtungen über ländliche Kinderkleidung vorgestellt und mit Selbstzeugnissen aus Autobiographien belegt. Dabei handelt es sich in erster Linie um die deutlichen Zeichen von Reich und Arm, die ein junger Lehrer bedrückt in seiner Dorfschulklasse beobachtet:

»Besonders die Knaben kamen im kalten Winter barfuß zur Schule, in grobe, schmutzige Leinwand gehüllt, die ehemals grau gewesen war. Die leinene Jacke ging bei den Knaben bis an den Bauch, und zwischen Hose und Jacke blieb eine Handbreit Raum, wo sich das Hemd oder der bloße Leib präsentierte. Bei den Mädchen reichten die leinenen Röcke bis ans Knie, und die Füße waren nackt, aber mit einer Kruste von Schmutz bekleidet. Ich glaubte, unter die Hottentotten geraten zu sein. Zuerst arbeitete ich darauf hin, daß sie mit Schuhen und Strümpfen zur Schule kamen. Das kostete viele Mühe, denn die meisten waren zu arm, um Schuhe kaufen zu können. Diese erschienen daher in Holzschuhen.«[6]

Diese Schilderung eines Dorfschullehrers aus dem Kreis Waldeck um etwa 1820 faßt zusammen, was Armsein bedeutete: vor allem den Mangel an Schuhen.

»Von den drei Brüdern ist's mir bewußt, wie der älteste, Hans, mit langen Schritten von Nolde bis Buhrkall zur Schule voranging, dann kamen Nikolai, Leonhard, und zuletzt kam ich, tripp, tripp, denn ich konnte nicht folgen, und mit den Holzschuhen schlugen sich mir die Knöchel wund, die Strümpfe klebten, und es tat weh, wenn sie losgerissen werden mußten. Im Sommer ging es besser. Von April bis November liefen wir barfuß und hatten die Hose bis an die Knie hochgestülpt.«[7]

Krille erzählt in seinen Jugenderinnerungen, wie in der Vorstadt die Realschüler die Grundschüler immer gehöhnt hätten, »weil wir barfuß zur Schule gingen«.[8]

Wie tief der Besitz von Stiefeln das Gemüt eines armen Kindes bewegten und anspornen konnte, hat Marie von Ebner-Eschenbach in ihrer Novelle »Das Gemeindekind« eindrucksvoll geschildert:

»Geh' jetzt, fuhr jener (der Lehrer) fort, und komm morgen wieder und übermorgen auch, und wenn du acht Tage nacheinander kommst, kriegst du von mir ein Paar ordentliche Stiefel. Stiefel? – Wie die Kinder der Bauern haben? Ordentliche Stiefel mit hohen Schäften? Unaufhörlich während des Heimwegs sprach Pavel die Worte ›ordentliche Stiefel‹ vor sich hin, sie klangen märchenhaft. Er vergaß darüber, daß er sich vorgenommen hatte, den Arnost zu prügeln. Er stand am nächsten Morgen vor der Tür der Schule, bevor sie noch geöffnet war, und während der Stunde plagte er sich mit heißem Eifer und verachtete die Mühe, die das Lernen ihm machte. Er verachtete auch die drastischen Ermahnungen Virgils und seines Weibes, die ihn zwingen wollten, statt zum Vergnügen in die Schule, zur Arbeit in die Fabrik zu gehen ...

Sieben Tage vergingen, und am Nachmittage des letzten kam Pavel nach Hause gerannt, in jeder Hand einen neuen Stiefel. Vinska war allein, als er anlangte; sie beobachtete ihn, wie er das blanke Paar in den Winkel am Herd, sich selbst aber in einiger Entfernung davon aufstellte und in stille Bewunderung versank. Freude vermochten seine vergrämten Züge nicht auszudrücken, aber belebter als sonst erschienen sie, und es malte sich in ihnen ein plumpes Behagen. Einmal trat er näher, hob einen Stiefel in die Höhe, rieb ihn mit dem Ärmel, küßte ihn und stellte ihn wieder an seinen Platz.«[9]

In der gleichen Novelle schilt die Gutsfrau den Gemeinderat, weil er nie die ihm anvertrauten Kinder mit Schuhwerk versorge.

Das Tagelöhnerkind Franz Rehbein erzählt:

»Wie oft hatte ich mir schon mal ein Paar neue Stiefel gewünscht, wenn ich sah, wie die Kinder wohlhabender Eltern vergnügt in solchen einherstolzierten. Leider aber blieb das für mich ein frommer Wunsch, der, solange ich zu Hause war, nie in Erfüllung ging. Vom Frühsommer bis in den kalten Spätherbst mußte ich barfuß gehen. Schuhzeug galt dann für ›uns Schlag Leute‹ als ein überflüssiger Luxus. Nur des Sonntags durfte ich Stiefel anziehen, und die waren bei irgendeinem jüdischen Alt-Trödler für höchstens 12 bis 15 Groschen als ›abgelegt‹ gekauft worden; geflickt und verriestert auf allen Ecken und Enden. ›Wichst sie nur tüchtig‹, meinte meine Mutter, ›dann ist das nicht so zu sehen‹. Im Winter lief ich werktägig stets auf Holzpantinen; die Strümpfe waren mit derben Flicken ›versohlt‹, damit die Stopfwolle gespart wurde.«[10]

Immer wieder begegnet das Barfußgehen als ärgstes Zeichen dörflicher Armut:

»Und barfuß mußten wir immer bis spät in den Herbst, bis die Fenster befroren oder der erste Schnee kam und die Mutter bei irgend einem alten Dorfgenossen erwirkte, daß uns der ein Paar Holzpantoffeln machte, laufen. Der Vater kümmerte sich nie darum.«[11]

Was armen Kindern schrecklich war, erschien den Wohlhabenden oder den Besuchern aus der Stadt als schön und erstrebenswert: barfuß zu laufen! Aber die Erwachsenen verboten es ihnen als »nicht standesgemäß«, und so blieb diese Erfahrung ein »Privileg« der Armen.

»Die Eltern hatten immer so viel, daß wir Kinder anständig gekleidet waren, und hielten mit Stolz darauf, daß wir nicht in Holzpantoffeln, sondern in Lederstiefeln zur Schule gingen.«[12]

In Erinnerung an eine ärmliche Jugend beschreibt Peter Rosegger (1843-1918) das Aussehen des steirischen Bauernkindes aus realistischem Erleben und setzte sich über agrarromantische Schönfärberei hinweg:

»Heut', mein lieber Waldbauernbub, heut' magst Du Deine Füße in meine Schuhe stecken, aber dazumal bin ich noch selber barfuß gegangen, hab' Dir nicht helfen können, und wir haben allzwei nicht gewußt, daß es eine arge Sach' ist, wenn man mit nackten Füßen den Schafen nach über Stoppelfelder laufen, über Steinhaufen klettern, über Brennesseln springen muß. Hatten denn die Schafe und die Ziegen Stiefel an? Stiefel nicht, aber Schlappschühlein wohl.

Ein Höslein hattest Du an, von dem ich gesehen, daß es nicht mehr ganz tadellos war, wenn Deines Vaters langer Zwilchrock die anrüchigen Stellen nicht verdeckt hätte.

Deine Mütze, die – wenn die Sonne schien – mehr schadete als nützte, hättest wegtun mögen, denn sie zwängte die dichten, buschigen Haare ein, die sonst dem Gesichte Schatten zu geben im Stande gewesen wären.«[13]

Es gab außer dem Schuhwerk besonders bei der halbstädtischen Knabenkleidung auf den Dörfern noch andere neuralgische Punkte der Armut: die Jacken oder Joppen, denn Mäntel wurden auf dem Dorf von Kindern nicht getragen. Da die Autobiographien meist von dörflichen Außenseitern geschrieben sind, erfährt man aus ihnen am ehesten etwas über das Wertgefühl, über das kindliche Bewußtsein beim Tragen auffallender oder besonders festlicher Kleidungsstücke, über Schmerz oder Freude, die ein Leben lang bis zur Niederschrift der Memoiren angehalten haben.

So erinnert sich der Arzt Friedrich Kohlrausch (1780-1867) daran, wie er von einem Ferienaufenthalt bei seiner Großmutter in der Stadt mit einem neuen Kleidungsstück in sein Dorf zurückkehrte:

»Meine Großmutter hatte mir den ersten Überrock aus Osteroder langhaarigem Flaus geschenkt, bis dahin hatte ich nur, gleich den Bauernjungen, kurze Jacken getragen. Der Rock war von rosinenroter Farbe und auf den Zuwachs gemacht, er reichte mir bis auf die Enkel. Solch ein Rock war in dem Dorfe noch nicht gesehen, und als ich nun die lange Dorfgasse hinunterschritt, trug ich den Kopf sehr hoch und grüßte die mir entgegenkommenden Schulkameraden, die mich mit einem ›Guten Abend, Muschö Fritz‹ empfingen, nur mit einem gnädigen Kopfnicken. Die neue Würde hielt aber nur bis in die Gegend, wo meiner Mutter Witwenhaus stand; denn als ich da in einer Vertiefung an dem höheren Ufer des Weges den frischgefallenen Schnee so einladend zusammengeweht sah, vergaß

Halterbub in Österreich. (Foto um 1920)

ich meinen rosinfarbenen Flausrock, sprang in den tiefen Schnee und wälzte mich in demselben, zur Freude der mich begleitenden Dorfjugend, jubelnd herum. Damit war die Scheidewand zwischen mir und dieser Jugend wieder niedergerissen.«[14]

Dorfjunge und Herrenkind

Eine Berührung ähnlicher Art zwischen der Lebenswelt eines Herrenkindes und derjenigen der Bauernkinder erfuhr der kleine Albert Schweitzer (1875-1965). Der hohe Stellenwert, den die gruppenkonforme Kleidung im Bewußtsein eines Kindes einzunehmen vermag, wird in seinen Erinnerungen deutlich. Als Pfarrerssohn in einem elsässischen Dorf verbrachte er seine Jugend in einer Zwischenzone sozialer Abgrenzungen, und sein größter Wunsch war es, von den Dorfjungen als einer der ihren anerkannt zu werden und nicht als *Herrenbüble* außerhalb zu stehen. Der Konflikt zwischen dem Wir des Elternhauses und dem anderen, stärkeren Wir der Dorfjugend wurde für das Kind erst richtig virulent durch die Zeichensprache der Kleidung. Es entschied sich für seine Altersgenossen und weigerte sich standhaft, die Uniformzeichen des Feindes – wie es ihm vorkam – anzulegen.

»Nun wachte ich ängstlich darüber, mich in nichts von den andern zu unterscheiden. Auf den Winter hatte ich einen Mantel bekommen, aus einem alten meines Vaters gemacht. Aber kein Dorfknabe trug einen Mantel. Als der Schneider mir ihn anprobierte und gar noch sagte: ›Potz Tausend. Albert, jetzt bist du bald ein Monsieur!‹, verbiß ich mit Mühe die Tränen. Am Tage aber, wo ich ihn zum erstenmale anziehen sollte – es war an einem Sonntagmorgen zur Kirche –, weigerte ich mich. Es gab einen üblen Auftritt. Mein Vater verabreichte mir eine Ohrfeige. Es half nichts. Man mußte mich ohne Mantel zur Kirche mitnehmen. Jedesmal nun, wenn ich den Mantel anziehen sollte, gab es dieselbe Geschichte. Was habe ich wegen dieses Kleidungsstückes Schläge bekommen! Aber ich blieb standhaft. In demselben Winter nahm mich meine Mutter mit nach Straßburg, einen alten Verwandten besuchen. Bei dieser Gelegenheit wollte sie mir eine Kappe kaufen. In einem schönen Laden probierte man mir etliche auf. Zuletzt einigten sich meine Mutter und die Verkäuferin auf eine schöne Matrosenmütze, die ich gleich aufbehalten sollte. Aber sie hatten die Rechnung ohne den Wirt gemacht. Die Mütze war für mich unannehmbar, denn kein Dorfknabe trug eine Matrosenmütze. Als man in mich drang, diese Mütze oder ein anderes von den aufprobierten Dingern zu nehmen, führte ich mich so auf, daß der ganze Laden zusammenlief. ›Ja, was willst du denn für eine Kappe, du dummer Bub?‹, fuhr mich die Verkäuferin an. ›Ich will keine von euren neumodischen, ich will eine, wie sie die Dorfknaben tragen.‹ Also sandte man ein Ladenfräulein aus, die mir dann aus den Ladenhütern eine braune Kappe brachte, die man über die Ohren herunterklappen konnte. Freudestrahlend setzte ich sie auf, während meine arme Mutter ein paar schöne Bemerkungen und höhnische Blicke für ihren Tölpel einheimste …

Dieser schwere Kampf dauerte so lange, als ich auf der Dorfschule war und verbitterte nicht nur mir, sondern auch meinem Vater das Leben. Ich wollte nur Fausthandschuhe tragen, denn die Dorfjungen trugen keine andern. An Wochentagen wollte ich nur in Holzschuhen gehen, denn sie hatten die Lederschuhe auch nur am Sonntag an. Jeder Besuch, der kam, fachte den Konflikt aufs neue an, denn da sollte ich mich in ›standesgemäßer‹ Kleidung präsentieren. Im Hause selbst machte ich alle Konzessionen. Aber sowie es sich darum handelte, als Herrenbüble gekleidet mit dem Besuch auch spazieren zu gehen, war ich wieder der unausstehliche Kerl, der seinen Vater erzürnte, und der mutige Held, der Ohrfeigen hinnahm und sich in den Keller sperren ließ. Und ich litt schwer darunter, gegen meine Eltern widerspenstig zu sein … Die Dorfknaben wußten nicht, was ich ihretwegen ausstand. Sie nahmen alle meine Anstrengungen, in nichts anders zu sein als sie, gelassen hin.«[15]

In diesen Erinnerungen, denen der Ernst der kindlichen Seelenkämpfe noch deutlich anzumerken ist, erscheint unübersehbar der verpflichtende Gruppencharakter von Kleidung, der für das starke Wir-Bedürfnis eines Schulkindes wichtiger werden kann als noch so reizvolle modische Angebote. Kinderkleidung als Erziehungsmittel der Anpassung an die Lebensformen der elterlichen Sozialschicht wurde hier für das Kind zur ständigen Prüfung für seine eigenen sozialen Entscheidungen. Das könnte wohl in dieser Schärfe einem Kind der Gegenwart nicht mehr passieren.

Ähnliches berichtet der Dichter Hans Carossa (1878-1956) aus seiner Kindheit in einem bayerischen Dorf:

»Da besonders meine städtische Kleidung Mißfallen erregte, so bestürmte ich Tag um Tag die Mutter, sie solle mich doch auch herumgehen lassen wie die Kadinger, mit Holzschuhen, langen weiten Hosen, grober bunter Joppe, silberner Uhrkette mit Eberzähnen auf roter Samtweste und goldenen Ringelchen in den Ohrläppchen. Sie aber wünschte ihr Kind nach ihrem Geschmack zu kleiden und ließ durchblicken, sie werde schon die Bestrafung meiner Verfolger durchzusetzen wissen, ich solle ihr nur die Namen nennen. Davon wollte ich gar nichts hören; mein Ziel war, Geltung und Ansehen unter den Genossen zu gewinnen, nicht sie geahndet zu wissen.«[16]

Aus all den bisher beschriebenen kindlichen Kleidungsweisen, wie sie auf dem Lande im 19. Jahrhundert und bis zum Ersten Weltkrieg üblich gewesen sind, ist noch nichts darüber deutlich geworden, was man gemeinhin als »Tracht« bezeichnet. Als die kleine siebenjährige Lena Christ (1881-1920), später eine bedeutende Volksdichterin, von ihrem bayerischen Dorf zur Mutter in die Stadt zieht, wird sie von der Großmutter in eine halbdörfliche Tracht gekleidet, die auch für die Stadt passen könnte:

»Also kam die Näherin auf die Stör, und ich wurde mit Stoffen behängt und mit Nadeln besteckt und mußte den ganzen Tag stillstehen.

Und als der Morgen der Abreise gekommen war, badete mich die Großmutter und zog mir, nachdem der Großvater mit zufriedenem Schmunzeln meinen Rücken und das rundliche Bäuchlein befühlt und beklopft hatte, ein neues Hemd und die ersten Unterhosen an. Als ich in den Spiegel sah, ärgerte mich der hintere Hemdzipfel, der nicht in der Hose bleiben wollte, sondern wie ein Hennenschwanz starr und steif herausstand. Doch verschwand er bald unter einem roten Flanellröcklein, worüber ein grünes Bareschkleid kam, das mir bis auf die Fersen ging und dessen Spenzer mit bunten Glasknöpfen besetzt war. Am Ende band mir die Großmutter noch ein himmelblaues Fürta (Fürtuch = Schürze) und eine gestickte Halsbarbe um und steckte in das in zwei Zöpfen aufgemachte Haar einen silbernen Pfeil.«[17]

Dazu bekam sie noch einen großen, schwarzen Strohhut aufgesetzt mit roten Blumen und karierten Bändern. Aber in der Stadt mußte sie »alles ländliche Wesen ablegen«, bekam kurze städtische Kleider, und die Haare wurden ihr abgeschnitten.

Was ist eine Tracht?

Solange die Aristokratie die internationale Mode bestimmt hatte, ähnelten sich Bürger- und Bauernkleidung, d. h. jeweils die Kleidung in den Städten und den sie umgebenden Regionen, ohne daß sich bereits spezielle Bauerntrachten herausgebildet hätten. Der Kleidungsstil der ländlichen Gebiete variierte bis 1800 kaum zu dem der Städte. Unterschiede lagen weniger in Form und Schnitt der Kleidungsstücke als vielmehr in der Verwendung mehr oder weniger kostbarer Materialien.

Kleiderordnungen – im Sinne von obrigkeitlichen Vorschriften – regelten bis dahin eventuelle Übertretungen der Standesgrenzen.

Im 19. Jahrhundert übernahm das Bürgertum die Modeführung in Europa, was eine kostümliche Auseinanderentwicklung von Stadt und Land zur Folge hatte.

Die Städter begannen also ihr Kleidungsverhalten von den ländlich-regionalen Merkmalen abzulösen und dem bürgerlich bestimmten internationalen Modetrend zu folgen, wie es in den vorhergehenden Epochen die Aristokraten gegenüber den Bürgern getan hatten.

Dadurch blieb die Landbevölkerung mit ihrem von Region zu Region unterschiedlichen Kleidungsstil auf sich selbst gestellt. Im Verlauf des 19. Jahrhunderts veränderte sich dann dieses dörfliche Kleidungsverhalten ganz allmählich in zwei Richtungen: zum einen paßten sich die Landleute, besonders die Männer, nach und nach den städtischen Kleidungsformen an, so daß zuerst die Männertrachten und später auch, vor allem in vorherrschenden Industriegebieten, manche Dorftrachten überhaupt verschwanden. Zum anderen entfalteten in entgegengesetzter Verhaltensweise einzelne Regionen eine große Farb- und Formenfreudigkeit und entwickelten eine eigene ländliche Kleidung, die bis zu extremen, exotisch anmutenden Schwell- und Schwundformen reichte und den Charakter von Regionaltrachten nach außen demonstrierte.

Diese Prozesse, die Wesentliches über die soziale Zeichenhaftigkeit der Kleidung aussagen, können hier nur angedeutet werden, da es ja nicht um Kostüm- oder Trachtengeschichte im allgemeinen, sondern um Kinderkleidung geht.

Die erste strukturelle Frage heißt also: Was ist – oder was war – eine Tracht?

Tracht kommt von Tragen. Sie ist nicht die Summe einer Reihe ländlicher Kleidungselemente, im Gegenteil: Schnitt und Stoffwahl, Farben und Formen, Gestik und Gang bilden ein Kleidungssystem als zeichenhaften Ausdruck einer dörflich-bäuerlichen Lebensordnung mit den bestimmenden Werten des Besitzes, der Altersstufen, des Familienstandes. »Tracht« umschließt also eine ganze Fülle von wirtschaftlichen und sozialen Tatsachen.[18] Daraus ergibt sich, daß Tracht keine statische, erstarrte Bekleidung ist, sondern eine wandlungsfähige, den Dorfmoden folgende Bekleidungsweise, der viel über den sozialen Wandel ihrer Träger zu entnehmen ist. Dennoch muß betont werden, daß die Veränderungen innerhalb der Dorftrachten längst nicht mit dem raschen Wechsel der Stadtmode zu vergleichen waren, so daß oberflächlich gesehen für das Dorf der Eindruck des Traditionell-Dauerhaften entsteht, bemerkten doch die Außenstehenden kaum etwas von diesem langsamen und am Detail zu beobachtenden Wandel. Grundsätzlich ging es bei der Tracht immer um auszeichnende Eigenschaften der Kleidung: rot als Farbe der Jugend, viele Röcke übereinander als Zeichen des Reichtums.

Im Gegensatz zu der von einem Zentrum – Paris oder Berlin – gesetzten und kommerziell geplanten Mode war die Tracht der formalisierte Ausdruck von Gruppendenken. Stets enthielt sie Zeichen der dörflichen Hierarchie, und solange die Regeln des Abstandes von Besitzgruppen, Altersstufen, Geschlechtern gleichblieben, änderte sich auch wenig Grundsätzliches an den Trachten. Das heißt aber nicht, daß nicht hin und wieder Einflüsse aus der jeweiligen benachbarten Stadtmode sichtbar wurden.

Auch die Konfession der Trachtenlandschaft spielt für die Bekleidung, besonders für die Farben, eine bedeutende Rolle. Das gilt besonders für die Festtrachten. Das dörfliche Leben war zudem gerade in seinem Kleidungsverhalten stark durch den Jahresrhythmus von Arbeit und Fest gegliedert, und innerhalb dieser beiden Oppositionen gab es wiederum eine Menge von Variationen, wie bei der Festtracht z. B. die einfache sonntägliche Kirchenkleidung, die Abendmahlstracht, die große Festtracht für Ostern oder Fronleichnam, die Tanz- und Kirmestracht und schließlich die Hochzeitstracht und die eindrucksvoll differierende Fülle der Trauertrachten. Auch die Arbeitskleidung war keineswegs gleichförmig und sah beim Stallausmisten anders aus als bei der Heu- oder Getreideernte oder beim Dreschen.

Aus dieser skizzenhaften Vorstellung allgemeiner Kriterien der Tracht geht bereits hervor, welche Fülle von sozioökonomischen Daten notwendig ist, um jeweils den Kontext des spezifischen regionalen Kleidungsverhaltens ausreichend darzustellen. Das ist bisher in der deutschen Trachtenforschung selten geschehen, meist wegen einer unzureichenden, lediglich phänomenologischen Betrachtungsweise des Gegenstandes Tracht.[19]

Die Kinder als die schwächste Gruppe der Dorfbevölkerung hatten sich am strengsten in die sozialen Ordnungen einzufügen ohne die Möglichkeit eigener Gestaltungswege. Der Oben-Unten-Mechanismus der Bauernfamilie als einer Arbeitsorganisation wirkte

Donauschwäbisches Bauernmädchen. (Erna Piffl, um 1930)

sich für sie am stärksten aus. Mit dem Anlegen der kleinen Trachten, die selten abgetragen und meist für die Nächstjüngeren aufgehoben wurden, schlüpften die Kinder in die bäuerliche Dorfordnung, die sie nun nicht mehr entließ. Kinderkleidung bedeutete hier in einem besonders deutlichen Maße unweigerliche Anpassung an die Welt der Erwachsenen, an die Bauernwelt, der man nun unentrinnbar verhaftet war.

»Schon mit fünf Jahren sah sie wie eine Erwachsene aus. Sie trug die gleichen glockenförmigen, bis zu siebenfach übereinanderliegenden Röcke wie ihre Mutter, die gleiche Schürze, die gleichen wollenen Strümpfe, die gleichen Lederpantoffeln oder gestrickten, lederbesohlten Patschkern, das gleiche Leibchen, das gleiche Umschlagtuch, das gleiche Kopftuch. Das alles konnte nur mit Ruhe und einer gewissen Gravität getragen werden; andererseits verlangten die Glockenröcke, die beim Gehen läuten wollten, nach einer wiegenden, leichten Gangart. Besondere Rücksichtnahme erforderte auch das Tragen der Frisur, die wie eine nicht zum Körper gehörende Kostbarkeit auf dem Kopf saß und nicht herunterfallen durfte. Die Mutter verbrachte Stunden damit, sie mit Hilfe von großen und kleinen Kämmen, Spangen, Haarnadeln, Zuckerwasser und Öl zuwege zu bringen, und das Gesteck, das Nest, das so aus großen und kleinen Zöpfen entstand, verlieh dem Gesicht jenen Ausdruck von Genauigkeit und vorsichtiger Innigkeit, den es auch dann noch beibehielt, als die Tollheit des übertriebenen Frisierens längst den Fluß der Zeit hinabgetrieben war.

Noch bevor sie lesen und schreiben lernte, konnte sie schon tanzen, Walzer, Rheinländer, Polka, Mazurka, rechtsrum, linksrum. Das brachte ihr die Großmutter bei, die genauso gekleidet war wie sie, nur alles in Schwarz, und die selber noch imstande war – und das auch sein mußte, wenn sie ihren Rang in der Gesellschaft behaupten wollte –, auf Strumpfsohlen zur Blechmusik walzend jeden Tanzsaal blankzufegen.«[20]

Sobald sich die Kinder einigermaßen sauber hielten, wurden sie also in die Tracht gesteckt. Nun traten sie ein in das Kleidungssystem der Erwachsenen, denn die Kindertracht stimmte in Schnitt und Material mit der allgemeinen Dorftracht überein. Eine kindliche Eigengesetzlichkeit der Trachten gab es nicht. Die Jungen trugen Kniehosen und Kittel, bis die Männertrachten auf dem Lande ganz allgemein der städtischen Kleidung wichen und damit auch die Dorfjungen Kleinbürgeranzüge bekamen. Für die Mädchen dauerte die Trachtenzeit viel länger, auf hessischen Dörfern bis in die fünfziger Jahre unseres Jahrhunderts, aus denen es noch Klassenfotos mit vielen Trachtenkindern gibt. Kindertrachten sind ein sehr vernachlässigtes Kapitel der Trachtenforschung. Es kann an dieser Stelle nicht im Detail aufgearbeitet werden. Hier soll nur das dörfliche Kleidungssystem verdeutlicht sein, in das die Kinder mit dem Anlegen der Tracht eintraten. Die Struktur der Tracht war geprägt durch die Alters- und Geschlechtsgruppen und die Besitzhierarchie der Gemeinde. Jede Altersgruppe im Dorf kennzeichnete sich durch besondere Farben, vor allem der Röcke, und die kleinen Mädchen kamen sogleich in jene Farbzuordnung, die den Ledigen gebührte und die sie dann bis zu ihrer Verheiratung beibehielten, und das war meist Rot. Bei Schuleintritt erhielten sie z. B. im katholischen Mardorf bei Marburg ein sogenanntes Kirchenwerk mit breitem Samtband am Saum und einem plüschern Motzen. Mit der Ausstattung dieses meist von der Patin genähten Geschenks wurden sie auch bereits in die soziale Hierarchie des Dorfes eingeordnet. Die gesamte Gewandung der kleinen Mädchen entsprach weitgehend derjenigen der Unverheirateten. In manchen Dörfern waren an die Leibchen und unter die Röckchen sogar schon wattierte Hüftpolster eingenäht, damit die Röcke richtig standen. Das entsprach der verfrühten Erotisierung der Kinder, wie sie das Rokoko gekannt hatte, oder, von der Dorflogik her gesehen, der Auslassung des Kinderstatus zugunsten einer frühen Einübung in die Welt der Erwachsenen.

Hosen trugen die kleinen Mädchen ebensowenig wie ihre Mütter. Nur Kopfbekleidung und Frisur wurden verhältnismäßig kindlich gehalten. Nach dem Ersten Weltkrieg verschwanden die ältlichen Hauben von den Kinderköpfen, und in den katholischen Dörfern bei Marburg flocht man Schläfenzöpfchen, wie sie einst die Biedermeier-Kindergesichter so niedlich umrahmt hatten. Diese Frisuren trugen die Mädchen bis zur Schulentlassung.

So reizend die alten Bilder und Fotos von Trachtenkindern anzusehen sind, so pittoresk die Verkleinerung des Erwachsenen wirken mag: die Wirklichkeit des bäuerlichen Kinderlebens war oft sehr hart. Die Kindertrachten sind ein kulturelles Zeichen für die frühe und totale Integration in die ländlichen Lebensverhältnisse. An allem Geschehen wurden sie beteiligt und besaßen sogar die jeweils stimmige Trauertracht. – Das galt ganz allgemein für das Dorfleben, denn

»die Kinder wurden damals zu Besuchen und Festen überall mitgenommen, selbst zu Tanzgesellschaften, Bällen und Begräbnissen.«[21]

Auch ganz kleine Kinder trugen tiefe Trauer – zumindest um nahe Verwandte bis zum Großvater.

Gewissermaßen als Muster für Kindertrachten sei das Beispiel Schwalm/Hessen gewählt.

In der Zeit des Biedermeier, genauer gesagt in den Jahren 1815-1848, änderte sich wenig im dörflichen Kleidungsverhalten. So fortschrittlich sich manche Kreise des Bürgertums auch gaben, so traditionell-konservativ stand die ländliche Bevölkerung dem neuen Zeitgeist gegenüber, zumal wenn es sich um eine so abgeschlossene Landschaft handelte wie das hier gewählte Beispiel, die Schwalm. Von der neu erstehenden Industrie wurde sie kaum erreicht, folglich auch nicht von den mit ihr einhergehenden gesamtgesellschaftlichen Veränderungen. Fast könnte man glauben, das Gegenteil sei der Fall; denn ähnlich dem an seinen Privilegien festhaltenden Adel beharrte das Bauerntum auf seiner hierarchisch geprägten dörflichen Struktur, was sich im Kleidungsverhalten deutlich ausdrückte. Was nun die dörfliche Kleidung anbetrifft, so ist es im allgemeinen schwer, schriftliche oder bildliche Zeugnisse über ihr Aussehen in den verschiedenen Jahrzehnten zusammenzutragen.

Für die hessische Schwalm, zwischen Vogelsberg und Knüll, liegen die Voraussetzungen weit günstiger: die Schwälmer Dörfer und ihre Bewohner waren das ganze 19. und halbe 20. Jahrhundert hindurch Gegenstand einer sehr aktiven künstlerisch-dokumentarischen Tätigkeit durch den sogenannten Willingshäuser Künstlerkreis.[22]

Sie reicht von Ludwig Emil Grimm (1790-1863) bis zu Otto Ubbelohde (1867-1927), der durch Trachtenzeichnungen das Bild in Hessen von etwa 1900 überliefert hat. In seinen berühmten Illustrationen der Grimmschen Märchen stellt er die einfachen Leute stets in Hessentracht vor, besonders gern in der Schwälmer Tracht, und verschafft damit gerade dieser Trachtenlandschaft einen weitreichenden Bekanntheitsgrad.[23]

Mit Hilfe solch zahlreicher künstlerischer Darstellungen und der heimatkundlichen und volkskundlich-wissenschaftlichen Berichte ist der Werdegang der Schwälmer Tracht seit Beginn des 19. Jahrhunderts verhältnismäßig zuverlässig zu verfolgen. Kurz gesagt: Um 1830 waren die Röcke dort etwa dreiviertellang; dazu trugen Mädchen und Frauen Hemd und geschnürtes Mieder, auf dem Kopf eine flache, unter dem Kinn gebundene Kappe. Bald wurde die Schnürung durch das sogenannte *Kneppding*, das geknöpfte Leibchen, ersetzt. Es hieß so, weil es von 19 rot oder grün benähten Knöpfen umrahmt war, angeordnet in der Form eines Herzens.

Die Röcke – und das ist das Auffallende an der Schwälmer Tracht – wurden seit etwa 1850 immer kürzer, ließen um 1900 die Waden frei und bedeckten gerade die Knie, als die Stadtmode fußlang vorschrieb und Frauenbeine unsichtbar waren. Das Leinenhemd stand eine Handbreit unter dem untersten Rock hervor, darüber kam um die Taille ein *Büffel* (Hüftpolster), und dann folgten drei bis zehn dunkelblaue, festgebundene Beiderwandröcke (Kette aus Flachs, Schuß aus Wolle), manche auch aus schwarzem Tuch, und endlich der geglänzte Oberrock. Die Röcke waren numeriert, denn der unterste mußte am kürzesten sein, der vorletzte am längsten und mit Bändern ausgenäht (geschlängt), um fingerbreit unter dem Oberrock hervorzusehen. Über die Röcke kamen die Schürzen aus weißem, blauem oder schwarzem Leinen.

Es wird bei dieser Beschreibung leicht verständlich, daß die schweren Röcke so kurz wie möglich gehalten wurden, damit sich

Schneeweißchen und Rosenrot in Schwälmer Tracht.
(Otto Ubbelohde 1867-1922)

ihr Gewicht überhaupt ertragen ließ. Während man in der städtischen Mode reformerisch um eine Verlagerung des Kleidungsgewichtes auf die Schultern bemüht war, schnürten die Schwälmerinnen ihre dicken Röcke dutzendweise um die Taille, was oft zu ernsten Krankheiten führte. Aber sie erreichten damit eine groteske Kleidungssilhouette, die ihrer bäuerlichen Prunk- und Repräsentationssucht voll entsprach.

Es ist hier wohlgemerkt von den Festtrachten die Rede, denn die Arbeitstrachten waren, soweit man von ihnen weiß, sehr viel einfacher und aus leichteren Stoffen. Aber festtags wollte man zeigen, wer man war und was man hatte, und das galt auch für die Mädchen. In Miniform trugen sie die gleiche Kleidung wie ihre Mütter, nur nicht so viele Röcke und als Farbe rot. Ihre Röckchen wurden anfänglich auch über ein kleines Hüftpolster gebunden, später meist an einem Mieder festgenäht, einer Art Leibchen, um das gesundheitsschädliche feste Binden der Röcke zu vermeiden.

Während nun aber in den meisten anderen Trachtenlandschaften die kleinen Mädchen in den verkleinerten langen Röcken und

Schürzen der Erwachsenentracht ältlich und unkindlich wirken, ist es bei den Schwälmern umgekehrt: die kurzen Röcke, die ja besonders bei älteren, wohlbeleibten Frauen unkleidsam bis zum Grotesken sind, stehen den Kindern vortrefflich und erhöhen den Eindruck der Kindlichkeit. Damit mag es zusammenhängen, daß als Prototyp des »Kindes in Tracht« das Rotkäppchen-ähnliche kleine Schwälmer Mädchen in ein allgemeineres, deutsch-bürgerliches Bewußtsein rückte. Allerdings ist wohl auch kaum eine andere Kindertracht so häufig gemalt und reproduziert worden wie die Schwälmer, damals zumeist im Genrestil des Willingshäuser Künstlerkreises.

Die Kleidung der Knaben richtete sich nach der Schwälmer Männertracht, die gegen die Jahrhundertwende hin seltener wurde, besonders für junge Burschen. Sie ist immer wieder als besonders kleidsam geschildert worden.

Die Schwalm dürfte die hessische Landschaft sein, in der sich am längsten, wenn auch nur vereinzelt, Männertrachten gehalten haben. Um 1900 trugen in 46 Dörfern 3 600 Männer (und 6 900 Frauen) Tracht.

Die kleinen Jungen der wohlhabenden Bauern mögen an Festta-

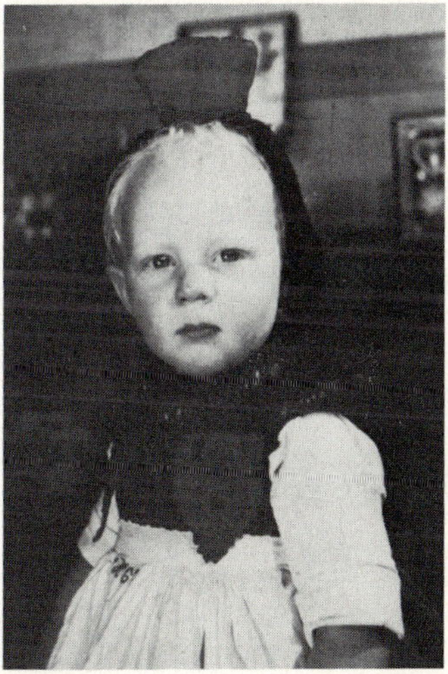

Das Schwälmer »Rotkäppchen«. (Foto um 1960)

gen so ausgesehen haben, wie der »Dorfprinz« auf dem Gemälde von Ludwig Knaus (1829-1910),

»der im Vollbewußtsein seines väterlichen Reichtums und seiner dadurch erlangten Bedeutung breitbeinig hingepflanzt, die Hände in den Westentaschen, eine Nelke im Munde, protzig wie nur ein Großbauer, vor dem riesigen Misthaufen im väterlichen Hof dasteht und mit einem unbeschreiblichen Ausdruck von kindischer Hochnäsigkeit auf die Welt unter ihm herabblickt«.[24]

Mit dieser Bildbeschreibung eines Kunsthistorikers der Jahrhundertwende ist eine weitere Qualität vieler Darstellungen aus der Willingshäuser Malerkolonie angesprochen: trotz aller Genrehaftigkeit ein gewisser Scharfblick für das Soziale, besonders bei Knaus, weniger im Sinne des Sozialkritischen als vielmehr in der ehrlichen Erfassung sozial-struktureller Zusammenhänge. Die Mitglieder dieser Malerkolonie haben die Schwälmer Dörfer

Der Dorfprinz. (Ludwig Knaus 1829-1910)

wirklich gekannt, und wenn beim ersten Hinsehen auch vieles, gerade was die Kinder anbelangt, verniedlicht und verschönt erscheint, so erweist der zweite Blick doch zumindest deutlich die besitzhierarchische Schichtung der Schwälmer Dörfer mit allen möglichen besonderen Zeichen der Kinderkultur.

Damit sind wir bei der Frage angelangt, die hinter der Beschreibung dieser sehr ausgeprägten und gut dokumentierten deutschen Trachtenlandschaft auftaucht: Was war der Grund für deren eigenartige Trachtenentwicklung, die sich weit entfernt von der herrschenden Stadtmode vollzog?

Die Trachtenforschung begnügte sich meist mit ausführlichen und detaillierten Beschreibungen des bäuerlichen Anzugs und umging gern die Frage nach dem Warum, so daß ich auf eigene Vermutungen angewiesen bin. Eine äußerliche Begründung für die Veränderung der Frauentracht und die Kürze der Röcke um 1900 wurde schon genannt: die zahlreichen schweren Röcke wären bei größerer Länge nicht zu tragen gewesen und hätten über den Hüften nicht »stehen« können.

Das Zeigen der mit dicken, weißgestrickten Strümpfen bekleideten Waden hat also wohl kaum etwas mit einer beabsichtigten erotischen Reizwirkung zu tun, sondern damit, den Besitz der zahlreichen Röcke zu demonstrieren. Was ist der Grund für ein so ausgeprägtes und fast rücksichtslos eingebrachtes Zeichen?

Die Schwälmer vererbten Hof und Grund nach dem Anerbenrecht[25], während sonst fast überall in Hessen die Realteilung vorherrschte, d. h., daß der Grund unter alle Kinder gleichmäßig aufgeteilt und der Feldbesitz dadurch immer kleiner wurde. In der Schwalm aber erbte zumeist der älteste Sohn und mußte dann freilich seine Geschwister auszahlen. Auf diese Weise blieb das Gut in einer Hand und die Besitzhierarchie des Dorfes stabil. Das bedeutete aber auch, daß sich die dörflichen Heiratsstrategien nach dem Besitzstand richteten und die Kinder von kleinauf dazu erzogen wurden, die Zeichen des Besitzes zu kennen und zu erkennen. Der bäuerliche Wertmaßstab, an dem alles gemessen wird, ist die Quantität der Dinge: Feld und Vieh, Feld- und Viehprodukte. Ja, es gibt wohl kaum einen vorindustriellen Beruf, bei dem die Quantität mit der Qualität so identisch ist, wie der des Bauern. Diesem Denken entsprach in der Schwalm auch die Zahl der Röcke bei der Sonntagstracht der Mädchen, also das kulturelle Symbol. Das reichste Mädchen von Schrecksbach trug zur

Kirmes 16 Röcke, schreibt Spamer.[26]

Das waren sichtbare und zählbare Signale für einen jungen Bauern auf Brautschau. Kein Wunder, wenn diesen Vorzeichen für einen behäbigen Lebenslauf so viel Beachtung geschenkt wurde. Deutlicher kann ein Signal innerhalb eines Kommunikationssystems kaum funktionieren.

Hier verschränken sich die Dinge, und es sei versucht, dem Phänomen des Trachttragens von Kindesbeinen an am Beispiel Schwalm noch ein wenig näherzukommen. Die Beziehung zur eigenen Tracht war für die Frauen wegen der Kindertrachten von kleinauf eine Beziehung zur Kleidung überhaupt. Sie kannten Frauenkleidung nur im Zusammenhang mit ihrer Tracht. Dazu kam die Aufwertung und Stilisierung dieser Tracht von außen, vor allem zumindest seit der Mitte des 19. Jahrhunderts über den Willingshäuser Künstlerkreis und mittelbar durch die Kunstkonsumenten der Produktionen dieser Künstler. Dazu kamen außerdem die schriftstellerischen Dokumentationen, die mehr und mehr ein »heroisiertes Bild«[27] der Schwälmer Bevölkerung zeichneten.

Die ganz materielle Objektbeziehung zu ihrer Tracht traf sich also mit überhöhten Einschätzungen seitens einer bewundernden städtischen Oberschicht. Dadurch trat keine Vertiefung ihrer Identität ein, sondern eher zuweilen eine selbstgefällige Verflachung. Auch war damit die beste Einübung für einen Folklorisierungsprozeß gegeben, der den Städtern bot, was sie wünschten. Im übrigen folgten die Landbewohner ihren eigenen dörflichen Entwicklungsgesetzen. Ganz unpathetisch gibt Ludwig Knaus schon 1849 seinen Eindruck von den Schwälmern wieder:

»In Frankfurt hielt ich mich einen Tag auf und fuhr nachher per Post mit Schreyer nach Alsfeld, direkt ins Land der dicken Waden; von Alsfeld hatten wir noch ein paar Stunden bis Willingshausen, woselbst wir ganz gemütlich sitzen (seit 3 Tagen) und malen; so wie wir uns auf der Straße sehen lassen, laufen uns die Kinder nach und wollen gemalt sein; ...
Im übrigen komme ich mit den Bauern ganz gut zurecht, es sind schon mehrere Maler hier gewesen, und die Leute sind daran gewöhnt.

Waden und Kuhfladen
sind hier gut gerathen,
Speck und Eier
sind auch nicht teuer!«[28]

Anmerkungen

1 Vgl. Weber-Kellermann, Erntebrauch. S. 355 f.
2 Planck, U.: Die Eigenart der Bauernfamilie. S. 169 f.
3 Krille: Unter dem Joch. S. 3 f.
4 Ebda. S. 7 f.
5 Vgl. Weber-Kellermann: Die Kindheit. S. 98 f.
6 Lübke: Lebenserinnerungen. S. 13.
7 Nolde: Mein Leben. S. 11.
8 Krille: Unter dem Joch. S. 20.
9 Ebner-Eschenbach: Geschichten aus Dorf und Schloß. S. 109.
10 Rehbein: Das Leben eines Landarbeiters. S. 19.
11 Levenstein: Proletariers Jugendjahre. S. 26.
12 Frenssen: Lebensbericht. S. 25.
13 Rosegger: Waldbauernbub. S. 248 f.
14 Kohlrausch: Erinnerungen aus meinem Leben. S. 13.
15 Schweitzer: Aus meiner Kindheit und Jugendzeit. S. 8 f.
16 Carossa: Eine Kindheit. S. 42.
17 Christ: Erinnerungen einer Überflüssigen. S. 40 f.; Baresch = Barège: gazeartiger, durchsichtiger leichter Seidenstoff (mit Baumwolle gemischt).
18 Weber-Kellermann und Stolle: Volksleben. S. 47.
19 Als positives Beispiel: Dieffenbach: Hessischer Trachtenalltag; Böth: Kleidungsverhalten
20 Weidenheim: Lebenslauf der Katharina D. S. 7 f.
21 Passarge: Ein ostpreußisches Jugendleben. S. 26.
22 Bantzer, C.: Hessen in der deutschen Malerei; Dieffenbach: Trachtenalltag. S. 35 ff.
23 Weber-Kellermann: Einleitung zu Kinder- und Hausmärchen.
24 Pietsch: Knaus. S. 35, 50.
25 Vaupel: Hessenbuch. S. 48.
26 Spamer: Hessische Volkskunst. S. 64.
27 Vgl. Höck: Bemerkungen zur Landschaftsbezeichnung. S. 151; Landau: Beschreibungen des Kurfürstentums Hessen. S. 435; Schwalm, J. H.: Die Schwalm. S. 235.
28 Brief von Ludwig Knaus an seine Eltern: Willingshausen am letzten May 1849. Zitiert nach: Die Künstlerkolonie Willingshausen. S. 35.

Die Haarschleife. (Foto um 1920)

VIII.
Kindermoden in den zwanziger Jahren

Zwischen Monarchie und Diktatur

Der Erste Weltkrieg und seine Folgen hatten die Monarchie hinweggefegt, die mit der Abdankung Kaiser Wilhelms II. am 9. November 1918 endgültig zusammenbrach. Damit begann die Auseinandersetzung um die Form, in der das Deutsche Reich nach verlorenem Krieg weiterbestehen konnte.[1] Die Verabschiedung der Weimarer Verfassung leitete eine politische Phase der Sozialdemokratie ein, in der die junge Republik, bevor sie sich stabilisieren konnte, erst ihre Feinde abwehren mußte.

Nach 10 Jahren Republik veränderte dann die 1929 einsetzende Weltwirtschaftskrise wiederum die politische Szene grundlegend und lähmte den jungen demokratischen Anfang. Die Krise der Wirtschaft und der Parteien wurde zur Parlamentskrise und somit zur Staatskrise, die 1933 mit der Machtergreifung Adolf Hitlers zu einem katastrophalen Ende kam.

Der Normalbürger dieser Jahre sah sich schnell wechselnden wirtschaftlichen, sozialen und politischen Verhältnissen ausgesetzt, denen er sich anpassen mußte. Denn als man nach dem Ersten Weltkrieg gewissermaßen Inventur machte, erwiesen sich gerade die ehemaligen Mittelschichten, die meist ihr gesamtes Geldvermögen verloren hatten, als die Leidtragenden. 1918 war der Wert der Mark auf 50 Pfennig gesunken, im November 1923 entsprachen 4,2 Billionen Papiermark einem US-Dollar. Stabil blieben lediglich die Vorstellungen vom bürgerlichen Lebensstandard.

Nach den Mangelerscheinungen des letzten Kriegsjahres 1918 erholte sich die Modeszene bis 1920 nur langsam, d. h. die Kleidung blieb noch unauffällig, dem Notstand gehorchend. Die Kleider waren weder eng noch weit, weder lang noch kurz.

Die Nachkriegsgesellschaft war eine andere als die der Kaiserzeit, besonders war die ältere Generation durch Kriegskatastrophe und einschneidende Veränderungen von Staatsform und Sozialstruktur getroffen »und die Nachkriegszeit zu einer Epoche der jungen Generation«[2] geworden. Man sprach von der Gleichberechtigung der Geschlechter und »freier Liebe«, worauf die Mode mit einem Kult der Einfachheit und Zweckmäßigkeit, aber auch der betonten Jugendlichkeit reagierte.

1918 hatten die Frauen in Deutschland endlich das Wahlrecht erhalten. Viele von ihnen waren seit dem Kriege berufstätig, und ihr Selbstbewußtsein, ihre Emanzipation, ihre Sportlichkeit wuchsen. Modisch erschien eine ganz neue Silhouette: man zeigte Bein. Das Kleid wurde zu einem Futteral mit tiefem Gürtel, und dieses praktische Etuikleid konnten alle Frauen tragen ohne Rücksicht auf den sozialen Stand. Der Kopf mußte dazu so klein wie möglich wirken. Es fiel der Zopf, und der Bubikopf mit seinen Abwandlungen, die Sensation des kurzgeschnittenen Haares, verbreitete sich seit 1925 von Amerika bis in den Fernen Osten.

Als Hüte paßten dazu tief in die Stirn gedrückte, schmucklose, topfartige Formen.

Der Mittelstand bestimmte das durchschnittliche Kleidungsverhalten, die Konfektion eroberte fast alle Schichten, abgesehen von den Modellkleidern einer kleinen, an Paris orientierten geldkräftigen Klasse der Neureichen. Praktische und preiswerte Konfektionsware kam vor allem aus Amerika und brachte eine zeitnahe Mode.

Modern war die »garçonne«, die knabenhafte Frau mit Bubikopf, später mit Herrenschnitt, fast busenlos und langbeinig – Typ Greta Garbo. Sie trug tiefgegürtete, lose Kleider, kniefrei, seit etwa 1924 die Beine in fleischfarbenen, glänzenden Kunstseidenstrümpfen. Das hatte es in der Geschichte der weiblichen Mode noch nie gegeben. Vielleicht haben die Modedeuter recht, die hierin das Zeichen einer sterilen Erotik finden möchten gegenüber der mütterlichen Sinnlichkeit des großen Dekolletés. – Spitze Schuhe aus farbigen Ledern zogen zusätzlich den Blick auf die Beine; raffiniert geschnittene Abendkleider mit tiefem Rückenausschnitt, mit zipfeligen oder geschlitzten Röcken eröffneten ganz neue Einblicke. Dazu der Herr im Smoking – ebenfalls ein noch junges Kleidungsstück, und alles ganz wie im amerikanischen Kino. Diesem Vorbild entsprach auch eine neue Einstellung zur Kosmetik, zu dunkelrotem Lippenstift und lackierten Fingernägeln, Verschönerungskünste, die die bürgerliche Vorkriegsdame nie gewagt hätte. Das alles paßte aber zu dem freien Stil der Tanzsalons und zu den modernen Gesellschaftstänzen.

Im Alltag überwog die sportliche Kleidung, bei den Herren

Knickerbocker und Sweater, bei den Damen die junge, schlanke Mode mit Kostüm und Pullover, alles mit stark männlichem Einschlag.

Die experimentierfreudige Mode der zwanziger Jahre kam zu Beginn der dreißiger Jahre in ihren Grundzügen zur Ruhe; die Taille rutschte wieder an die richtige Stelle, der Rocksaum unter das Knie. In

»seiner Gesamtheit entsprach er (der Modestil) den wirtschaftlichen Verhältnissen der meisten (Bürger) der ersten Hälfte des zwanzigsten Jahrhunderts in den Industriestaaten. Die Silhouette der Kleidung stand, abgesehen von einigen Ausnahmen, im Einklang mit der natürlichen Linie des ... Körpers.«[3]

Städtisch-bürgerliche Kinderkleidung

Knaben

Nach dem Ersten Weltkrieg setzte sich die Reform der Kinderkleidung lebhaft fort; deutlich ging damit eine Versportlichung parallel.

In den ersten Jahren der Weimarer Republik waren noch viele Mütter darauf angewiesen, die Kinderkleidung möglichst selbst zu nähen. Die einschlägigen Zeitschriften und Ratgeber dieser Zeit boten Vorschläge und Schnittmuster, denn es war nicht einfach, trotz der Stoffknappheit die Kinder praktisch und nett zugleich anzuziehen. Auch in den Quellen der Memoiren und Autobiographien wird für diesen Zeitabschnitt die kindliche und jugendliche Kleidung nur selten erwähnt; für die Knaben waren Bleyle-Anzüge am meisten verbreitet:

»Der arme Eugen ..., ach, du liebe Zeit. Der konnte über so etwas nicht lachen, bei dem ging alles tief. Er kam im dunkelblau gestrickten Bleyle-Anzug heim und hatte eine talmigoldene Uhrkette aus der oberen Tasche hängen, ein sauberer Bursch, und kein Wunder, daß die Lieselotte Denzel ...«[4]

Diese Bleyle-Kleidung hatte zudem den Vorteil, daß man abgetragene Hosen oder Jacken nach Bedarf ergänzen konnte; sogar Kunststopfreparaturen übernahm die Firma.

Üblich für Jungen zwischen 11 und 14 Jahren war ein Jacken-

Berliner Gymnasiasten um 1922.

oder Joppenanzug; der erstere ein bißchen eleganter, der Joppenanzug eher praktisch, denn er wurde besonders für die Schule, für Wanderungen und einige Sportarten empfohlen. Kniebundhose und Joppe waren aus widerstandsfähigem Tweed unbestimmter Farbe, während zu dem Jackenanzug zuweilen noch eine Weste gehörte, trotz der nur bis zu den Knien reichenden Hosen.

Zu festlicheren Anlässen sollte der Jackettanzug getragen werden, bestehend aus langer Hose, Weste und glattem Jackett. Die Hose konnte mit einem Schnallenverschluß auf der Rückseite je nach Bedarf enger- oder weitergestellt werden. Dazu trugen die Jungens dunkle Kniestrümpfe und schwarze, geschnürte Schuhe. Ein Wettercape oder weiter Kapuzenmantel aus Lodenstoff – und ein Winterpaletot ergänzten die Knabengarderobe.

Mütter steckten ihre kleineren Jungen gern in kurze Hosen und Kittelblusen, je nach Geschmack als »Russenblusen«, d. h. mit Gürtel und Halsborte, oder als blauleinene »Hessenkittel« bekannt.

Endlich – im 20. Jahrhundert – wurde die Mode wieder kindgemäß. Spielanzüge gab es, die strapazierfähig und gut waschbar waren. Sowohl kleine Knaben wie kleine Mädchen trugen diese einteiligen Anzüge aus Waschstoffen, für die die Spielhosen jetzt gleichsam eine Aufwertung bedeuteten im Sinne der Gleichheit der Geschlechter. Auch Schürzen trugen kleinere Jungen und Mädchen, um die Oberkleidung zu schützen.

Eine Straßenspielgemeinschaft. (Foto 1925)

Die besseren Anzüge der Kleinen setzten sich ebenfalls aus kurzer Hose und einer hochgeschlossenen Jacke aus gleichem Stoff zusammen. Auch weiße »Schillerkragen«[5] waren beliebt und brachten den Wandervogelstil in das allgemeine Kleidungsverhalten. Sie lagen lose über dem Jackenkragen und waren vorne offen. Aber zum dunkelblauen Sonntagsanzug gehörten weiße Hemden mit Schleife oder Krawatte.

Als Kopfbedeckung trugen die Gymnasiasten ab 10 Jahre meist Schülermützen wie in der Kaiserzeit. Hier war die soziale Herkunft am ehesten ablesbar, denn nur Bürgersöhne trugen im allgemeinen Knickerbocker und Schülermützen (vgl. Kap. IX, Schulkleidung).

Arbeiterkinder besaßen meist nur Joppe und Schirmmütze. Ihre verkürzte Jugend war schon äußerlich durch lange Hosen ab etwa 12 Jahren gekennzeichnet.

Nach der Inflation war man sparsam geworden, und die Hausschneiderei stand in Blüte. Mütter und Tanten nähten, strickten, stickten, häkelten alles, was sich machen ließ. Denn Kinderkleidung fertig zu kaufen, war verhältnismäßig aufwendig und noch nicht in dem Maße üblich wie heute.

Auch die Unterwäsche wurde oft im Hause gefertigt. Hier spielte bei den Kleineren das Leibchen zum Anknöpfen von Strumpfbändern und Unterhöschen eine besondere Rolle. Wenn die kleineren Jungen sich dem Alter des Schuleintritts näherten, fand meist der Übergang von Hosenklappe zu Hosenschlitz statt.

Auch die Mädchenkleidung wurde in den Jahren der Weimarer Republik kindlicher und zweckmäßiger. Kurz nach dem Kriege mußte man sich noch mit Ersatzstoffen begnügen:

»Der Stoff von Klein-Anne-Dorothees kurzleibigen Kleidchen ist Kriegsware, karierter, farbiger Papierstoff, der im vielfach gereihten Röckchen und dem kleinen hochangesetzten Frackschoß in drollig steifen Falten absteht. Der ehrbare Schmuck des dunkelbunten, groben und mit künstlerischer Absicht altfränkisch gearbeiteten Kleides ist ein breiter, weißer, steifer Kragen. Ich habe den Verdacht, auch er sei von Papier. Früher hatte man ja hundertfache Auswahl in diesen praktischen waschbaren, jetzt so seltenen Schottenstoffen, die schon den Kindern der Ludwig-Pletsch-Bilderbücher bezwingend niedlich standen: Elsässer Kattun, Zephir und wie sie alle hießen. Auf Bezugsschein sind wenigstens schottische Schleierstoffe und auch wohl einige derbere Wollstoffe, ohne Bezugsschein ja immer eine große Menge seidener Schottenstoffe auch jetzt zu haben.«[6]

Solche Notwendigkeiten prägten in den Anfangsjahren nach dem Ersten Weltkrieg die kindliche Mode – und geben ein lebendiges Bild von den damaligen Verhältnissen in Deutschland.

Auch Monika Mann (geb. 1910) beschreibt die Ersatzstoffe, aus denen selbst so feine Kinder wie sie und ihre Geschwister ihre Kleider genäht bekamen:

»Ein Mädchen namens Sturm Babette war damals meine Freundin. Sie trug ein hemdartiges Kleid aus Rupfenstoff und große Holzstiefel, einen langen Zopf auf dem mageren Rücken und sprach Dialekt wie ein Droschkenkutscher ... Nicht nur die Sturmbabetten, auch wir trugen Rupfenkleider und Holzstiefel und stritten uns wie die Möwen um ein Stück Brot. ... Unsere Rupfenkleider hatten sogar einen gewissen Schick, wir wußten mit den Holzstiefeln leise zu treten, und unsere mit Ersatzseife gewaschenen Pagenköpfe durften nicht ungekämmt sein.«[7]

Aber dann begann ein neues Modeverhalten, und gleichzeitig mit den Emanzipationsbestrebungen vieler Frauen ging auch die Anerkennung der Kindheit als eines eigenen Status einher.

Wenn für die Mütter Bubikopf und kniefrei erlaubt war, so galt der Abschluß des Kleides über dem Knie für die Kinder als modisches Gebot. Im Sommer Söckchen, im Herbst Kniestrümpfe, im Winter lange Strümpfe an Gummiband und Leibchen geknöpft – das alles am Sonntag in Weiß und dazu Lackschuhe: so sahen die Kinderbeine aus. Durch die Konfektionierung der Kindermoden demokratisierte sich das Kleidungsverhalten, zumindest in dem Maße, daß sich der Kreis der bürgerlich gekleideten Kinder sehr vergrößerte. Ein Unterschied bestand hauptsächlich in der – nur verschobenen – sozialen Grenze nach unten und der Dauer der Kindheit.

Je jünger die Mädchen waren, desto kürzer wurden ihre Röckchen. Nach dem Willen der Reformer sollten die Mädchenkleider »hygienisch« sein, d. h. der Gesundheit förderlich. Die drei wesentlichsten Forderungen einer neuen Kindermode lauteten nach der Zeitschrift »Daheim« von 1919:

»... sehr kurzes Röckchen, richtiger tiefer Ausschnitt, völlig freie, nackte Arme! Das Kind soll sich so frei wie möglich bewegen, der Kinderkörper soll im möglichsten Maße mit der Luft in Berührung kommen. Dieser Grundsatz der Minimalbekleidung, winters im durchwärmten Haus,

Mit Bubikopf und tiefer Taille. (Foto 1928)

sommers in der freien Luft, wird von dieser vernünftigen jungen Mutter jedem ängstlichen Einwand gegenüber geradezu als Erkältungsschutz verteidigt.«[8]

Das waren andere Ratschläge als für die Kinderkleidung der Gründerzeit. Die kurzen Kleidchen wurden meist mit einem tiefen Gürtel unterteilt in ein glattes Oberteil, an das sich ein kurzer Faltenrock anschloß. Im Haar prangte besonders an Sonntagen gern der »Propeller«, die große Schleife aus Taft oder Satinband.

Für das Alter von zwei bis fünf Jahren wurden ebenfalls einfache und bequeme Formen empfohlen, d. h. Hänger- oder Kimonokleidchen mit angekraustem oder gefälteltem Rock.

Die sogenannten Russenkleider, das Pendant zur Russenbluse der Knaben und Spielhöschen für kleine Mädchen und Jungen, stellten die beliebtesten Stücke der kindlichen Garderobe dar. Die

Zwei Knaben in Russenkitteln. (Foto um 1925)

Kleiderschnitte der größeren Mädchen ähnelten häufig denen der kleineren, nur waren die Kragen der größeren öfters hochgeschlossen. Je älter die Mädchen wurden, desto tiefer rutschte nach 1930 auch wieder der Rocksaum – bei den Backfischen unter das Knie; Mäntel, Wettercapes und Jacken machten eine ähnliche Entwicklung durch, d. h. je älter die Trägerinnen, desto länger die Bekleidungsstücke.

Nach wie vor gab es zum Schutz der Kleider auch noch die Schürzen. Sie besaßen eine zweite Aufgabe, die weit wichtiger war als der Reinheitswunsch. Die Schürze stellte ein sichtbares Zeichen des Arbeitens dar, des Einübens auf spätere Rollen – vielleicht als Hausfrau und Mutter. Deutlich übernahm die Kindermode aber auch Anregungen aus der Strickmode der Großen: Strickjacken, schön gehäkelte Kleider und Mützen aus mehrfarbiger Wolle. Das war warm und praktisch, knautschte nicht und mußte nicht gebügelt werden. Fieberhaft häkelten und strickten Großmütter, Mütter und Tanten für die Kinder. Es entstand eine eigene Strick- und Häkelmode mit vielen Mustern und Vorlagen in speziellen Zeitschriften. Der Pullover begann seinen Siegeszug als praktisches Kleidungsstück für Kinder und Erwachsene beiderlei Geschlechts.

Für die Kindermode wurde der Pullover mit seinen sämtlichen Spielarten zu einem der wichtigsten Kleidungsstücke. Ob mit V-Ausschnitt oder gar Rollkragen, unifarben oder bunt, glatt oder gemustert, in einfacher oder anspruchsvoller Ausführung, ob als ärmellose Weste, heute »Pullunder«, oder als kurzärmeliger Sommerpulli, ob fabrikmäßig hergestellt oder handgearbeitet.

Die Unterwäsche der Mädchen der zwanziger Jahre bestand aus Hemdhose oder Hemd und Schlüpfer aus Baumwolle bzw. Kunstseide. Die alten Leibchen mit angeknöpfter Hose und Strumpfhaltern verschwanden allmählich aus der Wäscheausstattung. Wollene oder baumwollene Strümpfe wurden durch kunstseidene ergänzt. Im Stadtmilieu verwischte sich die Unterscheidung nach Sozialstufen anhand der Kleidung. Ein Gespräch zwischen einer Lehrerstochter und ihrer reichen Freundin in diesen Jahren zeigt die Entwicklung deutlich auf:

»›Aber Kleider hast du schönere als ich. Und wie gut du aussiehst mit dem Herrenschnitt... Was glaubst du, was mein Vater sagen würd, wenn ich ihm damit käm? Gar nichts würd der sagen, sondern mir den Arsch verschlagen.‹ – ›Lieber das, als wenn du tun kannst, was du willst. Ich bin doch meinen Eltern wurst. Dein Vater aber, der paßt auf dich auf; der will dich so haben, wie er sich ein ordentliches Mädle vorstellt.‹ – ›Ja, mit Zöpf' und so ...‹

Sie stellte sich vor Eva auf, drehte ihre Beine zu X-Beinen, ließ die Zöpfe herabhängen, schielte und machte den Mund auf, als ob sie blöde wäre. Eva sah ihr unbewegt zu; dann sagte sie: ›Laß das doch. Es gefällt mir nicht, weil du so dumm nie aussiehst, trotz deiner Zöpf'. Und wenn du wissen willst, was ich denk: Lieber Zöpf' und bloß Kleider vom Tietz haben, als daheim rutscht immer alles.‹«[9]

Der Zopf. (Olaf Gulbransson 1873-1958)

Anmerkungen

1 Fragen an die deutsche Geschichte. S. 162 f.
2 Metropolen machen Mode. S. 10.
3 Kybalova: Bilderlexikon. S. 323.
4 Lenz, H. (geb. 1913): Andere Tage. S. 17/18.
5 Weber-Kellermann: Kindheit. S. 125.
6 Daheim, Jg. 55/1919. S. 6/7.
7 Mann, M.: Vergangenes und Gegenwärtiges. S. 20-22.
8 Daheim, Jg. 55/1919. S. 6 f.
9 Lenz, H.: Andere Tage. S. 19/20.

Endlich ein Schulkind! (Foto 1921)

IX.
Schulkleidung

Hier scheint es angebracht, sich mit einem besonderen, nur der Kindheit eigenem Bereich zu beschäftigen, der Schulzeit. Diese, je nach sozialer Schichtzugehörigkeit unterschiedlich lange Phase ist eine der wichtigsten im kindlichen Dasein und entspricht in ihrer Bedeutung dem Berufsleben des Erwachsenen.

Historischer Rückblick

Obwohl die allgemeine Schulpflicht in Preußen bereits 1717 eingeführt worden war, begannen die Gedanken der modernen Pädagogik sich erst im ersten Drittel des 19. Jahrhunderts allmählich unter der Bürgerschicht auszubreiten. Aber es sollten noch Jahre vergehen, bis die Erkenntnis sich durchgesetzt hatte, daß eine gute Schul- und Ausbildung wichtiger ist als die Zugehörigkeit zu einer gehobenen Schicht. Nun wurde die gute Schule zum sozialen Privileg.

Obrigkeitsstaaten versehen ihre Mitglieder gern mit Abzeichen, damit die Einordnung eines jeden offensichtlich ist; es liegt auf der Hand, daß in einer ständischen Gesellschaft der Schulbesuch ebenfalls durch eine besondere Kleidung bestätigt wurde.

Schulkleidung mit ihrem uniformierenden Charakter verpflichtete ihre Träger den Schulanstaltsgesetzen. Einen frühen Bericht über eine Schule und ihre selbstgewählte Kleidung gibt Louise Seidler (1796-1866) für Schnepfenthal, das Muster-Internat des aufgeklärten Pädagogen Christian Gotthilf Salzmann (1741-1811):

»An der Spitze der Schnepfenthaler Anstalt stand damals noch der Gründer derselben, Salzmann; seine Söhne und Töchter bildeten einen Teil des Lehrpersonals. Madame Salzmann fiel mir auf durch ihr über den Rücken lang herabhängendes graues Haar, welches ihren einzigen Kopfschmuck ausmachte; sämtliche Lehrerinnen waren ebenso frisiert; ihre Kleidung bestand aus kurzen, engen Gewändern von Drillich, derben Schuhen und Küchenschürzen. Die Lehrer gingen einher in bloßem Halse, ohne Halsbinden, einen gewinnenden Eindruck dagegen machten die sehr sauber gehaltenen Zöglinge in ihren scharlachroten Tuchjäckchen, der Institutstracht. Überall herrschte Munterkeit und Frische, zugleich aber eine wahrhaft spartanische Einfachheit. Der Brunnen im Hofe bildete für Lehrer und Schüler das einzige Waschbecken; der Speisesaal hatte vier weißgetünchte Wände, an denen die Silhouetten der abgegangenen Zöglinge hingen; man saß auf Holzschemeln. Die Kost war wohlschmeckend und reichlich, aber ohne allen Aufwand; vor und nach dem Essen wurde ein Gebet gesprochen.«[1]

Ähnliches wäre für das Fröbelsche Internat Keilhau zu berichten.

Handelte es sich hier um ein bewußt einfaches Leben, zu dem die Kinder auch durch Kleidung erzogen werden sollten, so galt z. B. die englische Collegekleidung der elitären Abhebung von den Nicht-Hochschülern, – ja sogar ›Eton‹- und ›Harrow‹-Boys unterschieden sich noch an solchen Feinheiten wie Kragen im Jackett und Kragen über dem Jackett.

Im deutschen Sprachraum gab es nie – wie z. B. in Frankreich – eine allgemeine Schuluniform, sondern höchstens mehr territorial bestimmte Tendenzen, die freilich dem englischen Stil widersprachen, wie der Vater von E. Frommel (1828-1896) aus eigener Erfahrung zu erzählen wußte:

»Der Großvater, der seinerzeit lange in England gewesen, hatte eine besondere Vorliebe für jenes Land und seine Sitten. So kleidete er auch seine Buben englisch. Ein blaues, feines Wämschen über der Brust, den Hals offen und den weißen Hemdkragen breit über das Wams gelegt, weiße Pantalons und Schuhe; auf dem Kopfe aber nur kurz geschnittene Haare und sonst nichts darauf, kein Hut und keine Mütze; so zogen zum Schrekken der Karlsruher Lyzeisten die englisierten Hunsrücker auf. Denn die Karlsruher ›Herren Buben‹ trugen große lange Überröcke mit gelben Aufschlägen am Kragen und an allen Ecken des Rockes, welcher bis über die Knie ging; gelblederne Beinkleider, die über dem Knie zugeknöpft waren, große Stulpenstiefel und schwarze hohe Halsbinden, aus denen der Kopf mit Mühe herausschaute. Oben auf dem Kopfe pomadisierte und gebrannte Locken und – lange Zöpfe, die bis auf den Boden reichten, wenn sie das höchste Maß der Schönheit hatten, auf dem Kopf ein dreieckiger Hut im Sommer, und im Winter eine dicke Pelzkappe mit langen, oben überliegendem Fuchsschwanz – so stiegen die Eingeborenen daher. So kam's denn bald zu Schlägereien, und die Zöpfe der Schulfüchse mußten gehörig dran glauben, bis endlich Friede ward. Um zehn Uhr erhielten die Reicheren ein Frühstück, bestehend in einem Glas Wein und einem Stück warmem Braten, das die Bedienten im Schulhofe servierten. Oft erzählte uns der Vater, wie die andern, minder Reichen um zehn Uhr zu einem

Bäcker wanderten, der in der Nähe des Lyzeums wohnte. Der backte ›Salzwecke‹ und ›Hörnle‹.«[2]

Schultüte

Meist war für Knaben und Mädchen der Eintritt in die Vor- und Grundschule, also in das institutionalisierte Lernalter, von bedeutungsvollen Zeichen begleitet, die gern in den Kindheitserinnerungen als glänzende Marksteine auftauchen.

Da sei zuerst die *Schultüte* erwähnt. Dieser Brauch verband sich mit dem Zuckerbaum in der Schulklasse, den man den zukünftigen Abc-Schützen versprach, und ist zuerst für das 19. Jahrhundert aus Mitteldeutschland belegt.[3] Ein frühes Zitat für dieses kinderfreundliche Zeichen soll hier folgen:

»Schon zu Michaelis 1836 – ich war also nur wenig Monate über vier Jahre alt – schickte mich mein Vater in die unterste Klasse der städtischen Knabenvolksschule. Sie war in einem dreistöckigen großen Gebäude in der nur wenig Minuten von meinem Elternhause entfernten Bockstraße. Ich war ein kerngesundes Kind mit lebhaftem Temperament und sollte

Internatsuniform um 1825. (Unbekannter Maler)

zunächst, wie mein Vater sagte, stillsitzen lernen. Geschadet hat mir der frühe Schulbesuch nicht. Ich ging von Anfang an gern zur Schule. Der üblichen, mit allerhand Konfekt gefüllten bunten Tüte, die ich bei meinem ersten Eintritt in die Klasse von dem Lehrer bekam, hätte es kaum bedurft, mich für die Schule zu interessieren. Mehr als das Zuckerwerk imponierte mir der neue naturfarbne Tuchrock, den ich aus Anlaß meines ersten Schulbesuchs erhielt. Bis dahin hatte ich entweder ein ›Habit‹, d. h. eine mit der hinten zugeknöpften Hose vereinigte Jacke oder einen ›Kittel‹ getragen. Den Rock empfand ich als einen gewaltigen Fortschritt. Ich muß in dem neuen Rocke besonders würdig ausgesehen haben. Denn die Meinigen stellten mich darin vor sich hin und behaupteten, der Junge sähe in dem Bratenrocke wie ein behäbiger Pachter aus. Eine ganze Weile, wohl solange der Rock hielt, wurde ich zuhause der ›Pachter‹ genannt und gerufen.«[4]

Schultasche

Hier wird nun bereits ein weiteres wichtiges Schulrequisit erwähnt, der Ranzen oder die *Schulmappe.*

Ihre Vorläufer waren genähte Schultaschen oder einfach ein Riemen, der die Bücher und Hefte zusammenhielt.

Wie wichtig der Besitz einer solchen Spezialtasche einem Kindergemüt vorkam, erzählt der Arzt Carl Ludwig Schleich (1859-1922):

»Ich weiß nur noch von einem Eintritt in eine Spielschule und daß ich unter großer häuslicher Aufregung, ausgestattet mit einem karierten und gegurteten Kittel, um das Leibchen eine sehr schöne perlenbestickte Tasche gehängt, durch ›unsere Berta‹ in irgendein muffiges Lokal gebracht wurde, von dem ein Liniensystem von Bänken in meinem Gedächtnis haften geblieben ist wie ein Gradierwerk, in das wir kleinen stullenbewaffneten Opferlämmer der Bildung eingepfercht wurden.«[5]

In den Schulzeiten der Fanny Lewald (1811-1889) waren, wie sie schreibt, noch jene beutelartigen Taschen üblich, deren Schlaufen man ordentlich über den Arm zu streifen hatte; es war wichtig,

»... sich bei dem Fortgehen aus der Schule auf das Sorgfältigste anzuziehen. Nichts an sich in Unordnung zu haben, war ein unumstößliches Gesetz. Die kleinen Mädchen wurden von den Großen angekleidet, und manchmal, wenn man es sich gar nicht versah, stand Herr Ulrich an irgend einer Straßenecke, um zu sehen, ob wir auf dem Wege auch nicht stehen blieben, ob wir nicht laut sprächen, oder sonst irgend eine Nachlässigkeit an uns zur Schau trügen. Einem Mädchen, das einmal im Nachhausegehen ihren Arbeitsbeutel über die Schulter geworfen hatte und so einhergeschlendert war, wurde dies lange Zeit zum Vorwurf gemacht, und bei jedem Tadel über ein Versehen wurde der Armen der Vorwurf eingeschoben: freilich, wer sich den Pompadour über die Schultern hängt, der kann auch dies und das tun.«[6]

Später kamen dann Ledertaschen auf:

»Als ich sechs Jahre alt geworden war ... –, hieß es eines Tages: ›Nun kommst du in die Schule‹. Darauf soll ich gefragt haben, ob ich nun auch wie die Großen an den Sonntagen frei bekäme, und da man mir diese Freiheit verhieß, so hatte ich den innigen Wunsch, in die dritte Vorklasse aufgenommen zu werden. Der Ranzen mit Seehundsfell, die hellgraue Federbüchse und vor allem die Butterbrotdose, gelb lackiert, mit der Aufschrift ›Guten Appetit‹ verlockten zu herrlichen Aussichten.«[7]

Mädchen mit Schultaschen. (Gustav Adolf Hennig 1797-1869)

Aber erst zu Ende des 19. Jahrhunderts wurde – in Verbindung mit allgemeinen Reformbestrebungen – aus gesundheitlichen Gründen der Rückentornister eingeführt, und sogleich begann damit auch eine geschlechtsspezifische Fixierung, die bis nach dem Zweiten Weltkrieg ihre Geltung bewahrte:

»Man lachte mich aus, weil ich einen Bubenschulranzen hatte, er war noch von meinem älteren Bruder. Bei einem Bubenschulranzen bedeckte die Umschlagklappe die ganze Vorderseite, bei einem Mädchenschulranzen nur die Hälfte.«[8]

Heute werden die Schulranzen nach medizinischen und verkehrstechnischen Aspekten entworfen. In ihrer Farben- und Musterpracht mit den reflektierenden Rückstrahlern sind sie leicht zu tragen und popfarben für den Kindergeschmack und wegen der Verkehrssicherheit.

Der Übergang zu einer Aktenmappe im Alter von etwa 12 Jah-

Die neue Aktentasche. (Foto 1962)

ren bedeutete für die vorige Generation einen großen Einschnitt; heute tragen auch ältere Kinder noch die gesunden Rückenmappen und finden das durchaus schick.

Alle diese Dinge gehören zur Kinderkultur, wenn sie auch die Wirtschaft produziert und die Eltern kaufen. Ihr Aussehen und den Zeitpunkt ihrer Adaption bestimmen die Kinder – mit und ohne Anleitung der Erwachsenen.

Schulschürzen – Schulkleidung

In den zitierten Berichten über die Schulrequisiten waren immer auch Bemerkungen über die Kleidung enthalten. Ob hier für den deutschen Sprachraum eine systematische Beschreibung möglich ist, scheint zweifelhaft. Für Mädchen gab es zumindest ein deutliches Zeichen: die *Schulschürze*. Sie wurde entweder über dem Kleid getragen oder als Kittelschürze anstelle des Kleides, z. B. aus weißem Leinen, schwarzem Alpaka oder aus gestreifter Baumwolle, und um so schicker geschnitten, je vornehmer die Schule war. Die Gemeindeschulen schrieben zuweilen recht altmodische schwarze Kleiderschürzen vor. Streng verboten waren eigene Schürzenordnungen und damit jede Eigenwilligkeit.

Strukturell bedeuteten die Schürzen ein Zeichen der Kindheit. Sie waren jedoch ein von Erwachsenen erdachter Kleidungszwang mit der wohlgemeinten pädagogischen Absicht, die Kinder vor Eitelkeit und Überheblichkeit zu bewahren. Das war jedoch nur die eine Seite dieser Uniformierung, bei der die Erzieher nicht bedachten, welchen Verlust an sensibler Körperempfindung sie ihren Zöglingen zufügten. Alice Herdan-Zuckmayer hat in ihren Kindheitserinnerungen aus Wien (um 1900) die mit der Schulschürze verbundenen Empfindungen beschrieben:

»An den Wänden des Ganges hingen an hellen Messinghaken schwarze Gestalten, die sich im Luftzug bewegten. Über einem der Messinghaken stand mein Name. Ich mußte meinen schönen Mantel ausziehen, ich mußte das Schwarze vom Haken nehmen und über mein Kleid anziehen. Der Matrosenkragen verschwand unter dem engen runden Ausschnitt, die Handgelenke wurden eingezwängt in enge Manschetten, jemand, der hinter mir stand, knipste die Drücker am Rücken zu, und dann war man eingesperrt in die schwarze Lüsterschürze. – Die Schürze war in scharfe Falten gelegt, ihr Stoff fühlte sich an wie Nesseln und rauhe Wolle, die

Hände mochten sie nicht berühren, und nur die Fingerspitzen betupften manchmal den glänzenden Lackgürtel, der das Schürzenkleid umschließen durfte.«[9]

Daß hin und wieder sogar das Schürzenmaterial zum hierarchischen Abzeichen wurde in erbitterten Gruppenkämpfen, beschreibt Margarete Lenk (1841-1917) aus Dresden. Es handelt sich um die Straßenschlachten zwischen »Patriziern« und »Plebejern«, auf deren Seite sie sich als sozial empfindendes Kind geschlagen hat:

»Es ist ganz unglaublich, wie hochmütig und gewalttätig sich die Patrizier gegen uns benahmen! Hatten sie seidene Schürzen an, während die unsern von buntem Kattun waren, trugen sie Lackstiefelchen und wir nur schlichte Halbschuhe, so war des Spöttelns und Krittelns kein Ende. Als sie aber endlich sogar einen gewissen Tribut von Schieferstiften, Kandis-

In der Schulschürze bei den Schularbeiten.
(Fritz von Uhde 1848-1911)

zucker und bunten Läppchen von uns forderten, kam es zu offener Empörung, die nach der Schulzeit nicht selten in wirklichen Kampf ausartete. Als Waffen dienten dabei Lineale und die kleinen hölzernen Stellagen, die wir im Zeichenunterricht benutzten.«[10]

Diese Opposition in Kleidungszeichen erinnert bereits an die Punks und Popper der Gegenwart.

Was nun eine eigentliche *Schulkleidung* anbetrifft, so gibt es darüber widersprechende Angaben.

Zu Beginn der allgemeinen Schulpflicht, zu Anfang des 19. Jahrhunderts, scheint es in Preußen kurzfristig eine Art von Schulmontur gegeben zu haben, die sowohl den militaristischen Charakter des Unterrichts kennzeichnete, wie auch als eine Art Einkleidung armen Kindern den Schulbesuch ermöglichte, denn meist hing dieser mit dem Besitz von Schuhen, einer Hose usw. zusammen:

»Im zweiten Schuljahr konnte ich schon dürftig lesen, schrieb kleine Sätze auf die Tafel und addierte im Kleinen. Doch als ich so im besten Zuge war, mußte mein Schulgehen wieder beschränkt werden. Es trat ein strenger Winter ein, ich hatte keine *Schuhe* auf die Füße und auch nichts Warmes anzuziehen. Ich habe bitterlich geweint, als ich zu Hause bleiben mußte.

Früher vor dem unglücklichen Krieg bekamen die Knaben eine Art Montur geliefert. Sie bestand aus einer dunkelgrünen Jacke mit hellgrünem Kragen und Aufschlägen, einer roten Weste mit einer Reihe zinnernen Knöpfen, weiß wollenen Hosen, Commisschuhe und einer grauen Mütze mit rotem Brehm. Mein Bruder Friedrich hatte noch in seiner ersten Schulzeit eine solche getragen, aber ich bekam davon nichts mehr; weil das Alte zerrissen war und Neues nicht mehr geliefert wurde.«[11]

Theodor Fontane (1819-1898) beschreibt für die zwanziger Jahre das Schulleben in einer pommerschen Kreisstadt (Swinemünde):

»... ehe eine Woche um war, war ich Schüler der Stadtschule. Nur wenig ist mir davon in Erinnerung geblieben: eine große Stube mit einer schwarzen Tafel, stickige Luft trotz immer offenstehender Fenster und zahllose Jungens in Fries- und Leinwandjacken, ungekämmt und barfußig oder aber in Holzpantoffeln, die einen furchtbaren Lärm machten. Es war sehr traurig. Ich verknüpfte jedoch damals, wie leider auch später noch, mit ›in die Schule gehen‹ so wenig angenehme Vorstellungen, daß mir der vorgeschilderte Zustand, als ich seine Bekanntschaft machte, nicht als etwas besonders Schreckliches erschien. Ich ging eben davon aus, daß es so sein müsse.«[12]

Ganz anders waren zur gleichen Zeit die schwäbischen Schulkinder gekleidet:

»Da saß ich im Pfarrstüble sittig neben der Großmama; ringsum im Schiff der Kirche die geputzten Frauen und Mädchen mit Blumensträußen am Mieder; im Chore die etwas unruhige Schuljugend, die Knaben in kurzen Lederhosen und Schnallenschuhen; auf der Empore das Mannsvolk.«[13]

In den Kindheitserinnerungen an die Kleidung in der Schule kommt immer wieder ein sozialer Klassengeist zum Ausdruck, ein kleiderstolzes Prestigedenken, das sich in vielerlei Formen auch in den folgenden Generationen fortgesetzt hat und die Uniformierungsbemühungen der Pädagogen bis zu einem gewissen Grade verständlich macht. Besonders zeigte sich dieses Verhalten bei festlichen Gelegenheiten, wenn man zeigen wollte, was man war und hatte. M. Lenk beschreibt ihren Schulball nach dem Abschlußexamen:

»Zu diesem Feste hatte uns die gute Mutter so nett gekleidet, als es unsere schlichte Garderobe erlaubte. Wir trugen hübsche helle Kleider, Korallenschnüre um den Hals, und an Mariens schönen langen Zöpfen prangten nagelneue Bandschleifen. Mein Haar war dünn und kurz verschnitten bis zum zwölften Jahre.

Als wir fröhlich und erwartungsvoll den Saal betraten, sahen wir uns einer Schar aufgeputzter Miniaturdamen gegenüber, in denen wir unsere Mitschülerinnen kaum erkannten. Künstliche Frisuren, feine weiße, mit Spitzen und Bändern überladene Kleider, durchbrochene Strümpfe und Tanzschuhe, ja sogar der für Kinder so unpassende Goldschmuck war vorhanden.

Alsbald begann das Bekritteln und Verspotten unseres Anzugs, das mir dummem Kinde ganz unverständlich war.«[14]

Kinderhierarchie gab es in dieser Ständegesellschaft schon auf den untersten Stufen, wie es Friedrich Hebbel (1813-1863) für die Zeit beschreibt, als seine Eltern deutlich verarmten:

»Dann fing man an, auf uns Kinder zu hacken. Die alten Spielkameraden zogen sich zurück oder ließen uns den eingetretenen Unterschied wenigstens empfinden; denn der Knabe, der einen Eierkuchen im Leibe hat, blickt den von der Seite an, der sich den Magen mit Kartoffeln füllen muß; die neuen hänselten uns und zeigten sich widerwärtig, wo sie konnten, ja, die Pflegehaus-Jungen drängten sich heran. Diese, arme Waisen, die auf öffentliche Kosten in einem Mittelding von Mildtätigkeits-Anstalt und Hospital unterhalten wurden, bildeten nämlich die allerunterste Klasse; sie trugen graue Kittel, hatten in der Schule ihre eig'ne Bank und wurden von Allen gemieden, so daß sie sich selbst als halbe Aussätzige betrachteten und sich nur dem näherten, den sie verhöhnen zu dürfen glaubten.«[15]

Einen besonderen Tummelplatz für schulinterne Hierarchie und einen vielfach gestaffelten Klassengeist aber bildeten die Internate, wo ein solches Denken offenbar als gesellschaftsimmanent geduldet wurde. So war es z. B. in der Knabenschule des Klosters Blaubeuren um 1860 üblich, daß die 14-15jährigen einen Spazierstock trugen, um »den heranwachsenden Jüngling vom bloßen Knaben« zu unterscheiden.[16]

Die Besucher der höheren Klassen verlangten von den unteren Klassenangehörigen, ausgiebig bedient und sogar mit »Sie« angeredet zu werden, und es herrschte an den Internaten – und übrigens auch in den Klosterschulen – eine Hierarchie, die uns heute ganz unglaubwürdig erscheint, deren Kenntnis aber den damaligen Kindern für die Bewältigung ihres alltäglichen Lebens sehr wichtig war. Hans Carossa (1878-1956) gibt in seinem Erinnerungsband eine eindrucksvolle Schilderung jener Zustände in einem bayerischen Internat, in dem die Zöglinge eine regelrechte militärische Satzung des Verhaltens aufgebaut hatten:

»Ganze Gymnasiastengeschlechter hatten daran gearbeitet, Formen zu erfinden, welche die ungeheure Würde der Gemeinschaft ausdrückten. Kam es bei Besuchen von Verwandten vor, daß zwei Zöglinge verschiedener Klassen einander draußen in der Stadt begegneten, so grüßten sie einander nicht minder feierlich wie etwa die beglaubigten Vertreter zweier Großmächte; todernsten Blicks, mit waagrecht weit hinausgehaltenem Hut gingen sie aneinander vorüber, und ohne Rücksicht auf begleitete Mütter oder Onkel hatte der Niedrigere den Bürgersteig in großem Bogen zu verlassen. Dagegen hätte es als unehrenhaft, ja verräterisch gegolten, einem zu grüßenden Lehrer auch nur um ein Strichelchen mehr Achtung zu bezeigen, als die Satzung vorschrieb.«[17]

Schülermützen

Das war nun allerdings eine Einübung in die Klassengesellschaft par excellence, verbunden mit vormilitärischer Disziplin. Ihre äußerste Objektivierung bildeten die bunten *Schülermützen*. Die psychologische Bedeutung der Kopfbedeckungen im Sinne von Abzeichen verschiedenster sozialer Gruppen und Auszeichnung innerhalb der Hierarchie dieser Gruppen ist bekannt. Die Auszeichnungsfunktion der Haube für die verheiratete Frau, des Hutes für den erwachsenen Bürger, der Kappe für den Gläubigen, der Rangabzeichen an der Mütze für den Soldaten, um nur einiges zu nennen, bestimmen die inneren Ordnungen der Gruppen.[17] In dieses System gehört die Schülermütze gewissermaßen als Extremfall.

Es begann ganz harmlos.

Schon in den frühen vierziger Jahren des 19. Jahrhunderts versuchten die Schüler der gymnasialen Oberklassen, sich wie Studenten zu kleiden, d. h. sie übernahmen die Zeichen revolutionärer Gesinnung wie die schnürenbesetzte Pekesche, den »Polenrock«, in Begeisterung für den Freiheitskampf der Polen.[18] Schon die Quintaner und Quartaner trugen ihre Bücher unter dem Arm »und ein keckes blaues Mützchen mit rot- und goldenem Bande«.[19]

Bestimmte Kleidungsweisen ließen die Schule erkennen, die der Knabe besuchte. Der kleine Lenk bekam »seinen Gymnasiastenrock und neue Pumphöschen beschert«, dazu die »Kreuzschülermütze«.[20] Eine regelrechte Schuluniform trugen die Schüler der Hasselschen Knabenanstalt in Frankfurt am Main und präsentierten sich damit zum Wäldchestag:

»Mit seiner Anstalt auch in der Öffentlichkeit zu prunken, seine körperlich geistig geschulte ›Garde‹ den Mitbürgern wie zu einem gern gesehenen Schauspiel unter die Augen zu rücken, bereitete dem Bruder des beliebten Schauspielers Freude und trug mit dazu bei, die aufstrebende Anstalt in der Stadt volkstümlich zu machen. Das trat besonders bei dem sog. Maifest hervor; hier gelang es Hassel in der Tat, die Anteilnahme eines großen Teiles der Bürger zu gewinnen. Nahte der von uns Jungen heiß ersehnte Tag, waren die Eichen und Buchen des Stadtwaldes voll belaubt, das Wetter sonnig und warm, so wurde früh am Morgen aus unserer Kaserne, dem großen Schulhof ausgerückt, wir hundert und mehr Knaben gleichmäßig und schmuck gekleidet: auf dem Kopfe die blaue Sammetmütze mit dem Silberstreifen am Rand, die wir auch auf unseren Schulwegen trugen, um allen auf der Straße kund zu tun, daß wir Hasselaner seien, schneeweiße Beinkleider mit roten, auch über die Brust gehenden Trägern, darüber – natürlich ohne Weste – eine gleichfarbig dunkle, vorn offenstehende Jacke.«[21]

Die 48er Ereignisse brachten einen demokratischen Einfluß in die Knabenkleidung. Aus Berlin berichtet der Schriftsteller Georg Ebers (1837-1898) für die Zeit der Barrikadenkämpfe:

»Wo sonst das ernste preußische Schwarz und Weiß zu sehen gewesen und an vielen anderen Stellen fand man sie damals, und wehe dem Kna-

Acht Gymnasiasten mit Schülermütze. (Foto um 1900)

ben, der ohne eine schwarz-rot-goldene Kokarde an der Mütze in die Schule gekommen wäre; der Unterricht aber begann gewiß schon vor dem Beerdigungsfeste von neuem; denn die Mutter mußte – so gebot es der Terrorismus der Mitschüler – zu Ehren der gefallenen Freiheitskämpfer unsere Kokarden mit Flor umnähen.«[22]

Und in Frankfurt am Main war es nicht anders:

»Als am 10. März selbst der Bundespalast in der Eschenheimerstraße die schwarz-rot-goldene Fahne aufhißte, zogen wir jubelnd vorüber, nicht nur an den Mützen die dreifarbige Schleife, auch über der Brust das gleiche geliebte Band, als ob wir schon Burschenschafter wären; ja selbst die Schulmappe prangte auf dem Umschlag in den drei Farben.«[23]

Waren hier also noch immer Bewegungen mit im Spiel gewesen, die die gesamte Bevölkerung betrafen und nur von den Schülern und Studenten mit besonderem Engagement vertreten wurden, so änderte sich das im Kaiserreich. Auch jetzt gab es noch Steigerungen durch Zusatzzeichen, wie Theodor Lessing (1872-1933) berichtet:

»Im Jahre 1879 kam der greise Kaiser Wilhelm I. zum ersten Mal nach Hannover ... Vor dem Einzug des alten Kaisers wurden wir im Schulhof an der Prinzenstraße versammelt, und dort erhielt jeder Junge ein Eichenreis, das wir an die bunte Klassenmütze steckten. Von Herrn Meier, dem ungeheuer dicken Lehrer, wurde uns eingeprägt: ›Bei jedem Prinzen schwenkt ihr die Mützen und ruft Hurrah. Aber wenn Bismarck kommt, dann schreit jeder, so laut er schreien kann: Hurrah Bismarck! Wer kann am lautesten?‹ Mein Entschluß stand fest: ich werde nicht mitschreien. Ich werde keinen Prinzen grüßen. Und wenn Bismarck kommt, dann werde ich ihn spüren lassen: ›Ich verachte dich.‹ Dieses Stückchen Fronde war für einen sechsjährigen Knirps keine Kleinigkeit.«[24]

Die bunte Schülermütze schied nun ausschließlich die Gymnasiasten von den Nicht-Gymnasiasten und wurde zum sozialen Rangabzeichen besonderer Art. Erich Kästner (1899-1974) hat in seinen Kindheitserinnerungen die Würde und Unwürde dieser Schülermode dargestellt:

»Nach den ersten vier Schuljahren verabschiedete sich etwa die Hälfte meiner Mitschüler, verließ die Tieckstraße und tauchte nach Ostern, stolz mit bunten Mützen, in den Sexten der Gymnasien, Realgymnasien, Reformgymnasien, Oberrealschulen und Realschulen wieder auf. Es war nicht die bessere Hälfte, doch die Dümmsten darunter bildeten es sich ein. Und wir anderen waren zwar in der Tieckstraße, nicht aber geistig zurückgeblieben. Alle miteinander wußten wir, daß die Frage ›Höhere Schule oder nicht?‹ nicht von uns selber, sondern vom väterlichen Geldbeutel beantwortet worden war.«[25]

Nur einen Gegenbericht habe ich in den gelesenen Kindheitserinnerungen gefunden:

»Aber für eines bin ich unserem Gymnasium doch wieder dankbar, daß es uns außerhalb der Schule in Ruhe ließ und mit jener Sittenpolizei verschonte, die man jenseits der bremischen Grenzen in Preußen für notwendig hielt. Bei uns ging es gemütlicher zu. Klassenmützen wurden nicht getragen. Ein schüchterner Versuch, sie einzuführen, scheiterte an dem einmütigen Widerstand der kleinen Republikaner.«[26]

Die Schülermützen waren meist den Knaben vorbehalten und nur selten an Mädchenlyzeen üblich. Sie bestanden aus Tuch, für die Oberprima oft aus feinerem Material, und hatten einen lackledernen Schirm. Der Rand trug wiederum klassenbezeichnende bunte Streifen. Die Farben wechselten von Schule zu Schule, von Stadt zu Stadt; in Marburg etwa sahen die Schülermützen der Lateinschule, des Philippinums, folgendermaßen aus:

Sexta:	blau mit weißblauen Streifen
Quinta:	blau mit goldenen Streifen
Quarta:	orange mit blauen Streifen

Eine bemützte Mädchenklasse. (Marburg 1925)

Untertertia:	grün mit weißen Streifen
Obertertia:	grün mit roten Streifen
Untersecunda:	rot mit silbernen Streifen
Obersecunda:	schwarz mit goldenen Streifen
Unterprima:	weiß mit blauen Streifen
Oberprima:	weißer Samt mit blauen Streifen und Silberlitze.

Aus Berlin erinnere ich mich, daß die Oberprimaner in der Schule meines Bruders weiße Mützen aus Seide trugen.

Eine vorsichtige Analyse dieser Mützenhierarchie läßt das System der Rangordnung deutlich erkennen. Die nächsthöhere Klasse setzte sich stets durch ein optisch wirksames Zusatzsignal zu der Mützenfarbe von der vorangegangenen ab: goldene Streifen, rote Streifen. So hatten die Mützen in der Öffentlichkeit nicht nur die Wiedererkennungsfunktion, einen Gymnasiasten einer ganz bestimmten Schule vor sich zu haben – sie ließen auch den Klassenfortschritt deutlich sehen und veröffentlichten gewissermaßen die Blamage der Sitzenbleiber. Sie unterstützten also das Leistungsstreben ebenso wie den ständischen Hochmut.

Die Schülermützen waren das äußerste an Zeichensetzung für unsoziales Verhalten, das eine Gesellschaft ihren Kindern mitgeben konnte. Als die Nazis diese Unsitte verboten und z. B. in Marburg die Schülermützen öffentlich verbrannten, begeisterten sie mit dieser pseudosozialistischen Tat viele Jugendliche, die noch nicht durchschauten, daß der geschmähten Klassengesellschaft eine tödliche Rassengesellschaft folgen sollte.

Eine ehrliche Kindheitserinnerung an die Zwänge normierter Schulkleidung mag dieses Kapitel beschließen und zugleich erhellen, daß Kleidung hier nur einen Teil einer Gesamtstruktur bedeutet, wenn auch einen wichtigen, weithin sichtbaren:

»In Hedwig Drammers Privatinstitut habe ich gelitten, wie nur ein scheues, introvertiertes Kind zu leiden vermag. Ich kam aus einer Kleinstadt, mein Deutsch hatte den typisch badischen Akzent, wenn es auch keineswegs Dialekt war. Meine Schulschürze war anders geschnitten, mein Schulhut zu groß oder zu flach; ich trug nicht die richtigen Halbschuhe, mein Schulranzen erregte schallendes Gelächter, in Köln trugen höhere Töchter ihre Bücher in Mappen.«[27]

Turn- und Sportkleidung

Zur Schulkleidung gehörte in zunehmendem Maße auch der Turnanzug, und es gab sicher viele Menschen, deren einzige Begegnung mit dem Sport sich auf die Schuljahre beschränkte.

So sei – wie schon bei der Schulkleidung – auch hier ein kurzer Gesamtüberblick gegeben, womit wiederum weniger eine vollständige Faktenübersicht geleistet werden soll als vielmehr ein Einblick in Tendenzen und Einstellungen.

Die Sache beginnt mit dem »Turnvater« Jahn (1778-1852). Der Berliner Karl Gutzkow (1811-1878), in seiner Jugendzeit ein begeisterter Anhänger der Turnerbewegung, beschreibt ihren damaligen ideologischen Gehalt, das Aufeinanderprallen der alten und der jungen Generation, der konservativen und der deutschtümelnden Ideen im Ausdruck der Kleidung:

»Der Vater nahm an der altdeutschen Tracht den entschiedensten Anstoß, verspottete mit der bittersten Abneigung Jahn, den Turnlehrer, und erstickte die heißeste Neigung des Knaben, sich im Zwillichkittel für die Hasenhaide anwerben zu lassen, unbedingt. Der Altpommer tat dies mit einer Flut von Verwünschungen so gottlosen, hochmütigen ›Narrentreibens‹. Es stellte sich schon allmählich in der Zeit der Bruch zwischen Stillstand und Bewegung heraus, ein Bruch, der einem nun in die Nähe von hohen Stabsoffizieren gerückten Manne früher zum Bewußtsein kommen mußte als der Masse, die erst durch die Einkerkerungen der akade-

Spiel und Sport der Kinder 1827. (Moritz von Schwind 1804-1871)

mischen Jugend stutzig wurde. Auch die bis zum neuesten Datum so angewachsene Verachtung der Volkswehr durch die disziplinierte Armee gab sich in den Worten kund, daß diese jungen Boxer und Balger in der Hasenhaide, mit ihrem ›Hansnarrn‹, dem Professor Jahn, an der Spitze, beim ersten Kanonenschuß, den sie von den Franzosen hören würden, alle davonliefen. Das Turnen wurde für die überflüssigste Spielerei erklärt, die noch dazu die Gefahr der Verwilderung brächte, wofür es freilich Beispiele genug gab. Der Kriegstaumel spukte noch so in allen Köpfen nach, daß von der Schuljugend in den Straßen die wildesten Scharmützel geliefert wurden. Vor dem eignen Haustor erlebte man eine dieser Schlachten, die von einem Turner mit einem grünen italienischen Fischernetze auf dem langbehaarten Haupte masanielloartig befehligt wurde und einige blutende Opfer zur Folge hatte. Dem militärischen Sinne des Vaters waren schon diese langen Haare ein Greuel. Er nannte diese neue Mode Lichtstecken, Talglichte, Besenreiser, Flachswocken – Junker Tobias von Rülp konnte von Junker Christoph von Bleichenwangs Perücke nicht anzüglicher reden. Die grauen Kittel und Hosen der Turner wurden mit den Zwillichkitteln der Festungssträflinge verglichen. Von Jahn hieß es, dieser Mann ›sollte sich der Sünde schämen, so niederträchtige Narrenstreiche mit den Kindern aufzuführen‹. Ein einziger ›Bauernjunge aus Klempenow oder Löcknitz bräche diesen Taugenichtsen in der Hasenhaide alle Rippen entzwei‹. Stangenklettern, Reckspringen, Boxen und Ringen waren diesem Zuchtprediger ›brodlose‹ Künste. Und als dann Kotzebue von einem solchen Turner ermordet wurde, da ›hatte man die Bescherung‹. Die Hasenhaide wurde geschlossen, Jahn gefänglich eingezogen, die Turnerei als staatsgefährlich für lange Jahre verbannt.«[28]

Leibesübungen, lange Haare, Zwillichkittel – das alles klang nach Aufruhr – und mußte bekämpft werden.

Doch später wurde den Turnübungen mehr Verständnis entgegengebracht, wie sich Robert Bosse (1832-1901) erinnert:

»Daß ich am Turnen teilnehmen mußte, verstand sich von selbst, und der einfache Turnanzug aus grauem Drillich wurde auch in der Schule und zuhause mit Vorliebe getragen.«[29]

Ein halbes Jahrhundert später erscheint der Sportunterricht allmählich in den Lehrplänen der Schulen, wozu auch eine eigene Kleidung gehörte und oft eine spezielle Mütze; deren Verwandtschaft zur Schüler- und Studentenmütze war unverkennbar, wie der schwarzlackierte Schirm Reinhard Pipers für die Zeit um 1890 beweist:

»Die Schule hatte keinen Turnsaal, und so wurde nur im Sommer geturnt, und zwar vor der Stadt auf einer Wiese. In weißem Drillichanzug und mit weißer Mütze, die einen schwarzen lackierten Schirm hatte, marschierten wir mit Trommeln und Pfeifen hinaus. Natürlich bekamen die weißen Hosen schnell grüne Knie. Mit Trommeln und Pfeifen ging's dann auch abends wieder zum Schulhaus zurück.«[30]

Turnkleidung der Reformzeit.
(Antonie Steimann: Die tüchtige Hausfrau. 1913, I/S. 313)

Im Turndress. (Foto 1924)

Wenn dazu noch »Ich hatt' einen Kameraden« gesungen wurde, war klar, daß diese Kleidung gerade in der Kaiserzeit einen Zeichencharakter besaß, der die Jugendlichen unmißverständlich auf spätere gesellschaftliche Rollen und Militarismus hinweisen sollte.

Die Versportlichung der Kinderkleidung setzte sich in Deutschland wesentlich später durch als beispielsweise in England. Hier hatte man schon 1860 den Kindern Badekostüme gemacht, zuerst aus den flanellenen Nachthemden und später aus blauem Serge oder Jersey mit niedlichen Puffärmelchen und knielangen Hosen.[31]

In Deutschland dauerte alles ein bißchen länger; sportliche Pullover und bequeme Schuhe zogen aber auch hier ein, nachdem Turnen als Fach in den Unterrichtskanon eingegliedert war. Zum Turnunterricht gehörten die schwarze Turnhose und das ärmellose weiße Baumwollhemd, die sich bis heute nicht grundlegend geändert haben. Die Turnhosen wurden im Schnitt knapper, die Farbe ist nicht mehr ausschließlich schwarz. Die Hosenkleidung der Mädchen begann; 1928-30 kam der Trainingsanzug auf – eine sportliche Vielzweckgewandung. Bestehend aus langärmeliger Schlupfbluse und langer Hose, an den Knöcheln und in der Taille durch einen Gummizug zusammengenommen, wurde er ursprünglich aus dunkelblauem dicken, innen angerauhtem Baumwolltrikot angefertigt, bald auch in anderen Farben. Rasch entwickelte sich diese praktische Kombination zum Standardanzug aller Turner oder Sportler jeder Altersstufe und jeder sozialen Schicht. Nach dem Zweiten Weltkrieg waren die alten Trainingsanzüge zunächst die Allerweltskleidung der Kinder, und die ausgewaschenen, einst dunkelblauen, formlos gewordenen Pumphosen bestimmten das Straßenbild. In den fünfziger, sechziger Jahren wurde dann der einfache Trainingsanzug zu einem vielfarbigen, qualitativ verfeinerten Bekleidungsstück; er gewann an Beliebtheit sowohl im Schul- wie im Leistungssport, aber auch aus der Freizeitmode ist er nicht mehr wegzudenken; bei jedem Wetter und zu jeder Jahreszeit, als winterliche Sportkleidung beim Rodeln, zum Ski- und Schlittschuhlaufen war und ist er unentbehrlich.

Der Skianzug kam als Norwegeranzug nach dem Ersten Weltkrieg zu uns, 1935 mit der Keilhose, zu der man den Anorak – eine vielgestaltige Windjacke – trug. Heute wird der enganliegende gefütterte, auffällig gefärbte Kunstfaseranzug von groß und klein gleichermaßen bevorzugt. Den gleichen Veränderungen unterlag auch das Zubehör wie Schuhe, Mützen, Schals, die mit ihren Vorgängern nur noch den Namen gemeinsam haben.

Schon an der Vielfalt der Sportkleidungen läßt sich eine Akzentverschiebung von einer reinen Zweckkleidung zu einer modisch beeinflußten feststellen. Kleidung im »sportlichen Stil« umfaßt heute eine praktische Mode. Sportkostüm, Sportkleid, Sportschuhe etc. sind Kleidungsstücke, die im Alltag, auf der Straße, getragen werden. Ebenso verhält es sich mit der sportlichen Kindermode, die nun aber als eine mehr unempfindlichere und noch pflegeleichtere verstanden wird. Besonders die Maschenmode, die Pullover, sind seit dem Ersten Weltkrieg zum unentbehrlichen Teil der Kinderkleidung geworden.[32]

Anmerkungen

1 Seidler: Erinnerungen. S. 16.
2 Frommel: Familienchronik. S. 11 f.
3 Schmidt: Volksglaube. S. 305; Scheufgen: Schulaufnahme. S. 24 ff.
4 Bosse: Aus meiner Jugendzeit. S. 39; vgl. weiterhin Weber-Kellermann: Kindheit. S. 132 f.
5 Schleich: Besonnte Vergangenheit. S. 22 f.
6 Lewald: Lebensgeschichte. S. 116 f.
7 Lessing: Einmal und nie wieder. S. 104.
8 Wimmer: Kindheit auf dem Lande. S. 33.
9 Herdan-Zuckmayer: Kästchen. S. 43.
10 Lenk: Aus meiner Kindheit. S. 98 f.
11 Scholl: Lebenserinnerungen. S. 15.
12 Fontane: Kinderjahre. S. 137 f.
13 Gerok: Jugenderinnerungen. S. 25.
14 Lenk: Aus meiner Kindheit. S. 32 f.
15 Hebbel: Meine Kindheit. S. 199.
16 Pfister: Pfarrers Albert. S. 91.
17 Carossa: Verwandlungen. S. 40.
18 So bei Meinardus: Jugendleben. S. 98 f.
19 Ebda. S. 24.
20 Lenk: Aus meiner Kindheit. S. 116.
21 Dalton: Lebenserinnerungen. Bd. 1. S. 167.
22 Ebers: Geschichte meines Lebens. S. 164.
23 Dalton: Aus meiner Kindheit. Bd. 1. S. 210.
24 Lessing: Einmal und nie wieder. S. 106 f.
25 Kästner: Als ich ein kleiner Junge war. S. 155.
26 Pauli: Erinnerungen. S. 39 f.
27 Stockhausen: Auf Immerwiedersehen. S. 143.
28 Gutzkow: Knabenzeit. S. 198-200.
29 Bosse: Jugendzeit. S. 62.
30 Piper: Mein Leben als Verleger. S. 31.
31 Cunnington/Buck: Childrens Costume. S. 216.
32 König: Kleider und Leute. S. 149 f.

Gute Kameraden! (Fibel der NS-Zeit)

X.
Die Zeit des Nationalsozialismus

Die »Machtergreifung« am 30. Januar 1933 bedeutete die Gleichschaltung aller bisherigen Institutionen des politischen und gesellschaftlichen Lebens zugunsten eines Einheitsstaates.[1] Das betraf nach und nach auch die Mode.

Die Mode der dreißiger Jahre

Die Mode der zwanziger Jahre hatte wohl erstaunliche Blüten hervorgebracht, aber im ganzen die Frauen von Zwängen und Normen befreit, im realen wie auch im übertragenen Sinne. Die Mode war jung, mädchenhaft oder erotisch-raffiniert, elegant oder sportlich-praktisch; jeder konnte das Passende finden – bis die Wirtschaftskrise andere Nöte als Modesorgen brachte.

Mit der Hitlerzeit wurden allmählich sehr einseitige Vorstellungen von der »deutschen Frau« proklamiert, wenn auch bis zum Ausbruch des Zweiten Weltkriegs noch internationale Modebeziehungen bestanden. Die neuen innerdeutschen Parolen hießen: Die deutsche Frau schminkt sich nicht, raucht nicht, färbt sich nicht die Haare, lackiert sich nicht die Fingernägel usw. So setzte sich als Vorbild der Typ des Hausmütterchens durch mit schlichtem Knoten oder Gretchenfrisur, später mit hochgekämmtem langem Haar, und Modeelemente wie Puffärmel, Spitzenkragen und Dirndlkleid verstärkten diese Richtung. Die jungen Mädchen bevorzugten das Kostüm mit auswattierten Schultern; 1939 beschreibt die »Elegante Welt« den neuen Mädchentyp bezeichnenderweise folgendermaßen:

»Mit federnden Schritten schreitet sie einher, und um ihre schmalen Schenkel flattert in froher Beweglichkeit der kurze Rock. Wie biegsam ihre Taille ist, und in welch kindlicher Einfalt darüber eine Jacke, ein Blüschen ..., in knapper Modellierung die zärtliche Rundung der Brust nachzeichnend. Doch darüber stehen gerade die Schultern! Nicht die Hilflosigkeit einer abfallenden Linie, nicht das Rührselige paßt zu dieser dahinstürmenden Jugendlichkeit!«

Im Krieg gab es dann vornehmlich das gut tragbare Straßenkostüm, mit Sicherheit auch noch nach zwei Jahren modern!

Kindermode im »Dritten Reich«

Die kindliche Mode veränderte sich gegenüber den zwanziger Jahren wenig, Hängerkleidchen aus hellen und bunten Stoffen mit weißem Kragen, karierte Faltenröcke, je nach Altersstufe mit oder ohne Träger, und Spangenschuhe waren bei den Mädchen die üblichen Kleidungsstücke. Daneben verstärkte sich die Dirndlmode, die jedoch nicht mit den alpenländischen Trachten gleichzusetzen ist. Das städtische, sehr weiblich wirkende Dirndl hatte mit seiner bayerischen Namensbase nur wenig gemein, sondern bestand meist aus einem ärmellosen Miederrock mit einer weißen Puffärmelbluse darunter. Es war als Schul- und Spielkleidung gedacht, die sich viel gefallen lassen mußte.

Diese »Trachtenmode«, die heute noch aktuell ist, war auch in den dreißiger Jahren keine Neuerscheinung. In den zwanziger Jahren machte das »ländliche Stilkleid« von sich reden.[2] Aber während die Stilkleider damals eines von vielen modischen Zeitbildern waren, erhielten die Dirndlkleider jetzt im Zusammenhang mit der Überbetonung des bäuerlichen Elements einen neuen Akzent. Die »Blut und Boden«-Ideologie suchte sich auch hier ihre Zeichen. Ihr Familienverständnis schrieb der Frau die Rolle der Mutter, der Gebärerin, des Heimchens am Herd zu, auch die der Pflanzenden und Erntenden. Das ländliche Kleid war das richtige Kostüm dafür.

Kinder in Uniform

Verwischt wurde das Modebild dieser Zeit vom Uniformierungsdrang und -zwang der gesamten deutschen Bevölkerung. Kaum ein Lebensalter, das nicht einer Uniformgruppe zugehörte. Hier fanden das Leistungsdenken und das politische Mitläufertum mit hierarchischen Rangabzeichen ihren sichtbarsten Ausdruck. Wenn auch vielleicht bis zu einem gewissen Grade mit der Uniformierung der Menschen eine Aufhebung der Klassenunterschiede erreicht wurde, wie die Parteiführung behauptete, so rückte nun an dessen Stelle die weit schärfere Normierung im

Pimpfe auf Fahrt. (Hitlerjugend 1938)

Geiste der Staatsideologie. Für den männlichen Teil der Bevölkerung bedeutete das vormilitärischen Dienst in den verschiedensten Formationen, für den weiblichen Teil einerseits Reduzierung auf sportliche Kleidungszeichen wie Söckchen und Bundschuhe, Faltenrock und Kletterweste, andererseits die Festlegung auf den Typ deutsches Mädel aus bäuerlichem Blut mit der Berchtesgadener Trachtenjacke als Uniformstück des BDM (Bund Deutscher Mädel). Die Staatsideologie verlangte das Aufgeben jeglicher Individualität. Der Leitgedanke: »Du bist nichts – dein Volk ist alles« stellte die oberste Maxime dar, der sich alle eigenen Lebensvorstellungen unterzuordnen hatten. Von frühester Jugend an wurden auch die Kinder in diese Staatsideologie eingewiesen:

»... kurze Hosen, dieses nur zu bald als schändlich empfundene Zeichen einer verschleppten Kindheit«[3]

schreibt Ariès für das 20. Jahrhundert. Von den Jungen der Hitlerjugend wurden kurze Hosen weder als schändlich noch als kindlich empfunden, im Gegenteil: je kürzer, desto zackiger. Dieses Bewußtseins-Paradoxon ist eines von vielen aus der Hitlerzeit und wird erst verständlich bei näherer Einsicht in die Wandlungen von Familie und Gesellschaft.[4]

Nur in biologischer Hinsicht wurde die »Familie als Keimzelle des Staates« gepriesen. Tatsächlich nahm die nationalsozialistische Ideologie alles zurück, was sich mühsam an partnerschaftlichen Ansätzen und an Verständnis für Kinder und Kindheit entwickelt hatte. Der bürgerlichen Familie mißtrauten die Parteiideologen gründlich, und für die Kinder hielten sie einen möglichst frühen Abschluß der Kindheit als erstrebenswert. Bei der Aufnahme der Zehnjährigen ins Jungvolk zum Führergeburtstag 1938 sagte der Reichsjugendführer Baldur von Schirach:

»Die Kindheit liegt abgeschlossen hinter Euch. Von nun an zählt Ihr zur Jugend!«[5]

Das bedeutete nichts anderes als den Übergang von der Autoritätsgewalt des Elternhauses in die Autoritätsgewalt der Hitlerjugend, also von Altersgenossen. Bis 1934 sollten alle bündischen Jugendverbände in die Hitlerjugend überführt werden und die Erziehung der Jugend als »Hoheitsrecht des Staates« proklamiert sein. Als Ziel galt die Erziehung der Jugendlichen zum bewußten Staatsbürger und Träger der Staatsidee! Dieser Prozeß der Verführung ist am Zeichen der Kleidung, der Hitlerjugend-Uniform, zu untersuchen.

Mit der ständig wiederholten Parole vom Volk als einziger wertbestimmender Größe wurde gerade der Jugend unter infamer Ausnutzung ihrer Neigung zu selbstlosen Idealen ein überhöhter Individualitätsverlust abgefordert. Das gelang in der Tradition gewohnter Vorstellungen von Einordnung und Gehorsam gegenüber Autoritätspersonen, nur trat jetzt an die Stelle der bestimmenden Werte von Familienwohl und Sippenehre die anonyme Größe Volk. Ihre verpflichtende Ausstrahlung bereitete die Jugend auf noch ungeahnten Befehlsgehorsam und tödliche Gefolgschaft vor.

Der erste organisatorische Schritt auf dieses Ziel hin war die Auflösung der verschiedenen Jugendverbände mit fast 10 Millionen Mitgliedern und deren Übernahme in die Hitlerjugend, die 1933 neu gegliedert und straff aufgebaut wurde. Die gesamte Hitlerjugend gliederte sich nun altersbedingt in:

Hitlerjugend	(14-18 Jahre)
Deutsches Jungvolk	(10-14 Jahre)
Bund Deutscher Mädel	(14-18 Jahre)
Jungmädelbund	(10-14 Jahre)

Bis 1936 versuchte man, die gesamte deutsche Jugend in der HJ zu erfassen und sie nach weltanschaulichen und sportlichen Gesichtspunkten auszurichten. Im gleichen Jahr erhob ein Gesetz die HJ zur Staatsjugend, d. h. zum einzigen zugelassenen Jugendbund. Sie umfaßte 1937 7,7 Millionen Mitglieder, und dem Reichsjugendführer war die »Erziehung der gesamten deutschen Jugend übertragen«. Wie eingreifend dieses Gesetz ausgelegt werden konnte, läßt sich aus der Formulierung der Paragraphen erahnen, welche die Jugend »im Geiste des Nationalsozialismus zum Dienst am Volk und zur Volksgemeinschaft erziehen« sollten.

»Von der Jugend hängt die Zukunft des deutschen Volkes ab. Die gesamte deutsche Jugend muß deshalb auf ihre künftigen Pflichten vorbereitet werden. Die Reichsregierung hat daher das folgende Gesetz beschlossen, das hiermit verkündet wird:

§ 1 Die gesamte deutsche Jugend innerhalb des Reichsgebietes ist in der Hitler-Jugend zusammengefaßt.

§ 2 Die gesamte deutsche Jugend ist außer in Elternhaus und Schule in der Hitler-Jugend körperlich, geistig und sittlich im Geiste des Nationalsozialismus zum Dienst am Volk und zur Volksgemeinschaft zu erziehen.

§ 3 Die Aufgabe der Erziehung der gesamten deutschen Jugend in der

Hitlerjugend um 1938.

Hitler-Jugend wird dem Reichsjugendführer der NSDAP übertragen. Er ist damit ›Jugendführer des Deutschen Reichs‹. Er hat die Stellung einer Obersten Reichsbehörde mit dem Sitz in Berlin und ist dem Führer und Reichskanzler unmittelbar unterstellt.

§ 4 Die zur Durchführung und Ergänzung dieses Gesetzes erforderlichen Rechtsverordnungen und allgemeinen Verwaltungsvorschriften erläßt der Führer und Reichskanzler.

Berlin, am 1. Dezember 1936 Der Führer und Reichskanzler
Adolf Hitler.«[6]

Zu den Erziehungszielen gehörte eine strenge, fast prüde Rollen- und Geschlechterteilung. Die heute selbstverständliche Koedukation auch in der Schulpädagogik fand keinen Eingang in das völkische Erziehungssystem und wurde von den Nationalsozialisten als »liberalistische Gleichmacherei« verworfen. Auch in den neuen Richtlinien vor allem der Grundschulen erschien die uniformierte HJ als Prototyp der Kinder, und aus den Lesebüchern war ein komplexes Gesellschaftsbild ablesbar. Lesestücke wie das folgende indoktrinierten bereits die Neunjährigen:

»Hitlerjugend:
Nach dem Essen machten alle zusammen einen Spaziergang. Oben auf der Wiese brannte ein Feuerchen. O, da waren Hitlerjungen! Die hatten sicher bei Bauer Lauber in der Jugendherberge geschlafen. Sie kochten gerade ab. Sie winkten Heini und riefen: Komm, iß mit! Heini hatte keinen Hunger mehr. Aber Nudeln und Pflaumen aus dem Picknapf essen, das machte doch Spaß.

Nachher marschierten die meisten Jungen ab. Heini hätte gerne noch das Geländespiel mitgemacht. Aber das dauerte zu lange. Er blieb noch etwas bei den Hitlerjungen, die spülen und Feuerwache halten mußten. Einer sagte zu ihm: Diesen Sommer schlafen wir in Zelten. – Ja, Heini konnte schon das feine Lied, das sang er nun mit den Hitlerjungen:
Ein Hitlerjunge hält treu die Lagerwacht.
Das Feuer knistert, und dunkel ist die Nacht.
Im Zelte schlafen schon all die Braven,
und mit dem Wimpel spielt der kühle Wind.«[7]

In Schule und Staatsjugend sollten die Jungen zu einer heroischen, männerbündischen Daseinsform erzogen werden, – nicht zu schwachen Intellektuellen, sondern zu starken, todesmutigen Jungmannen!

Die Mädchen mit dem Idealbild deutsches Mädel sollten auf ihre würdigste Rolle als deutsche Mutter und Gebärerin erbgesunden Nachwuchses vorbereitet werden.[8]

Wie so vieles andere in der Ideologie des Hitlerreiches waren auch diese Erziehungsziele, von allem anderen abgesehen, völlig unzeitgemäß, unmodern, und es ist vom heutigen Standpunkt aus nur schwer zu verstehen, daß ein so großer Teil der Jugend diesen Verbänden angehörte. Vielleicht hatte für viele das Pathos der Parolen an sich nur wenig Realität. Wichtiger waren andere, aus der bündischen Jugend übernommene Qualitäten der Hitlerjugend: die Möglichkeit, kameradschaftlich auf Fahrt zu gehen, bedeutete für viele Kinder und Jugendliche die langersehnte Gelegenheit, andere Gegenden als die ihrer engsten Heimat kennenzulernen in und nach einer Zeit wirtschaftlicher Not, als sich nur das gehobene Bürgertum regelmäßige Ferienreisen mit seinen Kindern leisten konnte. Hier bot also die Hitlerjugend so etwas wie einen Freiraum, innerhalb dessen die Kinder und Jugendlichen, wie sie glaubten, nach ihren eigenen Vorstellungen und Normen schalten und walten konnten.

Das schien an die Ideale der Wandervögel anzuknüpfen: Auf-Fahrt-Gehen mit »Affen« und »Klampfe«, Abkochen und Singen am Lagerfeuer. Mit diesem, vom Regime geförderten Eigenbewußtsein der Jugend hing eng die Uniformierung zusammen. Das Wort Uniform kommt von lat. uniformis = gleichförmig und bezeichnet eine Kleidung nach genauen Vorschriften und mit hierarchischen Rangabzeichen, die eine Erkennungsfunktion sowohl innerhalb der Gruppe als auch von außen her bewirken.[9] In »Mein Kampf« hatte Adolf Hitler geschrieben:

»Gerade bei der Jugend muß auch die Kleidung in den Dienst der Erziehung gestellt werden. Der Junge, der im Sommer mit langen Röhrenhosen herumläuft, eingehüllt bis an den Hals, verliert schon in seiner Bekleidung ein Antriebsmittel für seine körperliche Ertüchtigung. Denn auch der Ehrgeiz und, sagen wir es nur ruhig, die Eitelkeit muß herangezogen werden. Nicht die Eitelkeit auf schöne Kleider, die sich nicht jeder kaufen kann, sondern die Eitelkeit auf einen schönen wohlgeformten Körper, den jeder mithelfen kann zu bilden. Auch für später ist dies zweckmäßig. Das Mädchen soll seinen Ritter kennenlernen.«[10]

Das hieß aber: Kurze Hosen nicht mehr als Kindheitszeichen, sondern als Erkennungszeichen völkischer Jugend und als Erotisierungsmerkmal, um die schönen geraden Beine des arischen Jungmannes sichtbar zu machen. Im Sport kulminierte das Leistungs- und Uniformdenken, wie es Christa Wolf in ihren Jugenderinnerungen realistisch schildert:

»Im Stadion haben alljährlich im Herbst die Reichsjugendwettkämpfe im Laufen, Weitsprung und Schlagballwerfen stattgefunden. Nellys Werte waren beachtlich und wurden mit Siegernadel und Urkunde anerkannt ... Alle Rasenflächen und Aschenbahnen wimmelten von Mädchen und Jungen in schwarzen Turnhosen und weißen Turnhemden, auf denen der Rhombus mit dem Hakenkreuz in der Mitte aufgenäht war, und die Zuschauertribünen und Umkleidebaracken waren von braunen Hemden und weißen Blusen, blauen Röcken und kurzen schwarzen Hosen, schwarzen Dreiecktüchern und geflochtenen Lederknoten, Jungvolkdolchen und Schulterriemen überschwemmt: schreiende, eifrige, verschwitzte Massen, die zu Trupps geordnet und in die Wettkämpfe geschickt wurden ... Den Körper stählen, Körper und Geist stählen durch Sport!«[12]

Nicht nur die Sportkleidung war genau vorgeschrieben, sondern auch die Tageskleidung der Hitlerjugend radikal uniformiert.

Jungen

Hitlerjugend (HJ):
Angehörige der HJ trugen, mit der Grundfarbe hellbraun, folgenden Anzug:
Braunes Hemd mit Schulterklappen und Lederknöpfen, schwarze Hose (im Sommer kurze Hose mit braunen Halbschuhen, im Winter Stiefelhose mit Schaftstiefeln), braune Schirmmütze, braunes Koppel mit Schulterriemen und Fahrtenmesser sowie einreihigen braungrünen Mantel mit aufgesetzten Brusttaschen, herausgeklappten Kragenaufschlägen und Lederknöpfen.

Deutsches Jungvolk (DJ):
Braunes Hemd mit Lederknöpfen, schwarzes Halstuch mit braunem Knoten, Koppel mit Runenschloß, Schulterriemen und Fahrtenmesser, schwarze kurze Hose, schwarze Schiffchenmütze. Das Abzeichen des DJ ist eine Rune als Armscheibe unterhalb des Armzeichens für Gebiet und Obergebiet.

Mädchen

Bund Deutscher Mädel (BDM):
Blauer Rock mit Gürtel,
weiße Bluse (im Sommer halbe, im Winter lange Ärmel)
und schwarzes Halstuch mit Lederknoten,
dazu als Kopfbedeckung Tuch;
sechsknöpfige braune Kletterweste mit vier Taschen,
Berchtesgadener Jacke.
Führerschnüre.

Jungmädel (JM):
Bekommen Halstuch und Knoten nach der Aufnahmeprüfung zur Bundestracht verliehen.[12]

In Bayern und der »Ostmark« gehörten kurze Lederhosen, weiße Kniestrümpfe und weiße Hemden zur Uniform, eine Zeichensetzung für »völkische Gesinnung«, die im Sudetenland ausgesprochen provozierend auf die nichtdeutsche Umgebung wirkte. Die bevorzugte Frisur war für Jungen der militärische Kurzhaarschnitt, seitlich gescheitelt, für Mädchen – im Gegensatz zum kurzen Bubikopf der zwanziger Jahre – die »deutsche« Zopffrisur, entweder über die Ohren zu »Schnecken« gelegt, zu Affenschaukeln gesteckt, um den Kopf herum als »Gretchenfrisur« geflochten oder im Nacken zum Knoten geschlungen.

Die Bekleidungsvorschrift der Jungmädel, die exemplarisch im folgenden wiedergegeben wird, soll den Totalitätsanspruch belegen, der hinter diesen Normen und Vorschriften steckte. Sie vereinnahmten die Kinder total und appellierten zudem an ihr persönliches Ehrgefühl.

Lederhosen und weiße Strümpfe als Uniform der »Ostmarkjugend«.
(Foto 1939)

Die Bekleidungsvorschrift

Die Bundestracht des Jungmädels

Um die Einheitlichkeit unseres Bundes äußerlich kenntlich zu machen, tragen wir alle dieselbe Kleidung, unsere Bundestracht, als Ausdruck unseres gemeinsamen Wollens.

Sobald Du in Bundestracht auftrittst, sieht jeder in Dir eine Vertreterin des Jungmädelbundes und beurteilt nach Deinem Aussehen und Deiner Haltung den ganzen Bund. Deshalb muß Deine Tracht zu jeder Zeit tadellos in Ordnung sein, das heißt Deine Bluse muß frisch gewaschen, Dein Rock sauber gebürstet und Deine Schuhe müssen gut geputzt sein. Daß ein Jungmädel peinlich sauber ist und stets ordentlich gekämmte Haare hat, ist selbstverständlich. Zur Bundestracht darf kein Schmuck getragen werden. Du bist Deinen Kameradinnen um nichts überlegen, wenn Du Ketten und Armbänder, Ohrringe und Stirnreifen trägst. Zur BDM-Weste gehören auch keine noch so niedlichen Holzschuhchen. Tuch und Knoten werden durch bunte Anhänger nicht verschönt. Genau so unmöglich ist es, rote Mützen, grüne Schals, blaue Handschuhe, gelbe Jacken, helle Schuhe zur Bundestracht zu tragen. Bedenke immer, daß durch Deine Nachlässigkeit und Unordentlichkeit sofort das einheitliche Bild Deiner Jungmädelschaft gestört wird. Es muß Dein Stolz sein, stets in vorschriftsmäßiger Bundestracht zum Dienst anzutreten.

BDM-Regenumhang

Den Regenumhang trägst Du im Sommer und Winter nur bei schlechtem Wetter. Wenn Du auf Fahrt bist und Dein Fahrtengepäck trägst, wird die auf dem Rücken des Regenumhanges befindliche Tornisterkammer ausgeknöpft. Der Umhang behält dadurch seine gewöhnliche Länge.

BDM-Schnürhalbschuhe

Die Schuhe sind aus braunem Rindleder ohne Vorderkappe. Sie müssen geschnürt werden. Auf dem Vorderteil des Schuhes sind vor der Schnürung drei Gehfalten eingeprägt. Das Tragen von Bundschuhen ist verboten. Gehst Du auf Fahrt oder in ein Lager, dann darfst Du niemals neue Schuhe anziehen, da Du Dir sonst Blasen läufst oder gar die Füße durchscheuerst.

Halstuch und Lederknoten

Das Halstuch und den Lederknoten trägst Du stets zu Deiner Bluse. Es ist ein schwarzes Dreiecktuch, das so zuammengelegt wird, daß auf dem Rücken unter dem Kragen ein ungefähr drei Finger breiter Zipfel hervorsieht. Das Zusammenlegen zeigt Dir Deine Führerin. Der Lederknoten ist naturbraun. Er dient dazu, das Tuch zusammenzuhalten.

Handschuhe
Sie sind nicht vorgeschrieben. Du kannst sie also in jedem beliebigen Geschäft kaufen. Auf jeden Fall müssen es aber braune Handschuhe sein. Stulpen müssen stets unter dem Ärmel getragen werden.

HJ-Stoffabzeichen
Du trägst es auf dem linken Oberarm Deiner braunen Weste. Es wird über dem Ellbogengelenk senkrecht angenäht, und zwar so, daß der weiße Rand nicht zu sehen ist. Genau so wird es auch auf der Schibluse und der Bluse des Übungsanzuges getragen. Auf dem Sporthemd sitzt es in der Brustmitte.

Das *HJ-Metallabzeichen* trägst Du auf der Mitte der linken Tasche Deiner Bluse und Weste.

Die Bundestracht des Jungmädels

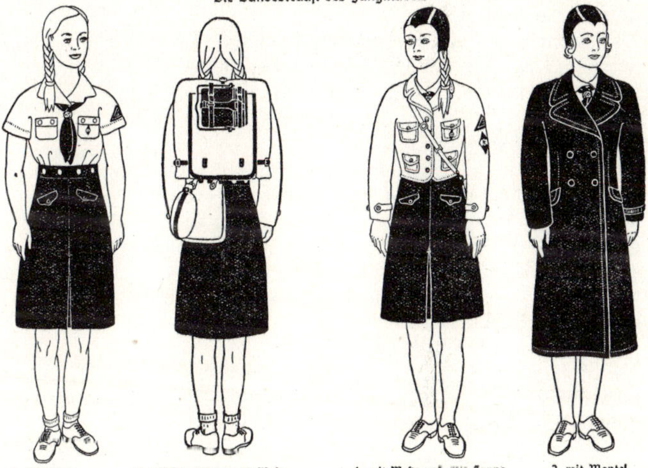

1. JM-Bluse — 2. mit Ausrüstung und Weste — im Sommer

1. mit Weste und mit Kappe — 2. mit Mantel — im Winter

JM-Bluse
Die Bluse wird aus weißem Stoff hergestellt und als Sportbluse mit offenem Kragen und kurzem Ärmel gearbeitet. Auf der Vorderseite befinden sich zwei Brusttaschen mit je zwei weißen Knöpfen. Die Knöpfe tragen die Prägung: »BDM–JM« mit Eichenlaubmuster. Die Bluse ist in der Gürtellinie mit einer Stoffleiste versehen, auf der auf der Vorder- und Rückseite je vier weiße Knöpfe angenäht sind.

JM-Rock
Die Farbe des Jungmädelrockes ist dunkelblau. Auf dem Vorderteil des Rockes sind zwei schräg eingesetzte Taschen mit Klappen zum Durchknöpfen. In der vorderen Mitte des Rockes ist eine Falte eingearbeitet. In den Bund sind gleichmäßig verteilt acht Knopflöcher eingeschnitten, und zwar je vier in der vorderen und rückwärtigen Bundhälfte. Die beiden mittleren Knopflöcher liegen rechts und links von der Bundmitte. In diese Knopflöcher werden die Knöpfe eingeknöpft, die auf der Stoffleiste der Bluse sitzen.

Lange Strümpfe
Im Winter mußt Du lange Strümpfe tragen. In den Übergangsmonaten (Herbst und Frühjahr) ist Dir das Tragen von Kniestrümpfen gestattet. Sie sind in Farbe und Ausführung vorgeschrieben. Die Strümpfe sind braunmeliert.

Mantelarmstreifen
Als Erkennungszeichen Deines Obergaues trägst Du auf dem linken Unterarm ungefähr 3 Finger breit über dem Ärmelende den Mantelarmstreifen. Er ist hellbraun. Der Obergauname ist weiß eingewebt.

Obergauarmdreieck
Du trägst es auf dem linken Oberarm der Jungmädelbluse, der Weste und Schibluse. Auf der Weste und der Schibluse wird es dicht über der oberen Spitze des HJ-Stoffabzeichens aufgenäht; bei der anderen Bluse sitzt der untere Rand des Dreiecks an der Naht des Ärmelsaumes. Die Spitze liegt dann ungefähr in Höhe des Brusttaschenrandes. Das Dreieck enthält den Namen des Gauverbandes und Deines Obergaues, zu dem Du gehörst, und zwar in weißer Schrift.

Umschlagsöckchen
Im Sommer trägst Du zu Deiner Bundestracht weiße Umschlagsöckchen. Achte immer darauf, daß die Söckchen sauber sind.

Weste
Die Weste wird aus hellbraunem Velveton einreihig mit kleinem Umschlagkragen hergestellt. Sie liegt leicht an und wird seitlich geschnallt. Auf der Vorderseite sind vier flach aufgesteppte Taschen mit durchknöpfbaren Klappen. Die braunen Steinnußknöpfe tragen die Prägung »BDM–JM«. Zwei Finger breit vom unteren Ärmelrand ist eine Lasche zum Knöpfen angebracht.

Sportanzug
Wie *Turnhemd, Turnhose sowie Jacke und Hose des Übungsanzuges* sitzen müssen, wirst Du ja wissen. Du mußt nur darauf achten, daß Du auch den richtigen, dunkelblauen Übungsanzug mit der Erkennungsmarke aus einem »Braunen Laden« bekommst, denn es gibt viele Übungsanzüge, die dem vorschriftsmäßigen ähnlich und doch falsch sind. Außen auf dem linken Oberarm trägst Du am Übungsanzug das HJ-Abzeichen aus Stoff, das Du auch im »Braunen Laden« bekommst. Das Obergauarmdreieck darfst Du am Übungsanzug nicht tragen. Die Turnschuhe sind nicht vorgeschrieben. Du darfst also beliebige Turnschuhe tragen und brauchst beim Einkauf nicht nach der Erkennungsmarke zu fragen. Mit Deinen Schnürhalbschuhen darfst Du natürlich nicht zum Sport antreten.

Badeanzug
Der Badeanzug wird aus schwarzem Badetrikot hergestellt. Er hat einen runden Halsausschnitt, wobei zu beachten ist, daß das Rückenteil tiefer als das Vorderteil ausgeschnitten sein muß. Die Ärmellöcher sind zum Rücken ebenfalls weiter ausgeschnitten.

Badekappe
Du kannst eine beliebige Gummibadekappe tragen, da sie nicht vorgeschrieben ist. Beim Baden geschlossener Einheiten mußt Du über der Gummikappe ein schwarzes *Umschlagtuch* mit dem HJ-Stoffabzeichen auf der Stirnseite tragen. Du kannst hierzu ein schwarzes Dreiecktuch benutzen. Das HJ-Stoffabzeichen wird senkrecht auf die Mitte der langen Grundseite genäht. Die über den Kopf laufende Spitze des Dreiecktuches muß im Nacken liegen, so daß die beiden Seitenenden über dieser Spitze zusammengeknotet werden können.

Schibluse
Die BDM-Schibluse ist in Westenform (Slalomform) gearbeitet und wird als Überbluse über der weißen BDM-Bluse oder über beliebiger Wollkleidung getragen. Sie reicht bis zur Gürtellinie. Sie ist olivgrau. An beiden Hüftleisten ist ein Gummizug eingearbeitet. Zur Bluse muß ein grauer Wollschal getragen werden.

Schihose
Zum Schilaufen trägst Du eine Überfallhose in dunkelblauer Farbe. An der Vorderseite sind zwei schräg eingesetzte Taschen mit Klappen, die mit je zwei Knöpfen zugeknöpft werden. Die Hose wird auf der linken Seite mit einem Schlitz durch sechs Knöpfe geschlossen.

Stirnband
Es ist nicht vorgeschrieben. Du kannst ein beliebiges dunkelblaues Stirnband zum Schilaufen tragen.

Umschlagsocken oder Abschlußbänder
Sie dienen dazu, die Stelle, an der die Schuhe und die Überfallhose zusammentreffen, zu bedecken, damit kein Schnee eindringen kann. Diese Bänder oder Socken kannst Du in jedem Geschäft und in beliebiger Ausführung kaufen, nur müssen sie grau sein. Eine besonders vorgeschriebene Ausführung mit der Erkennungsmarke gibt es nicht.

Wollschal
Zum Schilaufen kannst Du jeden beliebigen grauen Wollschal tragen.

Wollstrümpfe
Unter der Schihose kannst Du jeden beliebigen Wollstrumpf tragen, da er durch die lange Schihose nicht zu sehen ist.

Dieser Strumpf ist nicht vorgeschrieben.

Ausrüstung
Die Ausrüstungsstücke sind ebenfalls vorgeschrieben und tragen eine Erkennungsmarke. Nur die folgenden vier Stücke sind nicht vorgeschrieben und haben diese Marke nicht:
Eßbesteck, Taschenlampe, Schlafsack und Kulturbeutel.
Deshalb kannst Du sie auch in einem beliebigen deutschen Geschäft kaufen.

Der Brotbeutel ist am Band von der rechten Schulter zur linken Hüfte zu tragen.[12]

Nichts blieb dem eigenen Willen überlassen, es sei denn die Wahl des Eßbestecks, der Taschenlampe, des Schlafsacks und des Kulturbeutels. Aber hier handelte es sich um Gegenstände, die nicht sichtbar für jeden waren. Alles ins Auge Fallende mußte dem Uniformgedanken untergeordnet sein. Es gab genaue Ge- und Verbote, wann und wie diese Kleidung zu tragen sei:

»Wann mußt Du Deine Bundestracht tragen?

Zu jedem Dir befohlenen Dienst, auf jeder Fahrt.

Wann darfst Du Deine Bundestracht tragen?

An allen Feiertagen des Reiches und der Bewegung, bei allen besonderen Familienfeierlichkeiten. Teilnahme an kirchlichen Veranstaltungen (Messen, Gottesdienste usw.) in Bundestracht ist verboten.

Wann darfst Du Deine Bundestracht nicht tragen?

In der Schule (außer bei Schulfeierlichkeiten auf Anordnung Deiner Führerin), beim Besuch von Rummelplätzen.

Wann legst Du zu Deiner Bundestracht Trauer an?

Bei Trauerfeierlichkeiten legst Du einen Trauerflor über das HJ-Stoffabzeichen Deiner Weste an. Bei dienstlichen Anlässen gibt Deine Führerin an, von wann bis wann Deine Jungmädelschaft Trauer zu tragen hat.

Welche Stücke der Bundestracht darfst Du zu Zivilzwecken tragen?

JM-Kappe,
weiße Bluse ohne Armdreieck und Abzeichen,
Rock,
Umschlagsöckchen,
Strümpfe, Schuhe,
Weste mit Abzeichen und Armdreieck,
Regenumhang,
Mantel ohne Armstreifen,
Sport-, Bade-, Schianzug ohne Abzeichen.«[13]

Es bedeutete eine Ehre, das »Kleid des Führers« tragen zu dürfen, und man konnte dieses Ausgezeichnetsein verlieren, wenn man gegen den Ehrenkodex verstieß:

»Sie (die Führerin) ist weit davon entfernt, ein Jungmädel für immer aus der Gemeinschaft ausstoßen zu wollen, was es auch getan haben mochte. Doch hält sie es für notwendig und angemessen, der Gestrauchelten für ein Vierteljahr das Zeichen ihrer Zugehörigkeit zum Jungmädelbund, das schwarze Dreiecktuch und den Lederknoten, zu entziehen.

... Die Schaftführerin nimmt der Gemaßregelten Schlips und Knoten ab, während wiederum Micky mit lauter, angestrenger Stimme über die Spielwiese ruft: Deutsch sein heißt treu sein!

Bleibt noch ein Lied zu singen, das Lied der Hitler-Jugend:
›Vorwärts, vorwärts, schmettern die hellen Fanfaren ...«[14]

All diese Gebote und Sanktionen erweckten auf raffinierte Weise bei den Angehörigen der politischen Jugendverbände ein großes Eigenwertgefühl. Zum erstenmal in der Geschichte der Kinderkleidung trug die Jugend ihre eigene Uniform, die anders aussah als die gleichzeitigen Uniformtypen erwachsener Männer und Frauen. Sie unterschied sich auch von den vorangegangenen Kinderuniformen. Die Zöglinge der Kadettenanstalten waren in die verkleinerten Uniformen der betreffenden Regimenter gekleidet gewesen und wurden von erwachsenen Offizieren kommandiert. Die Schuluniformen bildeten ein von der Schulleitung erdachtes und vorgeschriebens Kleidungssystem mit verschiedenen Erziehungszielen. Die Hitlerjugend-Uniformen waren etwas anderes. Sie hatten viele Elemente aus der Wanderkleidung der bündischen Jugend übernommen, vor allem Halstuch und Knoten, kurze Hosen und Kniestrümpfe – wohl auch den Geist der Opposition gegen die Erwachsenenwelt. Das alles wurde nun ideologisch verpackt, überhöht und weltanschaulich-politischen Zielen dienstbar gemacht.

Die Kindheitserinnerungen Max von der Grüns (geb. 1926) aus dem Jahre 1938 zeigen ohne Pathos, wie die Jugend auch durch Kleidung spielerisch brutal auf das kommende Soldatenschicksal vorbereitet wurde:

»Von Schulkameraden, Nachbarn und auch von Lehrern war meine Familie mehrfach gedrängt worden, daß ich ins Jungvolk eintreten solle. Die einen drängten, weil sie es für eine nationale Pflicht ansahen, Wohlmei-

»Mutter, du solltest vorsichtiger sein mit deinen Äußerungen, ich trage das Kleid des Führers!«
(Kurt Halbritter 1924-1978)

nende, weil sie glaubten, wenn ich im Jungvolk wäre – und später in der HJ – könnte das einen guten Schutz für meinen Vater bedeuten, dessen religiöse und damit politische Überzeugung natürlich niemandem in der Nachbarschaft verborgen geblieben war. Mein Vater war strikt dagegen … Natürlich wollte ich gerne dabei sein, alle meine Schulkameraden machten mit, trugen eine Uniform, und ich kam mir schon wie ein Außenseiter vor, wenn ich in der Mittelschule gehänselt wurde. Manche fanden böse Worte dafür, daß ich nicht mitmarschierte.

Aber heimlich ging ich doch mit. Ich stahl mich von zu Hause fort und marschierte in meinen Lederhosen in der letzten Reihe. Meiner Mutter blieb das natürlich nicht verborgen, sie sagte aber nichts und erzählte es auch nicht meinem Vater. Das Abenteuer lockte mich, das Jungvolk marschierte in Wälder, schlug Zelte auf, machte Biwak, auf offenem Feuer wurde Eintopf gekocht, und in den Wäldern wurde Krieg gespielt: Schwarz gegen Weiß. Eine Gruppe trug ein weißes Band um den linken Arm, die andere ein schwarzes Band. Wurde einem Jungen das Band vom Arm gerissen, galt er als tot. Er mußte liegenbleiben, bis das Kriegsspiel abgeblasen wurde, und dann wurden die ›Leichen‹ gezählt. Die Gruppe, die die meisten Bänder erobert hatte, war Sieger.«[15]

Für die Kinder und Jugendlichen sah es so aus, als hätten sie mit ihrem 10. Lebensjahr einen Status der Eigenbestimmung erreicht, losgelöst von der Familie, aber auch von Schule und sonstiger Erwachsenenwelt. Das war ein verführerisches Bewußtsein, das viele den weit härteren Gehorsamszwang unter ihre Führer übersehen ließ.

Es gehörte zu den Schlagworten der Hitlerjugend, daß sie ein Staat im Staate sei und sich in der Reichsjugendführung selbst verwalte. Als »politische Jugend« blickten ihre Führer auf das Jugendleben der Bünde wie auf ein Kinderspiel herab mit einem überheblichen Selbstbewußtsein, das typisch für diese organisierte Jugend gewesen ist. Sie lebten nach den irrationalen Mustern einer Blut-und-Boden- und Nach-Ostland-wollen-wir-reiten-Romantik, einer nordischen Herrenmenschen-Ideologie, eines Nibelungenethos bis hin zur »Götterdämmerung«, – und es berührte sie kein Gedanke an die gleichaltrige Jugend, die gleichzeitig in den Konzentrationslagern ermordet wurde. Melita Maschmann, Jahrgang 1918, die als höhere BDM-Führerin im »Warthegau« Volkstumsarbeit leistete und die »Eindeutschung« dieses Gebietes gegenüber der einheimischen polnischen Bevölkerung betrieb, schreibt in ihrem Versuch einer Vergangenheitsbewältigung:

»Damals erwarb ich die verhängnisvolle Fähigkeit, das spontane Mitleid, das ich für die in Not lebenden Angehörigen des fremden Volkes empfand, in mir zu unterdrücken.«[16]

Diese kalte Unberührtheit war eigentlich das Schlimmste an Hitlers Jugend in Uniform.

»Und nun gemeinsam: Ein deutscher Junge ist flink wie ein Windhund, zäh wie Leder und hart wie Kruppstahl!«
(Kurt Halbritter 1924-1978)

Anmerkungen

1 S. hierzu: Fragen an die deutsche Geschichte. S. 184 f.; Kühnl, R. (Hg.): Texte zur Faschismusdiskussion. S. 48 f.; ders.: Formen bürgerlicher Herrschaft.
2 Daheim, Jg. 50/1 1923. S. 18.
3 Ariès, Geschichte der Kindheit. S. 112.
4 Weber-Kellermann: Die Familie. S. 255 ff.
5 Zitiert nach Weber-Kellermann: Die Familie. S. 232.
6 Dienstvorschrift der Hitlerjugend. Der Jungmädeldienst. S. 11.
7 Gute Kameraden, von denen leicht und lustig zu lesen ist. »Jugend im NS-Staat« – Eine Ausstellung des Bundesarchivs. Koblenz 1980. S. 58.
8 S. hierzu Kronberger: Mädchenerziehung – Volkserziehung. S. 264 f.
9 Vgl. König: Kleider und Leute. S. 57 f.
10 Nach Gamm: Führung und Verführung. S. 51.
11 Wolf: Kindheitsmuster. S. 231.
12 Dienstvorschrift der Hitlerjugend. S. 30-38.
13 Ebda. S. 39.
14 Wolf: Kindheitsmuster. S. 254.
15 Grün: Wie war das eigentlich? S. 113 f.
16 Maschmann: Fazit. S. 71.

Bauernfamilie aus einem evangelischen Dorf in Oberhessen.
(Foto 1914)

XI.

Kinderkleidung auf dem Lande vom Ersten Weltkrieg bis zur Gegenwart

Während die städtische Mode seit den zwanziger Jahren einem schnellen Wechsel unterlag, den die Kinder als Teile der Gesellschaft, als Mitglieder der Familien mitvollzogen, änderte sich zunächst nur wenig im Bereich der ländlichen Trachten. Die hier zu beobachtende Bewegung bestand darin, daß die Zahl der Trachtenträger abnahm, ganze Trachtenlandschaften »ausstarben« oder nur noch wenige ältere Leute am alten Kleidungsstil festhielten. »Tracht« kam immer mehr aus der Mode.

Wie schon im Kapitel über die Kleidung der Landbevölkerung ausgeführt (s. Kap. VII), folgt die Tracht anderen Normen und Gesetzen als die Mode: sie wird nicht von Modelenkern und Textilindustriellen gemacht, sondern von den Trachtenträgern selbst gestaltet, also von einer überschaubaren, durch ihre agrarische Lebensform bestimmten sozialen Gruppe. Die Einflüsse der städtischen Mode sind dabei nicht gänzlich ausgeschlossen, und die Auswahl, die man aus der Mode trifft, signalisiert den geistigen Standort der Trachtenträger; doch widerspricht das nicht der Tatsache, daß Trachten eine bestimmte Gruppenzugehörigkeit auf selbst gewählte Weise kennzeichnen.

Die Abzeichenfunktion der Regionaltrachten hing, wie gesagt, eng mit der agrarischen Welt zusammen, mit deren Wertvorstellungen, dem Dorf und seiner inneren Schichtung. Die hier herrschenden Hierarchien, religiösen Bräuche und sozialen Beziehungen wurden mit den Zeichen der Kleidung ausgedrückt und in einem nonverbalen Kommunikationsprozeß den Insidern des Dorfes vermittelt. Wo der Reisende nur äußerlich das pittoreske Bild ländlicher Trachtenpracht genoß, konnte sich der Wissende an vielen Einzelheiten über die Lebenszusammenhänge der Dorffamilien informieren. Das alles betraf auch die Kinder, die diese Zeichensprache der Kleidung von kleinauf durch Miterleben erlernten.

Je mehr sich nun die Dörfer öffneten, je mehr Fremde hinein und Einheimische herauskamen, desto weniger bedeutete allmählich die alte Trachtensprache. Durch die Binnenwanderungen hatten vor allem die ostelbischen Provinzen schon bis zum Ersten Weltkrieg über 2 Millionen Menschen verloren, die ins Ruhrgebiet, nach Mitteldeutschland und Berlin, aber auch nach Amerika abgewandert waren. Das Verhältnis zwischen Stadt- und Landbevölkerung kehrte sich um: bis 1871 wohnten ca. zwei Drittel der deutschen Bevölkerung in ländlichen Gemeinden – um 1910 waren zwei Drittel Stadtbewohner.[1] Mit der zunehmenden Mechanisierung der Landwirtschaft nahm die Zahl der in der Land- und Forstwirtschaft Beschäftigten weiterhin ab und betrug 1939 vor Ausbruch des Zweiten Weltkrieges noch 19,1% im Reichsmaßstab. In den ersten Nachkriegsjahren nach 1945 hatte sich der Anteil der in der Landwirtschaft Tätigen, als Folge der zerstörten Städte und des großen Umsiedlerstroms aus bäuerlichen Gebieten, vorübergehend auf 25% (1950) gesteigert, um dann wieder stetig zurückzugehen bis auf 7% (1974).[2]

Die Zahl der Landwirte in der Bundesrepublik verringerte sich weiterhin um etwa ein Drittel. Während 1971 von 100 landwirtschaftlichen Betrieben nur noch 39 Vollerwerbsbetriebe waren (45 Nebenerwerbsbetriebe, 16 Zuerwerbsbetriebe)[3], nahm die Zahl der Pendler und Stadtflüchter zu, so daß sich die Struktur der Dörfer total veränderte. Wenn es richtig ist, daß ein in allen Generationen funktionierendes Trachtenleben als Kleidungs-Zeichensystem nur innerhalb einer intakten agrarischen Gesellschaft Bestand haben kann, so darf das allmähliche Verschwinden der Trachten nicht Wunder nehmen. Mehr und mehr kleideten sich, zunehmend schon nach dem Ersten und dann radikal nach dem Zweiten Weltkrieg, die Trachtenträger »städtisch«[4]; sie geben das dörfliche Konformverhalten auf zugunsten einer allgemeinen modischen Integration. Damit wird ein Gebiet des Bauernbewußtseins berührt, das nicht identisch sein muß mit der statistischen Realität.

Infolge des Versailler Vertrages hatte sich in Deutschland die landwirtschaftliche Nutzfäche um etwa 15% verkleinert; die Motorisierung der Landschwirtschaft lief nur langsam wieder an. Dagegen entwickelten sich Düngung und biologischer Ausbau, ländliches Erziehungs- und Beratungswesen, so daß zu Beginn der Hitlerzeit einer Wirtschaftskrise auch auf dem Agrarsektor eine hohe moralische Aufwertung des »Bauerntums« entgegenstand.

Volk und Scholle, Blut und Boden waren die neuen Formeln, mit denen die Bauern auf die Bühne des Dritten Reiches geführt und zur heroischen Elitegruppe hochstilisiert wurden. Da nur noch etwa ein Fünftel der Bevölkerung landwirtschaftlich arbeitete, war das reine Ideologie, d. h. »eine Fehlmeinung, die gesellschaftliche Herrschaftsverhältnisse absichert«.[5] Privilegiert wurden vor allem die »Erbhofbauern« (Grundbesitzer zwischen 7,5 und 125 ha), die aber nur ein gutes Fünftel der landwirtschaftlichen Betriebe ausmachten.

Mit dem Beginn der militärischen Aufrüstung geriet finanziell die Landwirtschaft immer mehr in den Hintergrund, blieb jedoch das Bauerntum verbal und ideologisch die Vorzugsgruppe der Nationalsozialisten – auch im Hinblick auf die Formel »Volk ohne Raum«, die für die Ziele der Landeroberung gut geeignet war.

Ohne in diesem Zusammenhang detailliert auf die wirtschaftliche Entwicklung des Dritten Reiches eingehen zu können, sei nach der Rolle gefragt, die die ländliche Kleidung, die Trachten und besonders die Kindertrachten im falschen Spiel der Bauernverherrlichung zugeteilt bekamen. Zunächst blieb, wie gesagt, auf dem Lande das meiste beim alten. Das Bauernleben verlangte nach dem Hoferben, Mädchen waren weniger erwünscht.

In einigen Landschaften funktionierte bis zum Zweiten Weltkrieg noch die Kleidungsorganisation des Dorfes. Für Hessen, für das katholische Mardorf in Oberhessen, hat Mathilde Hain eine exemplarische Darstellung des Trachtenlebens der dreißiger Jahre geliefert in allen seinen Variationen. Auch die Kinderkleidung hat sie bedacht mit der zutreffenden Bemerkung, daß die Welt des Kindes keine Eigengesetzlichkeit habe:

»Daher trippelt schon das zwei- bis sechsjährige Kind im faltenreichen, schweren Beiderwand- oder Wollbiberröckchen einher, das ihm fast bis auf die Schuhe reicht. In den ersten Jahren ist der Rock an das Mieder, das ›Leibchen‹, angenäht. Doch die Schnittform hält an der Trennung beider Gewandstücke fest, was auch der zweierlei Stoff bezeugt. Die eingenähten Hüftkissen des Mieders, die zum Tragen der schweren Röcke dienen, fallen bei den Kindern fort. Die kleine viereckige Schürze wird mit Bändern um die Taille gebunden. Ein gestricktes Halstuch, das im Dreieckzipfel über dem Rückenausschnitt des Mieders liegt, wird über der Brust gekreuzt, um die Taille geschlungen, im Rücken verschleift, so daß es in zwei langen Enden auf den Rock herabfällt. Der kleine ›Motzen‹ (Jacke) zeigt auch beim Kinde einen geringen Schoßansatz. Sein Schnitt ist in den meisten Fällen der in den ›Heckendörfern‹ allgemein übliche ›Hanspeterschnitt‹, der mit seinen angeschnittenen Ärmeln von dem in Mardorf gebräuchlichen Schnitt mit eingesetzten Ärmeln abweicht ...

Die Aufnahme in die Schule bedeutet für die kleinen Mädchen eine Bereicherung ihres bescheidenen Kleidervorrats. Nicht nur, daß für den täglichen Schulgang neue Werktags-Trachtenstücke erforderlich sind. Viel wichtiger ist, daß für den nun einsetzenden sonntäglichen Kirchenbesuch das sogenannte ›Kirchenwerk‹ angeschafft werden muß. Die ›Goll‹ (Götel = Patin) richtet ihr Neujahrsgeschenk schon darnach ein. Zum Kirchenwerk für Kinder gehört ein Wollbiberrock mit breitem Seidenband am Saum, ein ›plüschern‹ Motzen aus gepreßtem Samt, eine mit weißer ›Gimpe‹ besetzte ›Dibettschürze‹ (Tibet = kaschmirartiger Wollstoff), ein ›genähtes‹ Halstuch und ein Kopftuch.

Die Kinder in Mardorf haben eine eigene Haartracht. Sobald man bei Zweijährigen ein dünnes Zöpfchen flechten kann, werden die Haare vom Scheitelpunkt aus in vier gleiche Teile geteilt. Zwei Zöpfe legen sich von den Schläfen her über die Ohren und münden in die zwei Zöpfe am Hinterkopf. An festlichen Tagen verbindet ein schmales Seidenband die beiden vorderen Zöpfe, das auch in die Enden der herunterhängenden Zöpfe eingeflochten wird. Im zehnten Lebensjahr, meist nach dem Erstkommunionstag, wird diese Haartracht abgelöst von der einfacheren: das in der Mitte gescheitelte Haar wird in zwei Nackenzöpfe zusammengefaßt, die bei der Jungmädchenfrisur um den Kopf gelegt werden.«[6]

Auch die Unterwäsche, nach altem Muster aus Leinen und mit dem Monogramm bestickt, und die kleinen Arbeitstrachten blieben bis in die fünfziger Jahre erhalten.

Das gilt gleichfalls für die Kommunionstracht, die von den Mädchen bis etwa 1970 zu Fronleichnam getragen wurde, als ein neuer Pfarrer diese »Kostümierung« wegen ihrer unangemessenen Buntheit abschaffte. Für die dreißiger Jahre beschreibt M. Hain den Fronleichnamszug der Kinder:

»Der Zug der Erstkommunikanten bewegt sich vom Schulhaus zur Kirche, voran die Meßdiener mit den Fahnen. Dann schließen sich die Buben an, Kommunikant und Kerzenträger gehen stets nebeneinander. Beide tragen auf dem dunklen Anzug eine Schleife mit einem künstlichen Sträußchen an der Brust. Um die Kerze mit dem weißen Spitzentuch windet sich ein dicker Kranz künstlicher Blumen. Meist erbt sich dieser Schmuck in der Familie fort, oder man entleiht ihn innerhalb der Verwandtschaft.«[7]

Die kleinen Motzen wurden übrigens schon in den dreißiger Jahren von der »Maschinenstrickerei und Kolonialwaren«-Fabrik Hentrich in Bürgeln gefertigt, wo die bessergestellten Mütter sie für ihre Kinder kauften. Auch damit war das alte bäuerliche

Schwälmer Kinder. (Adolf Lins 1856-1927)

Selbstversorgungsprinzip bereits durch eine Art von Trachtenkonfektion durchbrochen.

Das Festhalten an der Frauen- und Kindertracht in den oberhessischen Dörfern mag vielerlei Gründe haben. In Mardorf wirkte sicher verstärkend die lange Abwesenheit vieler Männer, die den ganzen Sommer über als Maurer an Rhein und Ruhr arbeiteten, im Winter als Weber und Waldarbeiter in Mardorf. Der Ort war also kein »Bauerndorf« im traditionellen Sinne, bewahrte sich aber dennoch seine Identität durch die vielfältig differenzierten Formen einer farbenfrohen Tracht.[8] Einen wichtigen Stabilisationsfaktor bildete die Kirche, das reiche und repräsentative kirchliche Brauchtum und der Wert, den der alte Pfarrer dem Trachtentragen beimaß.

In der Schwalm spielte sich die Entwicklung der Trachten allgemein und damit auch die der Kindertrachten vor einem anderen Hintergrund ab. Objektiv fand auch hier ein stetiger Rückgang statt. Zunächst, d. h. bis ca. 1930, betraf das nur die ärmeren Walddörfer am Ostrande des Schwalmgrundes, die »Heckendörfer«, während die reichen Bauerndörfer der Ebene ihren aufwendigen Kleidungsstil weiterhin pflegten. Das belegt unsere These, daß sich hier bäuerliche Qualitäten in einer extremen Quantität, z. B. der abstehenden Röcke, zu demonstrieren suchten. Doch die Kindertrachten der Schwalm wirkten gerade wegen der kurzen Röckchen sehr kindlich, und so erscheinen sie, nachdem bereits das »Willingshäuser Maleralbum« 1890 eine kleine Schwälmerin auf seinem Titelblatt gezeigt hatte, bevorzugt in den Trachtenbilderbüchern der dreißiger Jahre.[9] Eine Ausnahme bilden die erst

Schwälmer Schulmädchen um 1930. (Foto Dieffenbach 1930)

jetzt aufgefundenen Fotografien der Margarethe Dieffenbach.[10] Während die brillant gestellten Trachtenaufnahmen des Meisterfotografen Retzlaff ein bauern-heroisches Bild der erwachsenen Trachtenträger entwarfen, verzauberte er die Kinder in eine Märchenwelt, machte er die kleinen Schwälmerinnen zum süßen Rotkäppchen der Nation. Die Schwälmer Tracht erhielt dadurch ein neues ästhetisches Ansehen, einen besonderen Wert als Zeichen »völkischer Kultur«, der sie im allgemeinen Bewußtsein über die anderen Trachten hinaushob. Aber die Ideologien des Nationalsozialismus gingen nicht nur von ästhetischen Bildeindrücken aus und taten sich schwer mit all den widersprüchlichen Formen der damals noch in Deutschland existierenden Trachten. Als »natürliche« Kleidung »gesund empfindender Menschen« konnten auch sie, wie sie es gerne getan hätten, viele der verschrobenen Kleidungsformen nicht preisen. Ausgehend vom »Amt Feierabend der NS-Gemeinschaft ›Kraft durch Freude‹, Abteilung Volkstum-Brauchtum, in Zusammenarbeit mit der Arbeitsgemeinschaft für deutsche Volkskunde« setzte eine Erneuerungsbewegung großen Stiles ein, die aber zuerst einmal mit dem vorhandenen, zum Teil noch lebendigen Bestand fertig werden mußte, ehe sie ihre Neuschöpfungen vorstellen konnte. Was tun? Wie die hypertrophe Schleifentracht der Bückeburgerinnen, die grotesken Röcke der

Schwälmerinnen aus dem allgemeinen Trachtenbewußtsein verdrängen, in das sie die prachtvollen Bildbände des Hans Retzlaff gerade eingebracht hatten?

Die nationalsozialistischen Volkskundeideologen erkannten wohl richtig die Zusammengehörigkeit von Trachtenaufwand und materieller Besitzrepräsentation. Ihre Deutung dieses Bezugssystems war ebenso lächerlich wie unverschämt: sie brachten die überladenen Ausformungen mancher Trachten seit dem Ende des 19. Jahrhunderts mit dem »Eindringen des Judentums in die sogenannten besseren Gesellschaftsschichten« der Gründerzeit in Verbindung, womit den Bauern Protz und Pomp vorgelebt worden sei.

»Ein unbäuerlicher, undeutscher Geist hatte über viele Teile dieses gesunden Restes im deutschen Volkskörper gesiegt. Daß aber der bäuerliche Mensch nicht überall seine Tracht aufgab, ist ein Zeichen, wie selbst in dieser Entartung noch ein bäuerlicher, selbstbewußter Zug war.«[11]

Hatte man sich auf diese Weise mit weltanschaulich harter Argumentation der nicht erneuerungsfähigen Trachten entledigt, so war der Weg freigelegt für eine »richtige«, d. h. positiv mit Welt-

Schwälmer Bauernbursche in heroischer Pose. (Foto Retzlaff um 1935)

anschauung verbundene »deutsche Tracht«. So wie einst der Turnvater Jahn von einer »deutschen Nationaltracht« träumte, sollte nun aus den »Urformen« aller deutschen Trachten ein verbindlicher neuer Kleidungsstil entstehen. Für die Mädchen und Frauen war an eine Art von Miederkleid gedacht. Das alpine Dirndl diente als Grundlage, verziert mit kunstvoll selbstgestickten Sinnbildern. »Zweckmäßige, natürliche Trachtenerneuerung« im Norden Deutschlands wie in der »Ostmark«, aber ohne »aussichtslosen Erhaltungsrummel«, »bäuerliche Trachten« im Sinne eines »geistigen Bauerntums«, so enthüllte sich die ideologische Zielsetzung, der bei den Jung-Männertrachten mit Stiefeln oder der ledernen Kurzen noch eine »Entscheidung zum Soldatischen« hinzugefügt wurde. Damit ist angesprochen, welche Haltung diese sogenannten »Volkstrachten« ausdrücken sollten: markige Bauerngesinnung für ein eroberungsfreudiges »Volk ohne Raum«. Eine makabre Berühmtheit erhielten, wie schon erwähnt, die als Provokation gemeinten weißen Kniestrümpfe der österreichischen und sudetendeutschen Hitlerjugend:

»Was das Tragen eines Paares harmlos weißer Strümpfe in letzter Vergangenheit an soldatischem Mut bei unseren Brüdern der Südostmark vorausgesetzt hat, ist wohl jedem bekannt«[12],

schrieb H. Hecker 1939.

Es wäre nicht zutreffend, der nationalsozialistischen Ideologie eine absolute Trachtenfreundlichkeit zuzuschreiben. Die Kinder und Jugendlichen auf dem Lande wollte man weniger in ihren traditionellen, an die Bauernfamilie gebundenen Dorftrachten sehen als vielmehr in einer heroischen und aggressiven bäuerlichen Gesinnung, für die Zeichensetzungen wie weiße Kniestrümpfe oder Berchtesgadener Jäckchen genügten. Dazu kamen trachtenähnliche Gewandungen wie die Volkstanzkleider der Arbeitsmaiden und der Jugendorganisation »Glaube und Schönheit«.

Das hatte nichts mehr mit der strukturellen Ordnung zu tun, in der die bäuerliche Familie als Ganzes lebte und in der auch die Kleidung der Kinder eine bedeutsame Rolle eingenommen hatte.

Nach dem Zweiten Weltkrieg trat zunächst keine radikale Veränderung des ländlichen Kleidungsverhaltens und damit auch der dörflichen Kinderkleidung ein. Man zog den Kindern an, was da war, d. h. in den Trachtengebieten Hessens z. B. trugen die Kinder vielfach noch bis in die fünfziger Jahre die Dorftracht. In der Schwalm gingen die Kinder in der Tracht zur Konfirmation, wozu M. Hain 1959 schrieb:

»An diesem Festtag erhielten Konfirmand und Konfirmandin die wesentlichen Stücke des ›Kirchenwerks‹: die Abendmahlstracht. Das Mädchen erschien in ernstem Schwarz, im faltigen Tuchrock, der seidenen Schürze, dem glänzenden Motzen. Die kleine Kappe war unter der blauen Ziehhaube aus Tüll versteckt; nur ihre grünbestickten Bänder fielen auf das Brusttuch. Die Hände in weißgestrickten Handschuhen hielten die große Schwälmer Bibel und das blaue Paradetaschentuch. Das feierlich-strenge Schwarz-Weiß der weiblichen Tracht wiederholte sich im Anzug des Schwälmer Konfirmanden, der erstmalig den langen Kirchenrock und den Dreimaster anlegte. Der Konfirmand in Tracht ist schon seit Jahrzehnten verschwunden; die Konfirmandin erst in den letzten Jahren. Nur die alte Schwälmerin kann sich von ihrer Abendmahlstracht nicht trennen und will darin begraben sein.«[13]

Kommunikantinnen aus dem katholischen Mardorf bei der Fronleichnamsprozession 1969.

1946 trugen im katholischen Mardorf von 16 Schulabgängern 15 Tracht;
1952 trugen im katholischen Mardorf von 16 Schulabgängern 11 Tracht;
1955 trugen im katholischen Mardorf von 15 Schulabgängern 7 Tracht;
1956 trug im katholischen Mardorf von 9 Schulabgängern 1 Tracht.[14]

Dieser totale Rückgang entspricht dem sonstigen ländlichen Kleidungsverhalten der Nachkriegsjahrzehnte, das Gitta Böth besonders für Mardorf exemplarisch beschrieben hat (Diss. 1980). Auch die Kinder blieben nicht mehr auf »ihr« Dorf beschränkt. Neue Schulverhältnisse, Sport und Freundschaften erweiterten früh ihren Lebenskreis und führten genau wie bei ihren Müttern zu einer Abwendung von der Tracht, die nun nicht mehr wie einst Schutz und Geborgenheit bedeutete, sondern Ausgeschlossenheit und Isolation inmitten einer zunehmenden gleichförmigen Verbürgerlichung. Maria Wimmer, geboren 1944, erzählt ihre kindlichen Kleidungserinnerungen aus einem schwäbischen Dorf:

»Ich durfte mein Sonntagskleidchen anziehen und mußte keine Schürze tragen, auch die weißen Kniestrümpfe, die seit dem letzten Sonntag frisch gewaschen waren, holte meine Mutter aus der Schublade. ›Aber nicht gleich rumsauen‹, sagte sie, ›daß man dich nachher auch noch angucken kann.‹ Aber ich wollte gar nicht spielen, wenn ich so schön war. Ich ging von der Küche in den Hof, vom Hof ging ich in den Garten, immer auf den Wegen, dann ging ich wieder in die Küche. Meine Mutter nahm mich oft mit ins Dorf. Sie band sich vorher eine frische Schürze um und mir auch. Dann kämmte sie mir die Haare. Sie wurden links und rechts gescheitelt, die mittlere Partie schlug sie über einen Kamm zu einer Tolle zusammen. Die Leute sagten dazu Hahnenkamm, was mir peinlich war. Am Ende des Hahnenkamms steckte eine riesige Schleife aufrecht im Haar. Es war ein breites, mit Hoffmanns Katzenstärke steifgemachtes Band. Ehe wir losgingen, holte sie ein frisch gestärktes aus der Schublade. Wenn sie es zu einer Schleife faltete und mit einer Hornlibelle befestigte, raschelte es. Meine Mutter nahm mich an die Hand, und die Leute sagten, ich hätte einen mächtigen Propeller auf dem Kopf, ich solle nur aufpassen, daß ich nicht wegflöge. Da konnte ich diese Schleife nicht mehr ausstehen, ich dachte, mein Kopf sähe aus wie ein Hubschrauber.«[15]

In Bayern und den alpinen Ländern galten wohl andere Normen, hatten doch hier die Trachten und ihre praktischen Modernisierungen seit langem in Land und Stadt eine andere modische Geltung besessen (vgl. Kap. XII, »Lederhose«). Das leitet über zu einer weiteren Fragestellung: Was bedeutet »Tracht« in unserer modernen Gesellschaft? In den letzten Jahrzehnten und zunehmend in der Gegenwart schossen Trachtenvereine wie Pilze aus der Erde, es mehren sich die alljährlichen Trachtenumzüge und es gibt bald kein Städtchen und kein Dorf mehr ohne eine Volkstanzgruppe in heimischer Tracht. Die Übungsabende sind Treffpunkte der Jugendlichen, und oft existiert noch daneben eine Kindertanzgruppe, für die in den Dörfern die Mütter und Großmütter die alten Kindertrachten aus der Kommode holen. Was haben diese neuen Aktivitäten zu sagen, und welche Sprache spricht dabei die Tracht?

Die Antwort gehört ganz allgemein in den Bereich des Folklorismus, der folklorisierten Traditionsgüter. Aber während die Erneuerer der Nazizeit von oben eine »echt deutsche« Tracht dekre-

Die »katholische« Haartracht in Hessen. (Foto Dieffenbach um 1930)

tieren wollten, verläuft der Nachkriegsprozeß der Trachtenbelebung durch Volkstanzgruppen ganz anders.

Je kleiner der Rest alter Trachtenträger, um so größer die Gruppe trachtentragender Volkstanzvereine. Gruppentreffen wachsen sich zu Festivals aus wie das von einem Zigarettenkonzern finanzierte »Große Volkstanztreffen« 1978 in Marburg, wo Kür- und Pflichttänze von einer Jury bewertet wurden.

»Die farbige Show einer anderen ›natürlicheren‹ und ›ursprünglicheren‹ Gegenwelt fügt sich bruchlos in Kulturindustrie und Konsumgesellschaft.«[16]

Doch nicht davon soll hier die Rede sein, von der Rolle der Trachtengruppen bei alljährlichen Umzügen wie dem »Hessentag« und dem dabei erweckten Eindruck, als wären auch heute die Hessen vorwiegend ein Bauernvolk.[17] Unser Thema ist die Kinderkleidung. An eine Wiederbelebung der Kindertrachten als Dorfkleidung kann niemand ernsthaft glauben. Die Treffen der Volkstanzgruppen sind vernünftigerweise als gesellige Freizeitfreude zu

verstehen und die Trachten der Kinder als Tanzkostüme. Wenn dabei als Nebeneffekt ein Identifizierungsgewinn herauskommt, ein Stolz auf die eigene Dorfkultur, so kann das nichts schaden, solange es nicht zum Symbolwert »heiler bäuerlicher Heimat« u. ä. emporstilisiert wird.

Trachtenkostüme können Kindern und Jugendlichen viel Spaß machen. So sei zum Abschluß jene oberhessische Tanzgruppe genannt, die bei allen Gelegenheiten in »echt ungarischer Tracht« erscheint: einem grün-weiß-rot benähten Operettenkostüm. Ihre Eltern oder Großeltern waren ungarndeutsche Donauschwaben und wurden 1947 nach Hessen umgesiedelt. Es ist ein hübscher Beweis gegen Trachtenchauvinismus, daß sich gerade diese Gruppe, die den Ungarn eigentlich gram sein könnte, ein solches »ungarisches« Fantasiekostüm gewählt hat.

Anmerkungen

1 Nach Wehler (Hg.): Moderne deutsche Sozialgeschichte. Köln [5]1976. S. 273.

2 Zitiert nach: Das Bild vom Bauern. Katalog Museum für Deutsche Volkskunde. Berlin 1978. S. 144.

3 Politik in Zahlen. Oktober 1972. S. 27.

4 Vgl. Böth: Kleidungsverhalten in hessischen Trachtendörfern. S. 3.

5 Hofmann: Grundelemente der Wirtschaftsgesellschaft. S. 16.

6 Hain: Das Lebensbild eines oberhessischen Trachtendorfes. S. 19 ff.

7 Dokumentarisch dargestellt ebda. S. 37 ff.

8 Böth: Kleidungsverhalten. S. 91.

9 Kinder in Tracht (Aufnahmen H. Retzlaff), Königstein i. T. und Leipzig (o. J.); Deutsche Trachten (Aufnahmen H. Retzlaff) Königstein i. T. (bis 1958) u. a. m. Kleine Reise in die Schwalm (Aufnahmen H. Retzlaff), München-Pullach o. J. ([3]1971).
Vgl. Berlit, O.: Die Willingshäuser Malerkolonie in neuerer Zeit. In: Hessen-Kunst 1922. S. 47.

10 Dieffenbach: Trachtenleben. 1983.

11 Hecker, H.: Trachten unserer Zeit. München 1939. S. 23/24.

12 Ebda. S. 25 f.

13 M. Hain in: Lücking, W.: Trachtenleben Hessen. S. 22 f.

14 Nach Böth: Kleidungsverhalten. S. 147.

15 Wimmer: Kindheit auf dem Lande. S. 21 ff.

16 Bausinger: Kritik der Tradition. In: Zs. f. Vkde 65 (1969). S. 233.

17 Vgl. dazu Bimmer: Hessentag. S. 129 ff.

XII.
Die Kindermode in der Bundesrepublik

Allgemeine Modetendenzen

Einen sozialgeschichtlichen Überblick der Jahrzehnte nach dem Zweiten Weltkrieg zu geben, fällt aus der Nähe des eigenen Erlebens schwer. Die Versuche in Richtung auf eine demokratische Lebenseinstellung in der Weimarer Zeit, die der Nationalsozialismus so jäh beendet hatte, begannen wiederaufzuleben und wurden kräftig gefördert.

1949 entstand im Westen die Bundesrepublik, wenig später im Osten die DDR. Die beiden deutschen Staaten entwickelten in der Folgezeit nicht nur entgegengesetzte politische Systeme, auch das kulturelle Leben lief in verschiedenen Richtungen. Dazu gehörten auch Mode und Kinderkleidung.

Von der Entwicklung in der DDR kann aus Mangel an zuverlässigen Informationen und teilnehmender Betrachtung hier nur sporadisch berichtet werden.

In der Bundesrepublik folgten einander und konkurrierten miteinander die verschiedensten Sozialisationssysteme von ultrarechts bis ultralinks. Die Probanden all dieser Reform- und Gegenreformbestrebungen waren (und sind) die Kinder, die sich mit der Unsicherheit der Erwachsenen und deren oft extremer Auswegsuche auseinanderzusetzen hatten, meist passiv.

Dabei wäre es doch leicht gewesen, nach den schmerzhaften Erfahrungen von Machtausübung und deren katastrophalen Folgen vor allem die Gewalt aus der Erziehung zu verbannen und an ihre Stelle das partnerschaftliche Miteinander zu setzen. Das hätte ein Umlernen aller Altersgruppen vorausgesetzt, und davon war bis zur Studentenbewegung keine Rede.

War schon die Mode der letzten Kriegsjahre wenig kleidsam gewesen, grau in grau, so galt das in noch viel stärkerem Maße für die Nachkriegsjahre, besonders in den stark heimgesuchten Großstädten wie Berlin, das einst ein europäisches Modezentrum gewesen war. Seit Jahren hatte man sich nur auf Kleiderkarten etwas Neues kaufen können, und die alten Garderobenbestände gingen meist gänzlich verloren. Am schlimmsten hatten die

»Trümmerfrauen« zu leiden, die die Steine der zerbombten Häuser für weiteren Gebrauch zurechtklopfen mußten. Sie schufen sich eine eigene »Mode« aus den Militärjacken ihrer Männer und Söhne und aus farbigen Tüchern, die sie sich turbanähnlich um die Köpfe banden.

Im übrigen galt die Devise »Aus alt mach neu«, »Aus zwei (oder sogar drei) mach eins«, und so standen die Schneiderinnen wieder hoch im Kurs, die mit viel Phantasie und Geschick oft schier Unmögliches zustandebrachten.

In dieser Zeit, als auch die Theater und Konzertsäle kaum geheizt waren, aber stets gefüllt von Kulturenthusiasten, begann die Gleichgültigkeit gegen den Zwang zu feiner Garderobe. In alltäglicher Kleidung, im Pullover und mit flachen Schuhen ins Theater zu gehen, wurde in der Not zur Tugend, bis das Wirtschaftswunder wieder neue Normen setzte – aber doch nicht mehr für jedermann.

Der New Look

Zwei Jahre nach entbehrungsreichem Aschenputteldasein begann die Nachkriegsmode mit einem Paukenschlag aus Paris: Mit dem Beginn der Währungsreform 1947 (in Berlin ein Jahr später) präsentierte der Couturier Christian Dior (1905-1957) seine Kreationen mit einem so sensationellen internationalen Erfolg wie kaum ein Modemacher zuvor oder danach, denn er berührte genau die Saite des weiblichen Gemütes, die viele Jahre verstummen mußte. Die weitschwingenden Röcke, die schmalen und glatten Schultern ließen die enge Taille zerbrechlich wirken. Die Modeideologen wunderten und ärgerten sich über diesen »New Look«, und »Berlins Modeblatt« schrieb 1948:

»In einem Zeitalter, das überall sich bemüht, der Frau die Gleichberechtigung zu erkämpfen, macht er aus Frauen hilflose Geschöpfe, deren Wespentaille wie einst aus der Stoffülle aufsteigt ... Trotz allem ist der lange Rock überall zu sehen ... Über kurz oder lang wird bei uns heftig disputiert, aber in rhetorischer Form.«

Aber so einfach war das Rätsel der Zeichensetzung nicht zu lösen, und diese Interpretation klingt ganz nach Kaisers Zeiten. Für die Gleichberechtigung der Frau muß man nicht unbedingt im Männerkostüm à la Ninotschka kämpfen, denn sie bedeutet ja nicht die Imitation des Mannes, sondern die Anerkennung der Frau als menschlich gleichwertig. – Dior selbst bezeichnete seinen New Look als die Rückkehr zu dem, was gefällt, zum Kleidsamen. Damit hatte er ins Schwarze getroffen, der internationale Erfolg gab ihm recht.

Was aber danach aus Paris kam, gehört in die Geschichte des rücksichtslosen Modegeschäfts und der Geschmacksmanipulation. In den Jahren ab 1950 folgten einander ununterbrochen unterschiedliche Modelinien, die in Rocklänge, Taillenweite und Ausschnitt stets neue Vorschriften setzten:

1951/52:	Lange Linie
1952:	gewundene Linie
1952/53:	profilierte Linie
1953:	Tulpenlinie
1953/54:	lebhafte Linie
1954:	Maiglöckchenlinie
1954/55:	H-Linie
1955:	A-Linie
1955/56:	Y-Linie
1956:	Pfeillinie

Dior schrieb dazu:

»Die Weite gewisser Modelle der Kollektion Frühjahr-Sommer 1955, die der Taille freien Spielraum ließ, übertreibend, habe ich den Buchstaben A gefunden, der auf den Buchstaben H der vorhergehenden Saison folgte. Die Y-Linie deutet die Verlängerung der Röcke, die schmal betonte Taille und die hoch ansetzende Brust an. Aber jede Kollektion ist von einer großen Vielfältigkeit der Themen, und kein Buchstabe des Alphabets – ob nun A, H oder Y – ist fähig, sie alle auszudrücken.«[1]

Doch der Normalverbraucher stand verwirrt vor immer neuen Vorschriften über Rocklänge und -weite, Farben und Formen. Sein Bedürfnis, dem Diktat der Mode zu folgen, seine Ängste, nicht »in« zu sein, wurden vom Modegeschäft ausgiebig genutzt. Dem konnte nur durch ein größeres Selbstbewußtsein der Käufer, durch Innenlenkung statt Außenlenkung beim Einkauf entgegengetreten werden.

Die Hosenmode der Frauen

Es war besonders ein Kleidungsstück, das größeres Emanzipationsbedürfnis signalisierte und vollzogene Emanzipation unter Beweis stellte: die weibliche Hosenmode. Das ganze 19. Jahrhundert hindurch hatten sich Männer- und Frauenmoden völlig unabhängig voneinander entwickelt, wobei die Männerkleidung seit der Einführung der Röhrenhosen ziemlich gleich blieb, während sich die Frauenkleidung unsicher in historisierenden Formen bewegte: antikisches Hemdkleid, rokokoimitierende Krinolinen, barockisierende stoffreiche Bauschungen usw.[2] Erst mit der Emanzipierung der Frauen erschien zu Ende des Jahrhunderts eine neue, klare Modelinie: zunächst Rock und Hemdbluse, sogar mit steifem Blusenkragen und Krawatte, dann das Schneiderkostüm und schließlich die Hosen, zunächst besonders als Sporthosen für Radlerinnen. Damit endete in der Sprache der Kleidung die sozialgeschichtliche Epoche 19. Jahrhundert mit ihrer strengen Rollenverteilung.

In der Stadtmode aber gehörte nun mehr und mehr die Hose zum weiblichen Garderobenbestand: in den fünfziger Jahren Fischer- und Caprihosen, in den Sechzigern Hosenanzüge à la Marlene Dietrich[3], in den Siebzigern dann die Jeans. Daneben gab es eine Fülle von Varianten: von den Hot pants über Knickerbocker aus Strick- und Wollstoff (Caddyhosen) zu Smoking- und Haremshosen. In den siebziger Jahren brachte die Folklore-Welle Pump-, Zuaven-, Pyjama-, pakistanische Wickel-, aber auch wieder strenggeschnittene Herrenhosen.

Mini – Maxi – Midi

Aus dem Kampf um die Rocklängen Ende der sechziger und Anfang der siebziger Jahre ging also der Hosenanzug als Sieger hervor, gewissermaßen als lachender Dritter, denn er verlangte keine Entscheidungen.

Die sechziger Jahre waren das Jahrzehnt der erwachenden Jugend, der sich emanzipierenden jungen Frauen, die für sich ihre eigene Lebensweise gegen die Wohlstandswelt ihrer Eltern entdeckten. Dem entsprach die extrem junge Mode, die 1961 von

André Courrèges kreiert und zwei Jahre später von Mary Quant und den Londoner Swinging Girls als Mini-Look durchgesetzt wurde. Diese kindliche Linie hat fast zehn Jahre lang das Straßenbild bestimmt. Es war, als gäbe es keine Modediktate mehr, keine künstlich geweckten Bedürfnisse. Jede Frau jeden Alters trug ihre Röcke so kurz oder so lang, wie sie wollte. Im Mini fühlten sich die Jungen jung und frei, sexy und selbständig. Wenn in der Kostümgeschichte die Parallele von Beinerotik und Sterilität ihre Richtigkeit hat, dann paßt sie verblüffend auf dieses Jahrzehnt der Minimode und der neu entdeckten Antibabypille.

1970 sollte der Traum zu Ende sein. Dabei hatte zweifellos die Textilindustrie ihre Hand im Spiel, die schon lange den knappen Stoffverbrauch bedauerte. Auf dieser Linie bewegte sich eine leidenschaftliche Pro-Mini-Bewegung, wie sie in der Kostümgeschichte einmalig ist. Aber »das Knie – ist fini« hieß ein Anti-Mini-Slogan; die Mode hatte sich überlebt und vertrug keine Steigerung, keine Entwicklung mehr. Modebewußte Mädchen suchten nach Abwechslung und entdeckten zunächst den Reiz des Maximantels über dem Minikleid. Zum Midi konnte man sich nur schwer entscheiden, Gewänder vom Typ »Klosterfrau-Melissengeist«. Der Handel buchte nur zögernd und mit schwerwiegenden Fehldispositionen die neue Linie. Niemand wußte recht, woran er war. Dazu kam, daß eine totale Umstellung der Garderobe mindestens den Monatslohn einer Büroangestellten ausmachte.[3] Aber auch abgesehen von solchen Gründen und bei aller Lust aufs Neue: am Mini hat die weibliche Jugend mehr gehangen als an irgendeiner Mode zuvor und hat ihn erfolgreich verteidigt – und in den Achtzigern sogar seine Auferstehung erreicht. Er war so etwas wie eine demokratische Kleidung, exklusiv nur im Sinne seiner Jugendlichkeit, was begehrenswerter ist als Reichtum.

Die Maximode als Straßenanzug – abgesehen vom billigen asiatischen Hippiestil – konnten und mochten sich nur wenige leisten. So kam allmählich der Midi auf, »kniebe«(-deckt) – für diejenigen, die keine Jeans trugen. Im Kampf um die Rocklänge zeigte sich erstmals eine junge Gesellschaft, die dem Leistungs- und Konformitätsdruck den Wunsch nach eigener Identität entgegensetzte.

Eine Schulklasse der 50er Jahre.

Freizeitkleidung

Über 150 Jahre haben sich die Männer modisch zurückgehalten. Nach der Französischen Revolution verschwanden die Farben mehr und mehr aus ihrer Kleidung, bis nur noch die Krawatten als einziger Farbfleck übrigblieben und etwas erahnen ließen von der Weisheit Karl Valentins: »Mögen täten wir schon wollen, aber dürfen haben wir uns nicht getraut.«

Seit Hobby »in« ist, hat sich das geändert. Seit der Urlaub im Campingwagen abläuft, mußte für die Freizeit eine neue Kleidung geschaffen werden, die zunächst einmal zeichenhaft den Wert der freien Zeit von der Arbeitswelt absetzte. Das geschah durch frische Farben, leichte Stoffe, offene Hemden, kurze Hosen u. a. m. Aber dann entwickelte sich die Freizeit-Textilindustrie mit viel Phantasie, und vieles aus der Freizeitkleidung kam auch an den Arbeitsplatz. Jeans und Cordhosen wurden gut genug für das Büro und die Schule. Die Grenzen verwischten sich; wer wollte heute all die Kleidungsstile noch streng nach Gelegenheiten auseinanderhalten?

Der Kinder neue Kleider[4]

Die Lederhose

Die Lederhose war und ist ein Bestandteil der alpinen Männertracht. Die Lederhose gehörte zur Uniform der Hitlerjugend in Bayern und Österreich. Beides ist richtig.

Die Lederhose war in den ersten zwei Jahrzehnten nach 1945 das beliebteste Kleidungsstück der Jungen von München bis Hamburg.

Diese drei Aussagen, die kaum in Zusammenhang zueinander zu stehen scheinen, werden bei näherem Zusehen ihre strukturelle Beziehung nicht verbergen können. Zunächst ein kostümgeschichtlicher Rückblick:

Die lederne Kniehose gab es schon im ausgehenden 18. Jahrhundert, dessen Mode ja auf viele Volkstrachten des 19. und 20. Jahrhunderts vorbildhaft gewirkt hat. Sie geht nämlich zurück auf die *Culotte,* das typische Herrenbeinkleid des Rokoko. Diese enge Kniehose, die der Lederhose übrigens auch den Hosenlatz vererbte, hatte sich in Mode- und Volkskleidung für die Männer im Verlaufe des 18. Jahrhunderts durchgesetzt und folgte der vorher üblichen Pluderhose. Das Bekleidungsmaterial Leder kannte man bereits seit vorgeschichtlichen Zeiten. Die Novation bestand im 18. Jahrhundert für die Bergbauern des Alpenlandes lediglich darin, dieses überaus praktische Material auf die modische Form der Kniehose zu übertragen. Seit mit Beginn des 19. Jahrhunderts die Maler das bayerische Oberland und die Schweizer Berge entdeckten, gibt es eine Fülle von Bildern, die die Entwicklung der Lederhose registrieren.[5]

Grundform dieses volkstümlichen männlichen Kleidungsstückes war also die Kniehose.[6] Damit wird deutlich, daß die alpenländischen Bauern sich auch nach der Französischen Revolution weiter nach dem höfischen Vorbild richteten – und nicht etwa nach dem Verhalten der Bürger und Proletarier, die die Kniehosen abgelegt, die lange, enge Hose eingeführt und zur internationalen Mode erhoben hatten. Wie unbekannt Lederhosen in mittel- und norddeutschen Städten waren, schildert Robert Bosse (1832-1901), Sohn eines Geschäftsmannes in Quedlinburg:

»Ich mag wohl ein ziemlich wilder Junge gewesen sein. Eines Tags, als ich etwa sechs Jahre alt und Schüler der dritten Klasse der Volksschule war, hörte ich meinen Vater zur Mutter sagen: ›Für den Jungen hält ja weder

Rock noch Hose. Er müßte Hosen von Eisen haben. Ich werde ihm einstweilen ein Paar Lederhosen machen lassen.‹ Zu meinem Schreck machte er mit dieser Drohung Ernst. Eines Tages nahm er mich mit zu einem in unsrer Nähe wohnenden Beutlermeister, ließ mir dort Maß nehmen und bestellte für mich eine wildlederne Hose. Wirklich kam bald nachher die schönste silbergraue Lederhose für mich an und mit ihr ein Paar neuer, sogenannter steifer Stulpstiefel. Es half kein Sträuben und Weinen. Am andern Morgen wurden mir die enge, wildlederne Hose und die Stulpstiefel angezogen, und ich mußte damit zu Herrn Kleinert in die Klasse gehn. Diese Tracht war für städtische Jungen damals unerhört. Nur die Bauernjungen auf dem Lande trugen sie. In der Schule ergoß sich denn auch von seiten der andern Jungen über mich eine Flut des verächtlichsten Hohns. Als wir nach der Schule auf die Straße kamen, um nach Hause zu gehn, wurde ich von den Jungen nicht nur ausgelacht, sondern auch ›ausgeätscht‹. Einer rief mir zu: ›Meßenke‹. Schließlich wurde ich wütend und fing an, auf die unverschämten Bengel einzuhauen. Es gab eine richtige

Kleiner Lederhosenträger.
(Fritz Reiß 1857 – (Datum nicht zu ermitteln)

Prügelei, aber mehr als über die Prügel ärgerte ich mich über den unerhörten Schimpfnamen: Meßenke, d. h. Mistenke. Mistenken hießen in Quedlinburg die jüngsten Ackerknechte der Ökonomen, weil sie den Dünger auf die Äcker zu fahren hatten. Ich kam, braun und blau geschlagen, nach Hause und erklärte meinen Eltern heulend, aber mit aller Bestimmtheit, daß keine Macht der Erde mich mit der Lederhose wieder in die Schule bringen würde. Zu meinem eignen Erstaunen nahm mein Vater die Sache von der humoristischen Seite. Er gab nach. Ich durfte die silbergraue, wildlederne wieder ausziehn und ging schon Nachmittags wieder in meinem gewöhnlichen Anzuge zur Schule. Die Dummheit der Jungen hatte gesiegt. Ich habe die wildlederne Hose nie wieder in der Schule getragen. Nur als wir Jungen später anfingen, kleine Theaterstücke aufzuführen, wurde sie ein äußerst willkommenes Garderobestück, das uns für die Rollen von Bauernburschen und Bauern gute Dienste leistete.«[7]

Die Lederhose ist also hier noch ganz als bäuerisches Kleidungsstück charakterisiert und für Stadtjungen verächtlich.

Warum hielten die Alpenbauern sich nicht an Bürger und Arbeiter, sondern richteten sich nach den seidenen Culotten einer abgelebten Epoche, deren Strukturen sie wohl noch verhaftet waren?

Die lederne Kniehose gehörte zur Fest- und Arbeitskleidung der Bergbauern, bis dann in der zweiten Hälfte des 19. Jahrhunderts auch in Bayern die Lederhose allmählich der städtischen Röhrlhose zu weichen begann. Durch das neue Verkehrsmittel, die Eisenbahn, belebte sich der Kontakt mit der Stadt, und mit der Eisenbahn kamen auch die ersten städtischen Sommerfrischler in die Alpentäler. Der Landbewohner wurde durch diese Begegnungen in seiner eigenen Haltung und Kleidung unsicher, wozu Zeitungen und Witzblätter ihr Teil beitrugen. Bald begann er, den Städter auch in seiner Kleidung nachzuahmen, und die Älplertracht ging wie alle anderen Volkstrachten den allgemeinen Anpassungsweg an die Bürgerkleidung. Aber eine lebhafte Vorliebe für eine Art von Trachtenlook blieb in allen sozialen Schichten bestehen, und daß besonders die Männertrachten in den Alpenländern nicht wie in den meisten Trachtenlandschaften verschwunden sind, hatte seinen Grund in einem Modeprozeß, der für Österreich und Bayern von der gesellschaftlichen geistigen Oberschicht in Gang gesetzt wurde.

Das hing zumindest für Österreich mit der Persönlichkeit des Erzherzog Johann (1782-1859) zusammen. Er lebte, bürgerlich verheiratet, in einem liberalen Freundeskreis in romantisch empfindsamer Volkstümlichkeit. Dazu gehörte auch die Sorge für jene Züge des Volkslebens, die auf ihn persönlich anziehend und romantisch wirkten, in besonderem Maße die Tracht. Man trug sich in seinen Kreisen auch öffentlich im Steierg'wand – und von solcher Anhebung der Tracht durch hohe und höchste Herrschaften ging ein großer Prestigezuwachs aus. Seit den Zeiten des Erzherzogs Johann ist dann die Pflege der Tracht in Adels- und Bürgerkreisen nicht mehr abgerissen. In Österreich blieb dadurch die Volkstracht immer bis zu einem gewissen Grade salonfähig, immer in irgendeiner Weise modern. Auch im dynastisch verwandten Bayern ging die Entwicklung ähnlich vonstatten. Die Angehörigen des bayerischen Königshauses trugen sich trachtenmäßig und bevorzugten die lederne Hose, besonders bei den feudalen Jagdgesellschaften. Nie gab es in den Alpenländern eine so tiefe Kluft zwischen der Kleidung der Oberschicht und der Tracht des Landvolkes wie in den meisten anderen Landschaften Deutschlands, wo die Regionaltracht nur mit dem Dorfe verbunden war.

Die Trachtenvorliebe der führenden Gesellschaftsschicht in den Alpenländern wirkte also trachtenerhaltend, weil sie der Volkstracht einen dominierenden Stellenwert im Gesamtsystem der Modekleidung wie in der Heimatbewegung verlieh. In der zweiten Hälfte des 19. Jahrhunderts erkannten die Trachtenpfleger richtig, daß eine gewisse Anpassung nötig sei. So erneuerten sie radikal, schnitten die Lederhose endgültig kurz, ersetzten die alten ornamentalen Steppmuster durch grüne Eichenlaubstickereien und paßten sich auch mit dieser Ausschmückung dem altdeutschen Geschmack der damaligen Zeit und der Bürgergesellschaft an.

In den Jahren vor dem Ersten Weltkrieg gab es moralische Widerstände gegen die kurze Lederhose, besonders bei der Geistlichkeit. Aber nach dem Kriege wurde sie allgemein Mode und kam über Sommerfrischler und Alpenvereinsbälle auch in die Städte. Bald entstand sie nicht nur in der Werkstatt des Säcklermeisters, sondern es bemächtigte sich ihrer auch die Konfektion. Vereint mit dem Dirndl ist die Sepplhose ein modischer Schlager geworden, und die Wogen des Beifalls für die Operette »Das weiße Rößl« haben ihr vom Salzkammergut bis nach Hollywood zum modischen Welterfolg verholfen.

Zwischen der kurzen Lederhose und der sogenannten Sepplhose

bestehen allerdings gewisse Unterschiede. Erhob die kurze Lederhose einst den Anspruch, »Stammestracht« zu sein, so war dies bei der neuen Hosenform nicht mehr aufrechtzuerhalten, die jetzt von ihrem alpinen Ursprungsgebiet her internationalisiert wurde. Die Sepplhosen waren jene »grauen, überaus kurzen, mit aufgebogenen Stulpen und einem Schlitz versehenen Ableger der Lederhose«, die von den »Trachtenerhaltern« streng verpönt waren.

»Mit der grauen Hose wurde ja auch nicht mehr Traditionspflege und Heimatbewußtsein verbunden, sondern Jugendlichkeit, Gesundheit und Wanderlust. Die ›Sepplhose‹ wurde zur Tracht der verschiedensten Jugendbewegungen und blieb es auch, als sich die Farbe des Hemdes in braun verwandelte.«[8]

In der Zeit des Nationalsozialismus erfuhr sie eine Aufwertung von ideologischer Seite. Hitler und Göring ließen sich volkstümelnd in Lederhosen fotografieren, und die Hitlerjungen trugen

Berliner Junge in Lederhosen. (Foto 1957)

in Oberbayern und Österreich Lederhosen als Uniformstücke. Für die sudentendeutschen Jugendorganisationen aber galten Lederhose und weiße Kniestrümpfe als gleichbedeutend mit dem Bekenntnis zum Reich. Das hatte, wie schon gesagt, im Sinne zeichenhafter Kleidungssprache immer wieder provozierend auf die Tschechen gewirkt. Und als nach dem Zweiten Weltkrieg die sudetendeutsche Landsmannschaft bei ihrem Pfingsttreffen die Jugend wiederum in dieser Kombination aufmarschieren ließ, da war das keine Trachtennostalgie, sondern eine ganz bewußte reaktionär-ideologische Demonstration mit den Mitteln der Kleidung.

In großem Unterschied zu diesen Modebewegungen und Zeichen der Kleidungssprache steht aber eine andere Funktion der Lederhose, die sie nach Kriegsende etwa 20 Jahre lang zum beliebtesten Kleidungsstück der Jungen in Deutschland, ja bis ca. 1965 zum Zeichen der Kindheit schlechthin werden ließ. Selten hat ein Kleidungsstück so einhellig den gemeinsamen Beifall von Eltern und Söhnen gefunden.

Eine folkloristische Moderichtung war ja nicht neu: Anregungen aus dem alpenländischen Trachtenleben, wie Dirndl und Joppenanzug, Lederhose und Janker, gab es seit mindestens 1920.

Nun vereinnahmte auch die Konfektion dieses Kleidungsstück; ihr reiches und auch verhältnismäßig preiswertes Angebot, Lederhosen auf großen Warentischen bei Brenninckmeyer und Hertie, erreichte einen viel größeren Käuferkreis und begeisterte Eltern wie Kinder. Kein Fleck war zu sehen, kein Waschen und Plätten nötig, und kein Drahtzaun ließ Löcher und Winkelrisse befürchten. Es war also ein ungeheuer praktisches Kleidungsstück, mit einem sauberen weißen Hemd sogar am Sonntag tragbar und im übrigen mit jeder Art von Pulli und Nicki zu kombinieren. Damit hatte es seinen zünftigen Trachtencharakter allerdings längst eingebüßt und war zur Jungenskleidung schlechthin geworden – vielleicht mit dem uneingestandenen Beigeschmack: ein deutscher Junge trägt Lederhosen! Dann, in den sechziger Jahren, hatte sie ihren modischen Höhepunkt überschritten, zumindest was die Altersschicht der Lederhosenträger anbetraf. Ihre Anhänger waren von Saison zu Saison in immer jüngeren Jahrgängen zu suchen, nämlich dort, wo die Kinder dem Geschmack ihrer Mütter ausgeliefert sind. Die Konfektion erfand die niedlichen Varianten mit aufgenähten roten Lederherzen als Taschen und ähnlichen

Gags, und bald wollten die größeren Jungen nichts mehr von Lederhosen wissen.

Nunmehr wurde für einige Zeit die lederne Bundhose als praktisch und kleidsam modern und eroberte sogar die Kleiderschränke der Teenager, aber auch diese Modeperiode war bald vorbei. Immer kleinere Knaben wollten nun schon lange Hosen tragen. War nach dem Ersten Weltkrieg noch eine deutliche Scheidung zwischen Volksschülern und Oberschülern zu bemerken, die sich durch längere Beibehaltung kindlicher Kleidung, vor allem kurze Hosen, von den ersteren abhoben, so scheinen derartige Unterschiede heute fast völlig geschwunden. Das mag mit der allgemeinen Verbürgerlichung unserer Lebensideale und der Demokratisierung der Mode zusammenhängen. Die Tendenz zum Nonkonformismus im Kleidungsstil, die Abwehr allzu sportlicher Formen, die zudem noch fatale tausendjährige Erinnerungen zu wecken scheinen, mag hier ebenso eine Rolle spielen wie die Verneinung der Wertmarke »typisch deutsch«, die der Lederhose beispielsweise für die amerikanischen Touristen sogar Souvenirqualitäten verleiht.

Dieser Gedankengang führt zurück zu den eingangs gemachten Überlegungen. Die Lederhose wurde zum Schlager der Kinderkleidung, weil sie so praktisch und kleidsam war – auch vielleicht etwas ausdrückte vom gleichen Schicksal fast aller Kinder nach Kriegsende, dem gleichen weiten Straßenspiel, von den gleichen hauswirtschaftlichen Schwierigkeiten fast aller Mütter. Und nicht zuletzt: sie war eben deutsch!

Mädchenmoden

Schon Ende der vierziger, Anfang der fünfziger Jahre – die Zeit des Wirtschaftswunders sollte noch kommen – ließen sich Veränderungen im modischen Verhalten der Kinder und der Heranwachsenden erkennen. Die wenigsten von ihnen hatten den Krieg bewußt miterlebt; jetzt wuchs eine neue Generation heran, die mit der der Vorkriegsjahre keinerlei Berührungspunkte mehr besaß. Kritisch und erfinderisch zugleich, versuchten gerade die Mädchen, ihre oft noch wenig abwechslungsreiche Garderobe zu erweitern. So beschreibt Christine Haidegger (* 1942) ihre kleinstädtische Nachkriegskindheit, ihre Jahre im Internat und die kleinen Tricks, um dort eine breitere Kleiderauswahl zu haben, was an die ähnlichen Schul- und Internatserlebnisse der vorhergehenden Generationen erinnert:

»Aber viele Kinder haben sehr reiche Eltern, das merke ich an der Art, wie sie sprechen und wie sie sich kleiden. Obwohl uns die Kleidung vorgeschrieben ist, erkennt man den Materialunterschied sehr wohl. Nur gut, daß Mama so schön nähen kann. Ich gehöre dadurch zu den bestangezogenen Mädchen und habe viel zu wechseln. Viele Kinder haben nur die vorgeschriebene Anzahl Kleider und Sachen.«[9]

Die Internatsuniformierung versuchten die Mädchen durch Pullover- und Blusentausch zu umgehen. Das schon erwähnte Motto »Aus zwei mach eins« bestimmte bis in die fünfziger Jahre hinein die Mode der Kinder. Aus abgelegten Erwachsenenkleidungsstücken war immer noch etwas zusammenzuschneidern, aus aufgeribbelten alten Stricksachen neue Stücke zu zaubern; die Produkte gediehen nicht immer zur Freude der Kinder, wie sich Angelika Mechtel (*1943) erinnert:

»Ich stand (in der Badeanstalt) in meinem grünen Wollbadeanzug, den Mama aus alten Pullovern geschneidert hatte, der sich im Becken voll Wasser sog, schwer und formlos wurde.«[10]

Und an das Ende der fünfziger Jahre erinnert sich Maria Wimmer (*1944):

»Nach derselben Art strickte ich mir einen Pullover aus dem alten, den ich aufribbelte. Er ... war wie ein Sack. Aus der abgelegten Arbeitsstrickweste meines Vaters entstand ein Schal, der, mehrmals um den Hals geschlungen, vorne und hinten noch immer lang herabbaumelte.«[11]

Mütter und Töchter waren erfinderisch in der Herstellung neuer Kleidungsstücke. Als die Unsicherheit der ersten Nachkriegsjahre vorbei war, erlebte die Konfektionsmode einen ungeahnten Aufschwung. Entscheidend beteiligt war daran die Jugend als wichtiger Kundenkreis, der selbstsicher eine Meinung zu vertreten begann.

»Die Jugend hatte ihre eigenen Idole und Vorstellungen von schicker Kleidung. Zudem verfügten die Mädchen – vom Backfisch zum Teenager gewandelt – über wesentlich mehr Geld als je zuvor. Clevere Manager verstanden diese Situation kommerziell auszunutzen. Es entstanden eigene Modejournale für Teenager, und die Kaufhäuser richteten spezielle Teenager-Abteilungen ein. Die Jugend wurde für die Konfektionsmode allein tonangebend und verwies die Mode für die reifere Frau in eine wenig beachtete Ecke.«[12]

Die Mode hatte die Jugend entdeckt und machte sie zum Leitbild ihres Programms. Damit verband sich eine Zweiteilung der Kindheitsphase – Kindheit und Jugend –, die von der Industrie bewußt gefördert wurde. Nach den Gesetzen der freien Marktwirtschaft mußten die Kaufbedürfnisse erweitert werden, um den Absatz zu erhöhen. Also wurde sowohl eine Kinder- als auch eine Jugendkleidung kreiert. War vorher die Mode der Heranwachsenden, besonders der Mädchen, mehr oder weniger an die Kleidung der Frauen angeglichen gewesen, so entwickelte sich jetzt eine eigene Jugendkleidung mit eigenem Stil, angesiedelt zwischen Erwachsenen- und Kindheitsstatus.

Die Überbetonung des jugendlichen Stils brachte eine große Ausweitung dieser Altersstufe nach oben mit sich. Hatte sich früher die heranwachsende Tochter der Mutter in ihrer Kleidung angeglichen, so vollzog sich nun der umgekehrte Prozeß.

Die einst wohlerzogenen und wohlbehüteten Backfische hatten sich zu selbstbewußten Teenagern gemausert. Sie gefielen sich in weiten, von Petticoats aufgebauschten Röcken und besuchten Tanzstunden und neueröffnete Discotheken. Der Petticoat – von Frankreichs Idol Brigitte Bardot erst richtig zur Geltung gebracht –, eine abgeschwächte Form der steifen Krinoline, entwickelte sich zum Symbol des Wirtschaftswunders und seiner Errungenschaften. Je steifer er war (aus Glasbatist), desto modischer.

»Das neue Kleid, meinte sie, sollte ich vorerst nur sonntags anziehen. Ich hatte mir einen Petticoat dazu gewünscht, aber Mama hatte abgelehnt. Er wäre teurer als das Kleid gewesen.

Du kannst einen ganz normalen Unterrock drunter ziehen, hatte sie gesagt.«[13]

Und je entschiedener die Ablehnung war, desto größer wurde die Sehnsucht:

»Täglich forderte er uns auf zu überlegen, was wir uns wünschten. Ich wünschte mir, was Mama immer abgelehnt hatte: Dafür ist kein Geld da, sagte sie; ich wollte einen Petticoat.«

Und an anderer Stelle:

»Ich hatte feuchte Hände, wünschte, einen weiten Petticoat zu tragen, wie Tante Barbara, über den Brüsten einen straffgespannten Pulli, und wischte mir die Handflächen am Karokleid ab, das ich zur Schule anziehen mußte.«[14]

Nicht minder begehrt waren Nylonstrümpfe, ebenfalls ein Produkt Amerikas. Anfangs besaßen sie noch eine Mittelnaht auf der rückwärtigen Beinseite; die Produktion in der zweiten Hälfte der fünfziger Jahre konnte so verfeinert werden, daß nun die Strümpfe ohne Naht als neueste Mode auf den Markt kamen.

Den Gegentyp zum Petticoatgirl verkörperte die knabenhaft schlanke Filmschauspielerin Audrey Hepburn. Die engen, meist schwarzen Hosen und die viel zu weiten Pullover der Schauspielerin eroberten den Teil der jungen Mädchen, denen Petticoat und Nylonstrümpfe nicht erstrebenswert erschienen.

»Jeden Tag bin ich im Stadion gewesen, erzählt Marianne; sie hatte sich verändert, die Zöpfe waren bis auf die Schultern abgeschnitten, die Haare zum Pferdeschwanz zusammengebunden. Sie trug enge schwarze Röhrenjeans und hohe Schuhe, unter dem Pulli zeichneten sich die Verstrebungen des Büstenhalters ab.«[15]

Häufig mußten auch andere Auswege gesucht werden, wollte man ohne materielle Mittel seine modischen Vorstellungen realisieren.

»Man konnte nicht beides haben, lange Zeit auf die Schule gehen und keinen Verdienst heimbringen wie andere Gleichaltrige, vielmehr den Eltern auf der Tasche liegen und Geld kosten und dazu noch schöne Kleidung. Wenn ich unzufrieden war, sagte meine Mutter, vielleicht könne ich es mir später leisten. Außerdem käme es nicht darauf an, was man anhabe, Hauptsache, es sei sauber, und viel wichtiger wäre, was man im Kopf hätte.

Ich verstand sie und mußte ihr recht geben, aber es half mir wenig.«

Jedoch war es eine enorme Belastung für das Mädchen, nur durch das zu leben, was sie im Kopfe hatte. Voll Neid sah sie auf die besser gekleideten Schulkameradinnen.

»Da es aussichtslos war, so zu sein wie diejenigen, die ich beneidete, und ich mir so, wie ich war, nicht gefiel, wollte ich wenigstens aussehen wie keiner sonst. Ich ließ mir die Haare auf Streichholzlänge schneiden, wie es gerade in Mode kam und es erst wenige trugen.«

Dazu kam eine aus dem Faltenrock genähte, hautenge Hose, ein umgestrickter überweiter Pulli und Schnürsandalen.

»Das war nun für lange Zeit meine Kluft. Viele fanden mich ganz toll, das dürften sie nie von ihrer Mutter aus. Ich fand mich auch gut, trotzdem hätte ich insgeheim noch immer tauschen mögen.

Meine Mutter verzweifelte fast ... Du siehst aus, als kämst du grad aus einem Zigeunerkarch gelatscht, was sollen bloß die Leute denken ... Mir war es egal, was diese Leute dachten. Ich schämte mich nicht.«[16]

Durch Kleidungsverhalten findet hier ein junger Mensch den Absprung aus einer sozialen Zone. Eine so selbstbewußte Eigenbestimmung des Anzugs wäre früher weder in bäuerlichen noch in bürgerlichen Kreisen möglich gewesen.

Die Hosenmode begann sich auch bei den Mädchen durchzusetzen. Endlich konnte man die schrecklichen dunkelblauen Trainingshosen der Nachkriegsjahre vergessen – über die noch Rock oder Kleid gezogen worden waren.

Die bevorzugteste Frisur jener Jahre war der Pferdeschwanz mit Stirnpony, daneben – ebenfalls aus Amerika – ein kurzgeschnittener Dauerwellen-Lockenkopf; doch das war schon kostspieliger und nicht so einfach zu pflegen wie die jugendliche Pferdeschwanzfrisur.

Anmerkungen

1 Dior. S. 127.
2 Bringemeier: Die Hosenmode der Frau (Mode und Tracht); weiterhin Jaacks: Kleidung. S. 129 f.
3 Loschek: Mode im 20. Jahrhundert. S. 173 f.
4 Weber-Kellermann: Die Kindheit. S. 239 ff.
5 Rattelmüller: Dirndl, Janker, Lederhosen.
6 Schaedler: Die Lederhose in Bayern und Tirol; Weber-Kellermann: Die Lederhose.
7 Bosse: Aus meiner Jugendzeit. S. 98 f.
8 Grieshofer: Die Lederhose. S. 12.
9 Haidegger: Zum Fenster hinaus. S. 121 f.
10 Mechtel: Wir sind arm. S. 105.
11 Wimmer: Kindheit auf dem Lande. S. 114.
12 Loschek: Mode im 20. Jahrhundert. S. 184.
13 Mechtel: Wir sind arm. S. 99.
14 Ebda. S. 55 und 45.
15 Ebda. S. 181.
16 Wimmer: Kindheit auf dem Lande. S. 114 f.

In Jeans und T-Shirt. (Foto 1971)

XIII.
Jugendmode der Gegenwart
Jeans und T-Shirt

Zu Ende der sechziger Jahre begann die Mode, sich in größere und kleinere Strömungen aufzulösen; die Trends wechselten mit den Jahreszeiten, nostalgische Einflüsse bestimmten zunehmend das Erscheinungsbild. Aber immer mehr setzte sich das Bewußtsein durch, alles tragen zu können, was gefällt, und sich zunehmend von strengen Modediktaten unabhängig zu machen. Unter allen neuen Moden erregte jedoch keine ein solches Aufsehen, besonders für die Jugend, wie die Jeans. Sie wurden über Jahrzehnte hinaus zum größten Hit, seit es eine Modeindustrie gibt, und sie sind es bis heute.

Jugendliches Modebewußtsein läßt sich nach Könenkamp als Suche nach Sicherheit in Anlehnung an andere sowohl wie durch die Befolgung von Normen beschreiben.[1]

Die Lederhosen-Epoche wurde vom Jeans-Zeitalter abgelöst. Stammten die Lederhosen ab von der Arbeitstracht der Bergbauern in Bayern und Österreich, so die Jeans von der Arbeitskleidung der Cowboys und Baumwollpflücker in Amerika. So weit reichen die Parallelen. Die Rezeption verlief bei der zweiten Übernahme jedoch völlig anders. Die deutschen Eltern begrüßten keineswegs diesen praktischen und bequemen Kleidungsstil, sondern lehnten ihn anfänglich überwiegend energisch ab. Die Jeans gediehen in den sechziger Jahren zum Bürgerschreck und verbreiteten Proteststimmung.

Ihre Geschichte ist inzwischen zu einer Art Legende geworden. Um die Mitte des 19. Jahrhunderts verließ ein achtzehnjähriger jüdischer Schneider namens Levi Strauss seine bayerische Heimat, wo ihn Wirtschaftskrisen und Judenfeindlichkeit an Aufstiegschancen zweifeln ließen. Das Land der unbegrenzten Möglichkeiten lockte, und er wanderte aus nach Kalifornien. Dort versuchte er zunächst sein Glück als Zuschneider, dann hausierte er mit Kurzwaren und eröffnete schließlich einen Laden mit Stiefeln, Decken, Revolvern, Werkzeug und Arbeitshosen für die Goldgräber in und um San Franzisko. Einen speziellen Baumwollstoff, den er aus Europa mitgebracht hatte, wollte er den Goldgräbern für ihre Planwagen und Zelte verkaufen, doch keiner wollte Levis

Planen haben. Schließlich fand er einige Goldgräber, die ihn auf den entscheidenden Gedanken brachten: »Zelte brauchen wir keine, aber ein paar vernünftige Hosen.« Levi Strauss spezialisierte sich nun auf Arbeitskleidung, u. a. auf Anzüge für Eisenbahner, Jacken für Ingenieure, Latzhosen für Baumwollpflücker. Als Material verwandte er Köper, *Denim* genannt nach dem französischen *Serge de Nimes.* Über die besondere Haltbarkeit dieses Stoffes verbreitete die Firma Wunderlegenden. Dank dieser Sagenbildung florierte das Geschäft, und der Bayer Levi Strauss war bereits in den sechziger Jahren des 19. Jahrhunderts Dollarmillionär. Die Cowboys übernahmen die praktische Mode; nur mit dem Namen Denim hatten sie Schwierigkeiten. Bald wurde das Wort umgeformt zu *djiins* und später zu *jiins.* Als man das *jiins* dann *jeans* schrieb, waren die Hosen des alten Levi Strauss längst im ganzen Lande ein Begriff.[2]

Niemals in der Geschichte der industriellen Warenproduktion hat es ein Produkt gegeben, das sich nahezu unverändert über einen so langen Zeitraum auf dem Markt behaupten konnte. Der amerikanische Film verstärkte die Richtung. James Dean erhob die Jeans zum Symbol einer ganzen Generation: Noch Jahre nach seinem Tod sollen angeblich verwaschene Fetzen seines Jeans-Anzuges zu hohen Preisen gehandelt worden sein.

In der Bundesrepublik wurde der neue Kleidungsstil zuerst als *Nietenhosen* im Westernstil von den Jugendgruppen der Rocker vermittelt. Diese Assoziation machte sie bei der Elterngeneration besonders suspekt, und die Jungen jener Jahre fochten häufig einen leidenschaftlichen und oft erfolglosen Kampf aus um die heißersehnten blauen Hosen. Dabei waren sie objektiv kaum weniger praktisch und haltbar als die Ledernen, aber sie drückten etwas aus, was den Erwachsenen nicht paßte, und zwar in Deutschland ebenso wie in den USA.

»Das Tragen von Jeans ist der Versuch einer Generation, in einer von Erwachsenen bestimmten Welt, in der der Jugendliche nicht selbst Maßstäbe anlegen kann, ein Zeichen zu setzen. Es ist der Versuch, sich selbst darzustellen und sich von durch Erwachsene gesetzte Normen zu emanzipieren. Dazu eignen sich Jeans, zum Zerreißen eng getragen, ausgezeichnet. Die Elterngeneration findet sie anstößig. Gleichzeitig ist es ein stiller Protest, denn keiner will zugeben, daß er mit Jeans eine Protesthaltung zum Ausdruck bringen möchte (aus Scham wegen einer solchen Art von Protest), sondern jeder wird auf ihre Bequemlichkeit und ihren praktischen Nutzen hinweisen. Ich meine: Lederhosen täten's auch.«[3]

Das trifft die anfängliche Einstellung zu diesem Hosentyp, die das Verhalten in den späten Sechzigern bestimmte. Galten nach der Analyse amerikanischer Soziologen die Jeans als Protest gegen die Werte der Mittelklasse, so besagte in den Anfängen der Bundesrepublik der neue Kleidungsstil noch anderes, vielleicht ein Stück Demokratie:

»Äußerlich gibt es keine Unterschiede mehr zwischen den Armen und Reichen, Porsche-Fahrern und Radfahrern, Dorfjugend und Villenbesitzern in dieser Kleidung. Die Jugend der Welt hat ein Stück Identität gefunden in diesem Fetisch der Freiheit.«[4]

Die Universitätsreformer der Studentenbewegung machten die Jeans zu ihrer Antikleidung. Damit solidarisierten sie sich kleidungsmäßig mit den jugendlichen Nichtakademikern.[5]

Für diese These spricht auch die ablehnende Haltung, die die »anständig« gekleideten Schlips- und Anzugträger zunächst den Jeansträgern gegenüber einnahmen.

Allmählich wurden die Widerstände der Eltern überwunden, und in den Siebzigern gediehen die Jeans in einem bisher noch nicht dagewesenen Maße zum Eigentum der Jugendlichen, mit dem sie sich gegen die Wertüberbetonungen ihrer wohlstandsbürgerlichen Elterngeneration zur Wehr gesetzt hatten. Alles durften (und sollten) diese Hosen sein: fleckig, ausgebleicht, geflickt, ausgefranst – nur nicht neu!

»Für die meisten Jugendlichen sind Jeans ein einfaches bequemes Kleidungsstück. Auch wenn sie frisch gewaschen sind, nimmt man es gern in Kauf, sich fünf Minuten flach hinzulegen, um sich hineinzwängen zu können. Nach dem Aufstehen fühlt man sich eben einfach Klasse, und pfeift dann der Wind durch das immer größer werdende, geflickte Loch am Knie, ja, von dem Zeitpunkt an sind die Jeans wohl für den Träger zur Weltanschauung geworden. Denn man ist etwas anderes, man hat andere Gefühle, man fühlt sich revolutionär.«[6]

Über dieses neue Selbstwertgefühl der Jugend, das sich Anfang der siebziger Jahre mit den Jeans verband, hat Ulrich Plenzdorf seinen jugendlichen Helden in dem unterkühlten Pathos der damaligen Jugendsprache eine Aussage machen lassen, die zu den zeitgeschichtlich klassischen Modezeugnissen gehören wird:

»Natürlich Jeans! oder kann sich einer ein Leben ohne Jeans vorstellen? Jeans sind die edelsten Hosen der Welt ... Für Jeans könnte ich überhaupt auf alles verzichten, außer der schönsten Sache vielleicht. Und außer Musik … Ich meine natürlich echte Jeans. Es gibt ja auch einen Haufen Plunder, der bloß so tut wie echte Jeans. Dafür lieber gar keine Hosen. Echte Jeans dürfen zum Beipiel keinen Reißverschluß haben vorn. Es gibt ja überhaupt nur eine Sorte echte Jeans. Wer echter Jeansträger ist, weiß, welche ich meine. Was nicht heißt, daß jeder, der echte Jeans trägt, auch echter Jeansträger ist. Die meisten wissen gar nicht, was sie da auf dem Leib haben. Es tötete mich immer fast gar nicht, wenn ich so einen fünfundzwanzigjährigen Knacker mit Jeans sah, die er sich über seine verfetteten Hüften gezogen hatte und in der Taille zugeschnürt. Dabei sind Jeans Hüfthosen, das heißt Hosen, die einem von der Hüfte rutschen, wenn sie nicht eng genug sind und einfach durch Reibungswiderstand obenbleiben. Dazu darf man natürlich keine fetten Hüften haben und einen fetten Arsch schon gar nicht, weil sie sonst nicht zugehen im Bund. Das kapiert einer mit fünfundzwanzig schon nicht mehr. Das ist, wie wenn einer dem Abzeichen nach Kommunist ist und zu Hause seine Frau prügelt. Ich meine, Jeans sind eine Einstellung und keine Hosen. Ich hab überhaupt manchmal gedacht, man dürfte nicht älter werden als siebzehn – achtzehn.«[7]

Wichtiger Bestandteil der Jeans-Ideologie ist ihr Internationalismus. Jeans überwinden alle Grenzen, sowohl die der Länder als auch die der Gesellschaftsklassen. Sie signalisieren sowohl

Von 3-30 in Jeans. (Foto 1978)

Gleichheit wie Individualismus, sind Protest gegen die Kleiderordnung des Bürgers und zugleich Ausdruck eines modischen Konformismus.

Inzwischen hat die Modeindustrie sich dieses Marktes mit immer neuen Angeboten bemächtigt. Im 125. Jahr des Produktes, 1975, teilten sich etwa 100 Hersteller den Jeans-Markt. Insgesamt wurden im gleichen Jahr rund 500 Millionen Paar Jeans produziert, für über 830 Millionen Mark Jeans verkauft. Und für die Risse in der demokratischen Zeichensetzung sorgen die unverwechselbaren und teuren Markenartikel »Levi's« und »Wrangler«[8], deren Besitz übrigens auch für DDR- und sonstige sozialistische Jugend das Stärkste ist. Ganz hat man sich gerade in der DDR immer noch nicht mit diesem westlichen Kleidungsstil abgefunden, und zu Tanzveranstaltungen des Jugendclubs des Staatsjugendverbandes FDJ sind Jeans nicht erwünscht. Aber das beeinträchtigt nicht die seit ca. 1970 allgemeine und wachsende Modegeltung für Jeans in allen Alters- und Sozialgruppen.

In einem Seminar der Marburger Universität über »Kindheit und Kleidung« im Sommersemester 1977 veranstalteten die Studenten eine Umfrage bei 120 Kindern zwischen 9-15 Jahren in

Fritz Wolf im STERN 1974)

einer Grundschule eines ländlich evangelischen Gebiets und einer Haupt- und Realschule eines ländlich katholischen Gebiets mit folgenden, im einzelnen differenzierten Fragen:

Wann trage ich Jeans?

Warum trage ich Jeans?

Wie stehen meine Eltern zu Jeans?

Die Auswertung, die keinen Anspruch auf irgendeine Gemeingültigkeit erhebt, sondern eine Ahnung über die Einstellung der Kinder und Jugendlichen vermitteln will, brachte folgende Ergebnisse:

1. Wann trage ich Jeans?

Es ergaben sich keine wesentlichen Unterschiede zwischen Jungen und Mädchen.

An der Spitze der Gelegenheiten, Jeans zu tragen, rangiert die Schule. Zweithäufigste Möglichkeit ist der Kindergeburtstag (Treffen mit Gleichaltrigen). Aber auch der Besuch bei Verwandten, d. h. also auch das Zusammentreffen mit älteren Generationen, findet in Jeans statt.

An vierter Stelle erst steht die Äußerung: »Ich trage Jeans am liebsten immer«, an fünfter Stelle »zum Spielen« (hier wurde teilweise lieber Sportkleidung getragen). Seltener werden Jeans sonntags oder gar für den Kirchenbesuch angezogen, hier jedoch weitaus häufiger von älteren Kindern.

Die Antwort, die auf Jeans als strapazierfähige Kleidung hinzielte, wurde selten gewählt, eher noch von (älteren) Jungen, d. h., daß Jeans inzwischen eher als schickes, modernes Kleidungsstück angesehen werden.

2. Warum trage ich Jeans?

Als wichtigster Grund steht hier: »Ich fühle mich frei«, was deutlich den neuen Werbekampagnen für Jeans entspricht. An zweiter Stelle rangieren äußere Gründe, wie z. B. »weil sie mir gut stehen«.

Auf die Fragestellung, die auf die Gemeinschaftstendenz der Jeans hinausläuft, geben besonders die 11-12jährigen relativ viele Stimmen ab, was dem entwicklungspsychologischen Stand dieses Alters entspricht, da hier Gruppenbeziehungen zu Gleichaltrigen und Loslösung von der Familie im Vordergrund stehen. Dementsprechend wird von dieser Altersstufe im Gegensatz zu den 13-15jährigen das Erotische der Jeanskleidung weniger gesehen. Die diesbezüglichen Fragen erschienen dafür den älteren Kindern bedeutsam.

Kinder malen ihre liebste Kleidung. 1978.

Kinder malen ihre liebste Kleidung. 1978.

An letzter Stelle steht die Vorbildwirkung älterer Kinder bzw. Erwachsener. Hier müßte man allerdings hinterfragen, ob die Kinder selbständig oder unter Einfluß geantwortet haben. Eltern tragen selbst Jeans, d. h., daß die von den Kindern zuvor angegebene Freiheit und Lässigkeit nicht unbedingt individuelle Freiheit und Absetzen vom Elternhaus bedeutet, sondern eher ein aufgesetztes Image übernimmt.

Die Ergebnisse bestätigen den allgemeinen Eindruck, daß seit der Mitte der siebziger Jahre die Jeans ihren Zeichencharakter mehr und mehr einbüßen und ganz allgemein zur üblichen Alltagskleidung werden.

Für die Kinderkleidung eröffnete die Jeans-Mode ein neues Zeitalter: sie bedeutet das Verschwinden der kurzen Hosen als Kindheitszeichen und die Annäherung der Kinder- an die Erwachsenenkleidung bzw. umgekehrt. Die festen Grenzen zwischen den Lebensaltern scheinen mehr und mehr zu weichen, aber weniger deshalb, weil die Kinder früher groß sein wollen, als darum, weil die Erwachsenen länger jung bleiben möchten. Zudem dokumentieren die Jeans Lässigkeit und Abkehr vom autoritär bestimmten, bürgerlichen Kleiderstil. In Jeans ist man immer »richtig« ange-

Das herrliche T-Shirt!

zogen! Jeans zeigen allerdings heute modische Unterschiede wie andere Bekleidungsstücke auch.

Noch ein anderes, zu den Blue Jeans passendes Kleidungsstück verbindet die Lebensalter: das *T-Shirt*. Dieses Baumwollunterhemd erfanden die Franzosen für ihre Soldaten im Ersten Weltkrieg, wo es die Amerikaner kennenlernten und dann selbst produzierten. Im Zweiten Weltkrieg gehörte das T-Shirt zur Uniform der GIs und wurde in der Nachkriegszeit gewissermaßen als Protestkleidung, besonders durch die Vorbilder Marlon Brando und James Dean, zum Oberhemd befördert.

Marlon Brando trug das Hemd 1952 in dem Tennessee Williams-Film »Endstation Sehnsucht«. Zum Welthit wurde es erst 1954 durch den Film »Jenseits von Eden«. James Dean verkör-

Anzeige 1979.

perte die Gefühle und Stimmungen Millionen Jugendlicher: zornig, mißtrauisch, voller Sehnsucht nach einer besseren Welt. Nun trug die Jugend der Welt statt Hemd und Krawatte das T-Shirt. Während des Vietnamkrieges wurde es durch Aufdrucke gegen Gewalt, Terror und Unmenschlichkeit zum Gesinnungsträger. Die Kindermodenindustrie machte aus der Aufdruckidee ein unversiegliches Geschäft. Aber das T-Shirt blieb nicht ein Attribut der Jugend. Ebenso wie die Jeans eroberte es sich alle Generationen und Geschlechter. Heute liegt die Weltjahresproduktion bei 600 Millionen Stück.

Heute, 30 Jahre nach seinem ersten öffentlichen großen Auftritt, ist das T-Shirt beliebter, farbenfreudiger und vielfältiger denn je.

Anmerkungen

1 Könenkamp: Bedürfnis und Norm. S. 112.
2 Vgl. Weber-Kellermann: Kindheit. S. 244 ff.
3 Ebens: 18 Jahre »Zeitlupe«. In: Die Zeit. 17. 2. 1978.
4 Weltwoche, 27. 4. 1977.
5 Die von Könenkamp vertretene Ansicht, daß bei der Verbreitung der Jeans die Werbung entscheidend agierte, trifft zweifellos für die spätere Zeit zu; in der Studentenbewegung jedoch hatten Jeans, wie ich aus eigener Beobachtung bezeugen kann, unbezweifelbar den geschilderten Zeichencharakter für ihre Träger.
6 Prang: 15 Jahre. In: Zeitlupe (Die Zeit. 17. 2. 1978).
7 Plenzdorf: Die neuen Leiden. S. 19 f.
8 Vgl. Könenkamp: Bedürfnis und Norm. S. 119 ff.

Die ersten langen Hosen. (Foto um 1890)

XIV.

Das Ende der Kindheit in den Zeichen der Kleidung

»Im Sommer 1877 ward ich endlich, endlich in gesetztem Schüler-Greisenalter von 21 Jahren mit dem Zeugnis der Reife zur Hochschule entlassen …

Wir Abgangsschüler veranstalteten in einer bescheidenen, letztrangigen Durlacher Bierbrauerei das schlichte Abschiedsfest. An feierliche Festkneipe mit Musik und Prunkreden im Festhallensaal oder gar die Lehrer zum Abend einzuladen, wie dies nachmals geschah, hätte niemand zu denken gewagt. Auch will mir scheinen, als ob die steifen, übertriebenen Umstände im Verkehr junger Leute untereinander sich erst später entwikkelt haben; ein wenig förmliches Tippen an die Mütze, ein flüchtiges ›Prost‹ genügte beim Begrüßen oder Auseinandergehen. Zuweilen sah ich nachher Schüler nach der Schule sich unter Bücklingen und ehrerbietigem Hutabziehen voneinander verabschieden, als wären es schon abgezirkelte alte Kracher und spitzbäuchige Geheimräte; wo bleibt da die Jugend?«[1]

Da ja dieses Buch weniger eine Modegeschichte der Kinder darstellen soll als vielmehr eine Geschichte kindlichen Kleidungserlebens, so darf auch dieses letzte Kapitel sogleich mit einer Erinnerung über Kleidungsverhalten bei der letzten Schulszene beginnen, dem Abituriumsfest, das dem »Zeugnis der Reife« folgte.

Nicht immer werden die Stufen des Lebens mit derart ausdrücklichen Zeugnissen erklommen, und es fragt sich auch hier, was denn die »Reife« zu bedeuten habe. Bei den Gymnasiasten handelte es sich ganz äußerlich um die Hochschulreife, und sie waren dabei, wie das Beispiel zeigt, oft dem Kindesalter weit entwachsen.

Doch wie bestimmte sich allgemein das Ende der Kindheit? Wie bei Knaben und wie bei Mädchen? Wie bei den Kindern der verschiedenen sozialen Schichten? Wie in der Stadt und wie auf dem Lande? Wie im 19. Jahrhundert und wie in der Gegenwart?

Ein Beitrag zur Beantwortung dieser vielfältigen Fragen sei hier über die Entschlüsselung des Zeichens Kleidung gegeben.

In seiner klassischen Kulturgeschichte über das Kinderleben, die freilich nur bis etwa 1700 reicht, schreibt Hans Boesch, daß die

Knaben mit 14 und die Mädchen mit 12 nicht mehr zu den Kindern gezählt wurden.

»Sie kamen aus der Schule, wenn sie in eine solche gegangen waren, und die Knaben mußten sich nun einem Berufe widmen.«

Für Nürnberg sei um 1615 belegt, daß jeder Bürger einen 14jährigen Sohn auf dem Rathaus in das Bürgerbuch einschreiben lassen mußte als »mannbaren Bürgerssohn«. Die Mädchen blieben als Stütze der Mutter im Hause oder halfen bei der Feldarbeit.[2]

Sei es nun, daß die Kinder sich schneller entwickelten oder daß man sie aus Desinteresse an einem ausgeprägten Kinderstatus möglichst bald in die Gruppe der Erwachsenen einführen wollte[3]: – fest steht jedenfalls, daß sich solche Vorstellungen zumindest in der Mittel- und Oberschicht um 1800 wesentlich geändert hatten.[4]

Für die Kinder der kleinen Leute blieb freilich alles wie bisher: nach der Schulzeit, also spätestens mit 14 Jahren, mußte eine Lehrstelle gesucht werden, ob nun die »Reife« vorhanden war oder nicht. So mußte sich der Sohn einer alleinerziehenden Witwe den Wünschen seiner Mutter fügen, die ihn zum Schneiderhandwerk bestimmt.

»Jedenfalls schien es dabei auf mich selbst am wenigsten anzukommen. Gehört es ja doch mit zur Dienstbarkeit bedrängter Familien, daß sie – um mich gleich in dem mir zugedachten Handwerk auszudrücken – aus der umliegenden Welt nicht wählen können, was der Persönlichkeit angemessen ist, sondern daß sie die Person stets nach den Umständen zuschneiden müssen.«[5]

Ein Knabe aus »guter Familie« erkannte nach einer Krankheit an anderen Zeichen das Ende seiner Kindheit:

»Wir feierten die Wiedergenesung wie ein Fest, und die Freude darüber verschönerte uns auch die Weihnachtsbescherung in diesem Jahre. Ich konnte nun merken, daß meine Kinderjahre zu Ende gingen, denn die Geschenke bestanden nicht mehr, wie sonst, aus Spielgeräten, sondern vorzugsweise aus Kleidungsstücken und anderen nützlichen Sachen.«[6]

Daß es für Eltern und Kinder gleichermaßen schwierig war, das Ende der Kindheit zu erkennen und damit – besonders für die Mädchen – den Beginn einer gefährlichen und extrem schutzbedürftigen Phase, schildert Margarete Lenk (1841-1917):

»Dennoch war ein Besuch bei der Tante Rabe einmal die Ursache eines kleinen Verdrusses. Als wir einst ihr Stübchen betraten, fanden wir einen jungen Menschen dort, kaum dem Knabenalter entwachsen, aber schon sehr reich an Selbstgefühl. Trug er doch des Königs Rock mit Tressen und blanken Knöpfen und einen wirklichen Degen an der Seite! Ob er Kadett der oberen Klasse oder ganz frischgebackener Leutnant war, weiß ich nicht mehr. Meine kleine Person vollständig ignorierend, betrug er sich sehr galant gegen die etwa fünfzehnjährige Marie, die ein hübsches schlankes Mädchen mit schönen Augen und reichen braunen Zöpfen war. Als wir uns verabschiedeten, erbot er sich, uns zu begleiten, was ganz kindlich angenommen wurde. Auf der Brücke aber reichte er Marie den Arm, und sie war noch harmlos genug, ihn anzunehmen. Ich trottete verlassen hinterher, fand aber die ganze Sache so komisch, daß ich sie beim Abendbrot zum besten gab. Weit entfernt, darüber zu lachen, nahm es der Vater ganz ernst und fragte Marie, wie sie dummes Kind Arm in Arm mit solch einem Schniepel durch die Straßen laufen könne. So etwas dürfe nie wieder geschehen!«[7]

Körperangst und absurde Tugendvorstellungen, wie sie in jener Zeit üblich waren[8], sprechen aus solchen Erinnerungen und zeigen, wie schwer es ein Mädchen hatte, das »richtige Verhalten« zu beherrschen.

Besonders farbig hat die Schriftstellerin Isolde Kurz (1853-1944), Tochter aus bildungsbürgerlichem Hause, den Übergang von der Kindheit zum Backfisch im Zeichensystem der Kleidung dargestellt. Auslöser dieser bewußten Selbstbeobachtung war der längere Besuch der schicken Lili, Tochter einer Freundin der Mutter.

»Lili war zwei Jahre älter als ich, nicht größer, aber viel entwickelter und trug auch schon halblange Kleider, während die meinen nur bis an die Knie gingen.«

Isolde war damals elf und Lili dreizehn: das Erwachsensein begann also mit der Kleiderlänge. Dann nimmt sich Lili der Frisur ihrer jungen Freundin an:

»Die armdicken Flechten, die ich damals noch einfach niederhängend oder mehrfach um den Kopf geschlungen trug, waren ihr zu kindlich; sie selber ordnete ihr schönes Haar zu modischen Phantasiegebäuden. Die gleiche Arbeit nahm sie jetzt mit dem meinigen vor, indem sie bald gesteckte Locken, von ährenartig geflochtenen sogenannten Kornzöpfen umrahmt, auf meinem Scheitel auftürmte, bald mein Haar in einen griechischen Knoten wand oder gar neben einer steifen Turmfrisur rechts und links die modischen Schmachtlocken zurecht drechselte. Lauter prächtige, aber für mein Lebensalter zumindest stark verfrühte Dinge.«

Um nun völlig mit Lili konkurrieren zu können, verlegt sich Isolde aufs Schneidern und baut sich selbständig einen auf dem Speicher in einem Koffer gefundenen Wollrock für eigene Bedürfnisse um:

»Ohne Übergang war ich aus den kurzen Kinderröcken ins Schleppkleid gefahren, und ebenso unbedenklich ließ ich nun auch mein Kinderland hinter mir, um immer weiter in das neue Leben hineinzuschreiten. Die Röcke blieben lang, wenn auch künftig ohne Schleppe. Und welch eine Ehre! Auf der Schlittschuhbahn ließ ein fremder Student sich mir vorstellen, nannte mich Fräulein, schnallte mir die Schlittschuhe an und führte mich!«[9]

Ihr ganzes Sinnen und Trachten ist nun nur noch darauf gerichtet zu verbergen, daß sie zwei Jahre jünger ist als ihr Vorbild Lili!

Auch als Lili von Tübingen nach Mainz zurückgekehrt ist, setzt sich die Beeinflussung der Jüngeren fort.

Wohin mit den dicken Zöpfen? (Foto um 1870)

»Den Ballstaat sandte Lili oder vielmehr ihre Mutter fix und fertig aus dem geschmackvolleren Mainz. Da kamen in großen Pappschachteln Dinge, die in Tübingen nicht zu haben waren: ein rosa Tarlatankleid von solch hauchartiger Leichtigkeit, daß erst sechs Spinnwebröcke übereinander den gewünschten Farbenton ergaben, der davon die durchsichtigste Zartheit erhielt; dazu ein voller Rosenkranz für die Haare. Ein andermal war es ein Kleid aus weißen Tarlatanwolken mit schmalem grünem Atlasband durchzogen nebst einem Schilfzweig und Wasserrosen. Diese Herrlichkeiten konnten nur eine Nacht leben und kosteten so gut wie gar nichts.«[10]

Das waren die Tanzkleider der Backfische, und es kommt heraus, daß die Tendenz im Prozeß des Erwachsenwerdens in dieser Sozialschicht eindeutig auf das Gefallen gerichtet war, das Finden eines Verehrers und zukünftigen Bräutigams.

Die Arbeitermädchen richteten sich gleichfalls nach bürgerlichen Verhaltensmustern, wenn der Weg zu einem Ballkleid auch dornig war:

»Im Februar erhielt ich unverhofft einen Brief mit Einladung zum Turnerball. Der erste Ball! Wer war der Einladende? Ich kannte ihn nicht ... Gar zu gern hätte ich gewußt, wie er aussah. Aber was nützte mir das alles? Obwohl ich im Töchterchor leidlich tanzen gelernt hatte, war es mir nicht möglich, den Ball zu besuchen – es fehlte mir das Ballkleid ... Wer weiß, vielleicht fand sich noch ein Ausweg. Am folgenden Tage besuchte mich meine Freundin und hörte von meinem Kummer. Da erklärte sie einfach: ›Du gehst an den Ball! Ich leihe dir mein Ballkleid.‹ Der Vater stimmte zu meiner großen Verwunderung zu. Meine Schwester frischte das weiße Kleid auf, daß es wie neu aussah, und ich verzierte es mit hübschen Seidenschleifen und war selig in dem geborgten, einfachen Kleide.«[11]

Eine Generation später berichtet Alice Herdan-Zuckmayer von der in ihren Kreisen allgemein verbreiteten Besessenheit, aus der Kindheit herauszuwachsen und erwachsen zu werden. Sie erzählt von einer Zwölfjährigen aus reichem Hause, die sich im Kostüm, den Stöckelschuhen und dem Hut ihrer Mutter zwei Stunden in das Hotel Sacher setzt und Kaviar bestellt – und damit großen Eindruck auf ihre Freundinnen macht.[12]

Misia Sert rollte in der Klosterschule morgens ihr Nachthemd zusammen und steckte es unter ihr Kleid, um sich eine Tournüre zu machen, wie sie die Erwachsenen trugen.[13]

Es gab freilich auch entgegengesetzte Verhaltensweisen, Kinder, die nicht nach der Art der Erwachsenen erwachsen sein wollten, sich nicht nach deren merkwürdigen Vorstellungen richten mochten und lieber ihren eigenen Weg gingen:

»Mama brachte mir einen echten Pariser Hut mit aus rosarotem Chiffon mit weißen Pünktchen und einer großen, rosaroten Moiréschleife. Der Hut war schick, das sah ich wohl, aber im einfachen Matrosenhut aus hellgelbem Stroh fühlte ich mich wohler. Auch eine große Puppe brachte sie mit. Die hatte Augenwimpern aus dichtem dunklem Naturhaar, und wenn man an einer Schnur zog, sagte sie: ›Papa! Mama!‹. Ich schenkte die Puppe einem einäugigen Lumpensammler, der mir Steinmurmeln aus dem Mülleimer gab. Ich war stolz, wenn man mich mit ihm sah.«[14]

Doch je mehr das 20. Jahrhundert voranschreitet, um so weniger sehnten sich die zu Teenagern gewordenen Backfische danach, wie »Frauen« gekleidet zu sein. Die 13jährige Angelika Mechtel (geb. 1943) wollte nicht gern im Schwesternlook mit ihrer Mutter für den internierten Vater fotografiert werden.

»Alle zwei Monate gingen wir zum Fotografen. Mama nähte uns zwei lange Kleider aus dem gleichen Stoff. Ich mußte auf ein schwarzes stoffbespanntes Podest steigen, mich setzen und in einem Buch blättern, das mich nicht interessierte. Als ich schon eine Brille trug, wurde ich ohne Brille fotografiert, die dünnen Oberhaare auf dem Kopf zu einer Tolle gesteckt. Mama beugte sich ins Bild ...«

Wenn Tante Henny ein Paket mit guterhaltener Garderobe schickte, so möchte sie ausrufen: »Die Röcke alter Frauen sind mir zuwider!«, und die Mutter machte ihr keine Freude, wenn sie beim Kleiderkauf sagte: »Du mußt schon Damengröße nehmen, – Du brauchst Platz für Deinen Busen.«[15]

Es sei hier eine groteske Szene wiedergegeben, die Vicky Baum (1888-1960) aus ihrer Zeit als 13jährige erzählt. Nachdem sie sich ausführlich über die formlosen schwarzen Kittel, Schnittmuster Vogelscheuchenmodell, beschwert hat, die ihr die Mutter bei der alten Näherin Frau Gross machen ließ, berichtet sie von ihren Erfolgen als blutjunge Schriftstellerin:

»Meine Geschichte wurde angenommen, und man wollte mehr sehen. Nach der dritten luden sie mich ein, in das Büro des Redakteurs zu kommen, sie wollten mich persönlich kennenlernen, die Möglichkeit ständiger und regelmäßiger Mitarbeit mit mir diskutieren.

Da hatte ich es jetzt. Ich, noch immer mit kurzen Röcken und Zöpfen, diesen schmachvollen Beweisen dafür, daß man mich noch als Kind betrachtete. Ich kaufte Haarnadeln, Sicherheitsnadeln und Glacéhandschuhe; ich steckte mein Haar auf und ließ meinen Rock herunter, befestigte ihn an meinem Unterrock und verbarg dieses kunstvolle Arrangement unter meinem dreiviertellangen Mantel. Ich schob meinen runden alten Schulmädchenhut in die Stirn und marschierte mit unvergleichlicher Würde und Savoir faire in die Höhle des Löwen. Schließlich hatte ich gelernt, auf dem Konzertpodium Gelassenheit und Haltung zu zeigen, weshalb nicht auch hier, in diesem verrauchten, wenig eindrucksvollen Redaktionsbüro? Ich schlug die Beine übereinander, nahm mit großartiger Geste die angebotene Zigarette und hoffte nur, daß mir nicht schlecht davon würde. Nach ein paar Minuten kamen immer neue Männer in das Zimmer, setzten sich auf den Schreibtisch oder auf die Armlehnen des Redakteursessels, einige blieben auch an der Wand stehen, und wieder andere standen in der offenen Tür und grinsten mich an. Ich fand, daß ich mich ganz gut machte; meine Konversation war brillant und sophistisch, und meine einzige Sorge war nur, den Mantel über meinen Knien fest zuzuhalten, weil dort eine der verdammten Sicherheitsnadeln aufgegangen war und mich in die Haut stach.

Baron Schönpflug, der Chefredakteur, erzählte mir Jahre später, wie verblüfft er anfangs war und daß er den Stab eigens herbeizitierte, damit mein Anblick niemandem entging. In Jahren hatten sie nichts so überwältigend Komisches gesehen wie ihre neue Autorin.«[16]

Ein Kind mit dem Verstand und Talent eines Erwachsenen mußte sich der Erwachsenenwelt anzupassen suchen.

Sich anzupassen, war auch das Problem der Knaben, und hier wurde den Abiturienten im Kaiserreich Erstaunliches zugemutet und noch erstaunlicherer Weise von diesen akzeptiert. Die mündliche Prüfung mußte von den 18jährigen im Frack abgelegt werden.[17] Andere Schulen verlangten Gehrock. Daß solche Garderobe nicht immer vorhanden und zuweilen nur durch Leihgaben zu erwerben war, beschreibt Albert Schweitzer (1875-1965):

»Mein Abgangsexamen vom Gymnasium bestand ich befriedigend, aber nicht so gut, als man erwartet hatte. Das lag an den Hosen, die ich an jenem Tage trug.

Ich besaß einen schwarzen Gehrock, den ich von einem alten Verwandten meiner Mutter geerbt hatte, aber keine schwarzen Hosen. Aus Sparsamkeit wollte ich mir auch noch keine machen lassen und bat meinen Onkel, das Examen in seinen Hosen bestehen zu dürfen. Er war zwar viel kleiner als ich und beleibt, während ich damals aufgeschossen und schmächtig war. Aber wir dachten, daß es für einmal doch gehen würde.

Leider unterließ ich es, eine Probe mit den Hosen abzuhalten. Als ich sie am Morgen des Examens anzog, reichten sie mir kaum bis an die Schuhe, obwohl ich die Hosenträger mit Schnüren verlängert hatte. Über dem oberen Rande der Hosen gähnte ein weißer Raum. Wie sie mir auf der Rückseite saßen, beschreibe ich nicht.

Mein Erscheinen unter den Examensgenossen rief ausgelassene Lustigkeit hervor. Ich wurde nach allen Seiten gewendet und in Augenschein genommen. Unser feierlicher Eintritt in das Prüfungszimmer mißlang, weil wir das Lachen nicht dämpfen konnten. Als die Lehrer am Prüfungstisch meine Hosen sahen, wurden auch sie munter.«[18]

Zum Schluß sei noch ein Abschnitt im Leben evangelischer Kinder behandelt, der in besonderem Maße seine Bedeutung in Kleidungsnormen ausgedrückt hat: die Konfirmation.

Die Einsegnung, lat. »confirmatio«, Befestigung, bedeutet die feierliche Aufnahme des Jugendlichen in die evangelisch-christliche Gemeinde. Mit dem Konfirmandenunterricht begann für die Kinder im allgemeinen die erste Stufe des Erwachsenenseins und nach der Konfirmation für die unteren Schichten das Berufsleben.

In Gehrock und steifem Hut zur Kommunion. (Foto 1912)

Aber auch die Kinder der Mittel- und Oberschicht betrachteten ihre Einsegnung als einen wichtigen Schritt, der ihnen zumeist den Bereich des Erlaubten erweiterte, doch auch neue Pflichten brachte.

Von großer Bedeutung war dabei die Kleidung, meist traditionell ein Geschenk der Paten, besonders auf dem Lande. Jedoch soll hier nicht ausführlich von den Bräuchen um die Konfirmation die Rede sein, sondern von den Gefühlen der Kinder selbst, die sich mit diesem Tag und ihrer neuen Kleidung verbanden.

Die Erinnerungen männlicher Memoirenschreiber an ihre Konfirmation bezeugen meist die große kindliche Unreife des Einzusegnenden, verbunden mit geradezu lächerlichen Kleidungsvorschriften für einen 14jährigen.

So erzählt Justinus Kerner (1786-1862) von den Kämpfen, die er gegen den von den Verwandten und der Sitte verordneten Frack geführt hätte mit dem Erfolg, daß er zum Erstaunen der Ludwigsburger lediglich mit einem »Überrock« zur Kirche gekommen sei.[19]

Auch aus dem Leipzig des frühen Biedermeier erfährt man von Frack und Zylinder, in welchem Anzug sich die kleinen Knirpse oft recht komisch ausgenommen hätten.

»Fürs Alltagsleben konnten sie denselben vorerst nicht brauchen. Später waren sie herausgewachsen.«[20]

Bezeichnend schildert Karl Gerok (1815-1890) seine Einsegnung im Frack:

»Was mir den Segen des Tages einigermaßen beeinträchtigte, war zweierlei. Zuerst etwas ganz Äußerliches und doch nicht Gleichgültiges, nämlich der An- und Aufzug, in dem ich zu erscheinen hatte. Es herrschte damals noch die geschmacklose Sitte oder Unsitte, daß man die Knaben zu ihrer Einsegnung als kleine Herrlein herausstaffierte, und mein guter Vater war darin unbarmherzig gewissenhaft. Wie mußte ich kleiner Mann, der ich für mein Alter überdies zu den Kleinsten gehörte und erst mit achtzehn Jahren recht in die Höhe ging, mich zu meinem christlichen Ehrentage verunstalten lassen! Auf dem Kinderkopf mit dem schlichten blonden Haar einen hohen, glänzend gebürsteten Zylinderhut, um den Hals eine weiße Binde mit aufrecht stehendem Hemdkragen, der in die Ohren schnitt, auf dem dürftigen Leib einen aufs Wachsen eingerichteten schwarzen Frack, dessen Schwalbenschwänze an die Waden schlugen, die Füße in schwarzseidenen Strümpfen und schwarzen Schuhen, an den Händen schwarze Glanzhandschuhe, so mußte ich zur Kirche schreiten und mich meinen Mitchristen vorstellen. Mochte mir immerhin während

Der erste Anzug. (M. Frischmann. 1927)

der heiligen Handlung das Äußere in den Hintergrund treten: die bemitleidenswerte Figur, die ich vorstellte, störte mich doch in ähnlicher Weise, wie umgekehrt ein eitles Mädchen das stolze Bewußtsein ihres seidenen Konfirmationskleides.«[21]

Eine Generation später scheint die Frack-Sitte für die armen Knaben endlich abgekommen zu sein. Friedrich Paulsen (1846-1908) spricht nur noch von einem Tuchanzug, dessen schneiderische Mängel ihm allerdings die Andacht verdarben.[22] Heinrich Vierordt (1855-1945) weiß nur noch von »abscheulichen, geschmacklosen, schwarzen Schildmützen, die die Knaben zur Einsegnung trugen«.[23]

Und späterhin ist dann lediglich von dunklen Anzügen die Rede, zu denen die Gymnasiasten ihre Schülermützen trugen, »mit einem schwarzen Überzug versehen«.[24]

Es gibt auch die Beschreibung einer Arbeiterjungen-Konfirmation aus dem gleichen Zeitraum:

»Am Sonntag nach der Schulprüfung fand dann noch das Kirchenexamen von uns Konfirmanden statt und an Palmarum die Konfirmation selbst. Von einer Patin hatte ich 10 Mark als Geschenk erhalten. Die Tante Böttger aber schickte zwei alte, auf der Auktion erstandene Gehrockanzüge und zwei runde Hüte, einen schwarzen und einen grauen. Aus den Anzügen sollte mir mein Vater den Konfirmationsanzug zurechtschneidern. Er löste denn auch seine Aufgabe in höchst befriedigender Weise. Ein paar Roßlederstiefeletten, die ebenfalls die Tante spendiert hatte, und ein wenig weiße Wäsche vervollständigten meine Konfirmationsausrüstung. Nach der Konfirmationsfeier war ich mit einer Anzahl anderer Kameraden zum Mittagsessen bei Bäcker Vierheld eingeladen. Das ist noch eine alte Schmöllner Sitte, daß zu Palmarum von den Geschäftsleuten die eben Konfirmierten, Kinder ihrer Kunden, zum Mittagsessen eingeladen wurden. Es gibt Rinderbraten und Klöße. Mir schmeckte es ganz vortrefflich. Nachmittags fand noch ein Ausflug nach Zschamitz statt, den ich mit 30 Pfennigen in der Tasche mitmachte. Und abends war Familienabend im ›Deutschen Kaiser‹.[25]

Auch aus anderen Arbeitererinnerungen geht immer wieder hervor, wie wichtig der Besitz eines Einsegnungsanzuges und der dazugehörigen Lederschuhe gewesen ist – der erste richtige Anzug!

Lange Hosen und ein gutes Essen – das war die Erinnerung an die Konfirmation. Die Gymnasiasten bekamen oft die langen Hosen wieder zu kurzen abgeschnitten, denn sie waren ja noch »Kinder«.

Auch in der Hitlerzeit liefen die Konfirmationen meist im alten Stil ab, und nur wenige entzogen sich dieser Tradition.

»Am Palmsonntag, eine Woche vor Ostern, wurde ich konfirmiert. Wir Jungen kamen uns komisch und auch ein wenig lächerlich vor, als wir in langen dunkelblauen oder schwarzen Hosen und einer schwarzen Fliege, Propeller nannten wir das damals, durch die Stadt zur Kirche gingen.

In der Kirche betete der Pfarrer: Herr, schütze Führer, Volk und Vaterland.

Mancher Vater der Konfirmanden war in Militäruniform in die Kirche gekommen, doch bei einigen fehlten die Väter, denn sie waren entweder schon im Polenfeldzug gefallen oder hatten nicht rechtzeitig Urlaub bekommen.

Die Konfirmation war ein großes Familienfest und zu meiner Zeit sicherlich von größerer Bedeutung als heute; wer von den Verwandten anreisen konnte, kam.

Ich bekam eine Armbanduhr, und zum ersten Mal trug ich Halbschuhe und keine selbstgestrickten Socken, sondern dünne mit Sockenhaltern. Nach der Konfirmation saßen wir im Familienkreis an einer langen, weißgedeckten Tafel. Alle waren festlich gekleidet, und ich hatte dauernd Angst, ich könnte meinen Anzug bekleckern, den meine Mutter unter Entbehrungen erspart hatte.

Die täglichen Bedarfsartikel waren schon knapp geworden, und selbst mit Bezugsscheinen war es schwer, etwas zu bekommen.«[26]

Für die Volksschüler fing nun die Lehre an.

»Als er während des einen Ferienmonats nach der Schule, den er noch hatte machen dürfen, vor dem Spiegel den blauen Arbeitsanzug anprobierte, den ihm die Mutter gekauft hatte, war er sich so erwachsen vorgekommen, daß ihm das gleich wie eine Entschädigung im voraus gewesen war.«[27]

Bei den Mädchen verliefen die Kleidungssitten bei der Konfirmation auf ähnlichen Ebenen. Während z. B. in Schweden das Konfirmationskleid vor etwa zwei Generationen von schwarz in weiß gewechselt hat[28], ist es bei uns im allgemeinen bei schwarz geblieben.

Malvida von Meysenbug (1816-1902) schreibt,

»daß bei der Konfirmation die jungen Mädchen der besseren Stände zum ersten Mal ein schwarzseidenes Kleid anziehen«,

was als wohltuend feierlich empfunden wurde.[29]

Eindrucksvoll schildert die Jüdin Fanny Lewald (1811-1889) das Ende ihrer Kindheit, das mit dem Schulabgang zusammenfiel.

»Sonst, wenn meine älteren Mitschülerinnen von der Klasse aus den Konfirmandenunterricht besuchten und dann die Schule verließen, um als erwachsene Mädchen zu Hause in ihren Familien zu bleiben, hatte ich mir wohl auch gewünscht, erwachsen zu sein, und gemeint, auf Ostern nächsten Jahres, nach meinem vierzehnten Geburtstag, da würde es sich mit dem Erwachsensein für mich schon finden, wenngleich die andern Mädchen erst ein Paar Jahre später dazu gelangt waren.«[30]

Sie weiß sich in die neue Situation nicht zu finden, kommt sich unfertig, ununterrichtet vor wie nie zuvor, liest die alten Stammbucheintragungen mit Tränen in den Augen und sagte sich fortwährend: jetzt ist Deine glückliche Kindheit vorbei!

Merkwürdigerweise ist in den Frauenerinnerungen des 19. Jahrhunderts wohl zuweilen von der Einsegnung die Rede, aber kaum je von der Kleidung. Es war wohl immer das lange Schwarze, wie es die vielen Fotos aus der späten Kaiserzeit überliefern.

Wie unendlich wichtig der Besitz eines solchen Kleides an dem feierlichen Tage auch für die Armen war, zeigt die ergreifende Erinnerung einer Magd für die Zeit um 1900:

»Ich war ein Waisenkind und kam mit zwölf Jahren zu dem Bauern R. in Siedinghausen. Bevor ich morgens in die Schule ging, mußte ich zwei Kühe melken, die Tröge sauber machen und Grünfutter in die Raufen tun. Nachmittags hatte ich für die Schularbeiten auch nicht viel Zeit. Das letzte halbe Jahr brauchte ich nicht mehr zur Schule zu gehen, weil ich für die Kost arbeiten mußte. Dann ging ich nur noch zum Konfirmandenunterricht zum Bockhorster Pastor. Zur Konfirmation bekam ich ein grünschwarzes Kleid. Der Stoff hatte einige Jahre im Koffer gelegen, weil die Bauernmädchen ihn nicht haben wollten. Und für dieses Kleid mußte ich nach der Konfirmation noch ein halbes Jahr ohne Lohn arbeiten. Nachher bekam ich für ein Jahr 10 Taler Lohn. Ich habe das bis auf den heutigen Tag nicht vergessen können.«[31]

Arm und Reich und Gottesfurcht im Zeichen eines Konfirmandenkleides!

Als die Kindermode – aber auch die Frauenmode – kurze Röcke vorschrieb, wirkten die langen Konfirmandenkleider besonders streng.

Das schwer erworbene Konfirmationskleid. (Foto Sander 1925)

»Bald darauf fuhr er mit seiner Tochter zum Konservatorium. Irene hatte ihr langes, neumodisches Konfirmationskleid an. Zu Mädchen gehörten kurze Röcke, und es lächerte ihn, wenn ein Kind wie Irene – denn die war noch ein Kind – ins knöcheltiefe Kleid gehüllt daherkam, über das ihr ein glänzender Zopf als dicker Schwanz bis zum Hinterteil reichte; und weil sie klein war, sah das lange Kleid noch kurioser aus.«[32]

Wenn ich mich an meine eigene Konfirmation erinnere (1932), so sehe ich mich in einem von der Hausschneiderin genähten schwarzen, wadenlangen Kleid, zu dem die Hängezöpfe wenig passen wollten. Mit gemischten Gefühlen erkannte ich den gleichen Schnitt bei einer Klassenkameradin: es handelte sich um Puffärmel mit langen engen Stulpen, die abzunehmen waren. Man sollte es ja später noch ins Theater usw. anziehen können. Glücklich war ich nicht in diesem fremden Kleid.

Die Nelly bei Christa Wolf hat ein dem Brauch entsprechendes schwarzes Kleid aus Seidentaft, das die Großmutter genäht hat. »Um den spitzen Halsausschnitt herum eine weiße Rüsche: das hebt.« Nelly hat das seltene Glück, das die Mutter ihr ihre Freundinnen zum Kaffee einlädt. »Schließlich ist es ja ihr Fest.«[33]

Die Konfirmation als »Schlüssel-Erlebnis« und damit exemplarisch als Ende der Kindheit schildert eine 1952 geborene Pfarrerstochter:

»Die Zöpfe sind schon ein Jahr vorher gefallen. Bis zur Konfirmation mochte ich die Frisur der Braven nicht mehr tragen. Auf die ersten engen Röcke, Perlonstrümpfe und Stöckelschuhe zur Konfirmation konnte ich auch nicht mehr hoffen. Mit dem geschlitzten Pepita-Kostüm, den durchsichtigen Damenstrümpfen und den spitzhackigen schwarzen Schuhen bin ich schon seit einem Jahr zur Schule gegangen.

Für die Jahrgänge vor mir war der Bubikopf, vom Dorffriseur am Tag nach der Konfirmation zusammengeschoren, noch ein Traum. Und die ersten Nylonstrümpfe zum Ehrentag waren noch was Besonderes. Ich schielte nach mehr.

Die Kleidung war schon wichtig, sicher. Beinahe hätte ich die Beichte am Vortag der Konfirmation versäumt, weil ich mich mit den undurchsichtigen schwarzen Kreppstrümpfen meiner Mutter nicht zwischen meine Kameradinnen wagen wollte. Mit heruntergewürgten Tränen bin ich dann doch losgezogen. Jede Mitkonfirmandin gleich lauthals auf mein Mißgeschick aufmerksam machend – ›morgen komme ich bestimmt mit durchsichtigen Schwarzen‹ – damit nur ja keines der Mädchen dachte, ich wüßte nicht, was schick und damit auch schicklich ist.

Das schwarze Kostüm war auf Zuwachs besorgt worden, Größe 42.

Die Einsegnung. (Foto 1950)

Weil es aber an der Halskrause mit Pailletten besetzt war, brauchte ich den Spott der anderen nicht zu fürchten. Deren Kleider wiesen keinen Glitzerprunk auf. Das zu weit geratene Kostüm hatte noch einen weiteren Pluspunkt. Damit der Rock nicht rutschte, mußte ich ihn an der Taille krempeln und mit einem Gürtel halten. Glitzerjacke und Minirock – das hatte keine der Mitkonfirmandinnen aufzuweisen. Daß der Rock vor den Augen der Mutter schnell um eine Handbreit nach unten gelassen wurde, spielte da keine Rolle.

Ich fühlte mich groß an diesem Tag. Zur Dame schien mir nichts mehr zu fehlen. Jetzt war nur noch der Schlüssel vonnöten, der Schlüssel zur Freiheit, der Haustürschlüssel. Mein Bruder hatte ihn im Vorjahr zur Konfirmation bekommen und war seitdem an manchem Abend verschwunden. Nun suchte ich auf dem Tisch zwischen den Blumentöpfen, Briefen und Geschenken nach dem kleinen Symbol der Freiheit. Bettwäsche, Handtücher, Tischdecken – Geschenke liebmeinender Verwandter und Bekannter, die mich sonst rasend gemacht hätten, waren mir heute egal. Ich hatte mit Aussteuer nichts im Sinn, aber meinetwegen sollten sich die Handtücher stapeln im Schrank. Aber wo war der Schlüssel?

Ich habe lange daran geschluckt, daß ich den Schlüssel damals nicht und später auch nicht bekommen habe. Ein Jahr lang habe ich darauf gewartet, in der Sicherheit, was der Bruder bekommt, steht dir auch zu. Warum ich mir da so sicher war, kann ich heute nicht mehr sagen. Aber die enttäuschte Hoffnung hat mich eines gelehrt: den Schlüssel zur Freiheit mußt du dir selbst besorgen.

Ich habe aufgehört, lange Wochenpläne fürs Abtrocknen zu schreiben, die dann doch nie zu gleichen Teilen zwischen Brüdern und Schwestern

Jugendweihe. (Foto DDR 1982)

eingehalten wurden. Ich habe zusammen mit meiner Schwester die Zeit beim Geschirrspülen und Abtrocknen genutzt, um darüber nachzudenken, wie wir als weibliche Wesen zu Recht und Freiheit kommen, ohne unsere Zeit mit Gleichberechtigungsauflistungen zu vertrödeln.«[34]

Ein Beitrag – nicht nur zur Frage des Erwachsenwerdens, sondern auch der Emanzipation.

Bis in die sechziger Jahre war die Konfirmandenkleidung der Mädchen einigermaßen einheitlich: schwarz.

Dann lösten sich auch diese Normen auf. Wohl versuchten die Pfarrer, fromme Einheit in das Bild ihrer Konfirmanden zu bringen. Aber die Freiheitsgefühle siegten: es gab Minikleider in weiß (Marburg 1974), dunkle Röcke und helle Blusen, dunkelblaue Kleider mit weiß, schwarze Samthosen mit hellen Blusen u. v. a. m.

Wie gut, daß hier die Zwänge verschwinden.

Bei der »Jugendweihe« in der DDR, dem Parteiersatz für die Konfirmation, läuft die Kleidungsentwicklung ganz ähnlich, wenn auch die Kinder jedes Jahr bestimmte Vorlieben entwickeln, z. B. dunkelblaue Cordhosen.

Jeder weiß aus der Erinnerung an die eigene Kindheit, welch

wichtige Rolle die Kleidung gespielt hat. In dieser Lebensphase ist das Kind weitgehend von den ökonomischen Möglichkeiten, aber auch von Geschmack, Modebewußtsein und Gesundheitsvorstellungen seiner Eltern abhängig. Früher kamen dazu noch die Normen und Begrenzungen durch die Standeszugehörigkeit. Heute gilt die Mitbestimmung der Kinder beim Kauf ihrer Kleidung als allgemein. Ein historischer Rückblick auf die Art und Weise, wie Kinder gekleidet waren, beleuchtet neben der Kostümgeschichte auch die psychologische Verständnisebene zwischen Erwachsenen und Kindern und sagt etwas aus über die Einschätzung des Kindes als Persönlichkeit in der Gesellschaft.

Ich bin Ich! (Foto 1980)

Dazu gehört auch die Veränderung des Rollenspiels durch Kleidung. Waren Knaben und Mädchen früher durch die Art ihres Anzugs für ihre Lebensrollen von kleinauf fixiert gewesen, so hat sich allmählich auf diesem Gebiet eine Auflockerung ergeben. In einer von Kleiderzwängen befreiten Körperlichkeit lernen Kinder sich selber früher kennen und darüber bestimmen, wie sie aussehen möchten. Die Leitbilder sind mit Jeans, T-Shirts und Pullovern viel einfacher als in früheren Zeiten und überspielen die Grenzen zwischen den sozialen Schichten. Aber andererseits erlauben sie wiederum so viel spielerische Freiheit, daß jedes Kind auch als Individuum auf seine Kosten kommen kann. Besonders den Mädchen eröffnet sich ein viel weiteres Feld der Möglichkeiten: sie können ihre biologische Rolle betonen oder neutralisieren oder vergessen. Das hat es in der Kindermode noch nie gegeben.

Erlaubt ist, was gefällt!

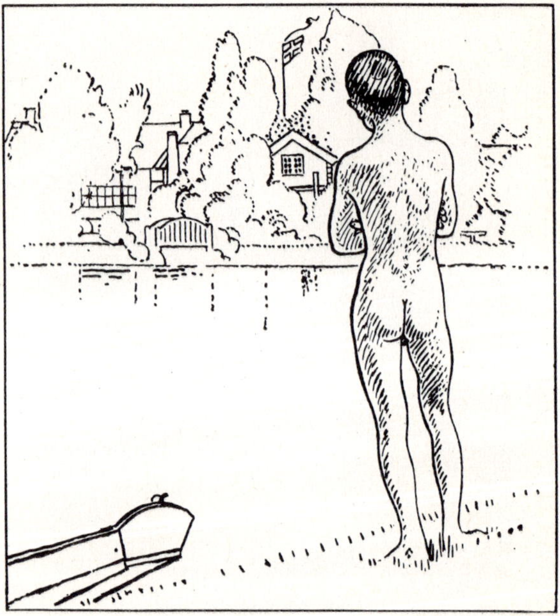

Anmerkungen

1 Vierordt: Buch meines Lebens. S. 111.
2 Boesch: Kinderleben. S. 106 f.
3 Ariès: Geschichte der Kindheit.
4 Vgl. dazu ausführlich Weber-Kellermann: Die Kindheit.
5 König: Auch eine Jugend. S. 105 f.
6 Leinburg: Paradies meiner Kindheit. S. 157.
7 Lenk: Aus meiner Kindheit. S. 84 f.
8 Weber-Kellermann: Frauenleben. S. 52 ff. u. a.
9 Kurz: Jugendland. S. 120, 130, 127.
10 Ebda. S. 162.
11 Conzett: Erstrebtes und Erlebtes. S. 100 f.
12 Herdan-Zuckmayer: Genies ... S. 72 ff.
13 Sert: Pariser Erinnerungen. S. 22.
14 Gert: Hexe. S. 21.
15 Mechtel: Wir sind arm. S. 11, 190, 96.
16 Baum: Es war alles ganz anders. S. 171 f.
17 Glasenapp: Lebensreise. S. 32 f.
18 Schweitzer: Aus meiner Kindheit. S. 50 f.
19 Kerner: Bilderbuch. S. 229.
20 Bähr: Eine deutsche Stadt vor 60 Jahren. S. 101.
21 Gerok: Jugenderinnerungen. S. 55.
22 Paulsen: Aus meinem Leben. S. 106.
23 Vierordt: Buch meines Lebens. S. 71.
24 Ludewig: Damals. S. 63.
25 Göhre (Hg.): Lebensgeschichte. S. 88 f.
26 Grün: Wie war das eigentlich? S. 165.
27 Wolfgruber: Herrenjahre. S. 7.
28 Svensson: Konfirmationskleidung. S. 33.
29 Meysenbug: Memoiren. Bd. 1. S. 54 f.
30 Lewald: Lebensgeschichte. 1., 2. Teil. S. 3 ff.
31 Sauermann: Knechte und Mägde. S. 63.
32 Lenz: Verlassene Zimmer. S. 53.
33 Wolf: Kindheitsmuster. S. 335 f.
34 Schöfthaler: Pfarrerskinder. S. 195 f.

Alphabetisches Literaturverzeichnis

Adamek, Ulrike: Reformkleidung als Fortschritt? Zur Entstehung einer reformierten Kinderkleidung um die Jahrhundertwende. Diss. Marburg 1982

Adelmann, Helene: Aus meiner Kinderzeit. Berlin o. J. (1908)

Agnelli, Susanna: Wir trugen immer Matrosenkleider. Frankfurt a. M. 1979

Almanach des Arbeiterjugend-Verlags. 1925. Berlin 1924

Andersen, Hans Christian: Mein Leben ist ein schönes Märchen. Berlin o. J.

Ariès, Philippe: Geschichte der Kindheit. München 1975

Arnim, Bettina von: Dies Buch gehört dem König! In: Werke und Briefe, Bd. 3. Hrsg. von G. Konrad. Frechen bei Köln 1963

Arnim, Bettina von: Lebensspiel. Zusammengestellt und herausgegeben von Willi Reich. Zürich 1953

Bähr, Otto: Eine deutsche Stadt vor 60 Jahren. Leipzig 1884

Bäumer, Gertrud: Im Lichte der Erinnerung. Tübingen 1953

Bantzer, Carl: Hessen in der deutschen Malerei. Marburg [4]1979

Baum, Vicki: Es war alles ganz anders. Erinnerungen. Berlin-Frankfurt a. M.-Wien 1962

Bebel, August: Aus meinem Leben. 3 Bde. Stuttgart 1910-1914

Benjamin, Walter: Berliner Kindheit um 1900. Frankfurt a. M. 1975

Berend-Corinth, Charlotte: Als ich ein Kind war. Hamburg-Bergedorf 1950

Bimmer, Andreas C.: Hessentag. Ein Fest der Hessen? Marburg 1973

Bimmer, Andreas C. und *Weber-Kellermann,* Ingeborg (Hg.): Sozialkultur der Familie (= Bd. 13 d. Hess. Bll. f. Volks- und Kulturforschung), Gießen 1982

Bismarck, Hedwig von: Erinnerungen aus dem Leben einer 95jährigen. Halle 1925

Bodelschwingh, Friedrich von: Aus einer hellen Kinderzeit. Bethel bei Bielefeld (1953), [13]1977

Boesch, Hans: Kinderleben in der deutschen Vergangenheit. [2]Jena 1924

Böth, Gitta: Kleidungsverhalten in hessischen Trachtendörfern. (Diss. Marburg 1980), Frankfurt a. M. 1980

Bosse, D. Robert: Aus meiner Jugendzeit. Erinnerungen. Leipzig 1904

Braun, Lily: Memoiren einer Sozialistin. Bd. I: Lehrjahre; Bd. II: Kampfjahre, München 1909 und 1911

Bringemeier, Martha: Mode und Tracht. Münster 1980

Bringemeier, Martha: Ein Modejournalist erlebt die Französische Revolution. Münster 1981

Bücher, Karl: Lebenserinnerungen. Tübingen 1919
Bunsen, Marie von: Die Welt, in der ich lebte. 1860-1912. Leipzig 1929

Carossa, Hans: Eine Kindheit. Frankfurt a. M. 1977
Carossa, Hans: Verwandlungen einer Jugend. Frankfurt a. M. 1977
Christ, Lena: Erinnerungen einer Überflüssigen. München 1970
Conzett, Verena: Erstrebtes und Erlebtes. Ein Stück Zeitgeschichte. Leipzig/Zürich 1929
Cunnington, Phillis and Buck, Anne: Children's Costume in England. London ³1972

Daheim. Bielefeld 1865-1944
Dalton, Hermann: Lebenserinnerungen. Bd. 1-3. Berlin 1906
Dieffenbach, Margarethe: Hessischer Trachtenalltag. Hrsg. von Walter Schellmann, Siegfried Becker, Gaby Mentges und Ingeborg Weber-Kellermann. Frankfurt a. M. 1983
Dior, Christian: Dior. Berlin – Frankfurt a. M. 1956
Dreisbach, Heinrich: Ab und auf im Lebenslauf. 4 Teile. Hannoversch-Münden 1958

Ebers, Georg: Die Geschichte meines Lebens. Vom Kind zum Manne. Stuttgart, Leipzig, Berlin, Wien 1893
Ebner-Eschenbach, Marie von: Das Gemeindekind. In: Geschichten aus Dorf und Schloß. Leipzig o. J., S. 89-337
Erbach-Schönberg, Marie Fürstin zu, Prinzessin von Battenberg: Entscheidende Jahre 1859/1866/1870. Aus meiner Kindheit und Mädchenzeit. Darmstadt 1923
Ewing, Elisabeth: History of Children's Costume. London 1977

Fallada, Hans: Damals bei uns daheim. Erlebtes, Erfahrenes und Erfundenes. Reinbek b. Hamburg 1978
Fischer, Franz Louis: Arbeiterschicksale. Berlin 1906
Fontane, Theodor: Meine Kinderjahre. Leipzig 1955
Fontane, Theodor: Frau Jenny Treibel. Effi Briest. In: Werke, Bd. III, S. 7-191, S. 193-489. Stine. In: Werke, Bd. II, S. 481-571. München 1974
Fragen an die deutsche Geschichte. Ideen, Kräfte, Entscheidungen von 1800 bis zur Gegenwart. Katalog zur historischen Ausstellung im Reichstagsgebäude in Berlin. Bonn 1977
Frank, Leonhard: Links, wo das Herz ist. München 1952
Frenssen, Gustav: Lebensbericht. Berlin 1940
Frommel, Emil: Aus der Familienchronik eines geistlichen Herrn; aus dem untersten Stockwerk; aus goldenen Jugendtagen. Berlin o. J.

Gamm, Hans-Jochen: Führung und Verführung. Pädagogik des Nationalsozialismus. München 1964

Gartenlaube, Die. Illustriertes Familienblatt. Leipzig 1853-1938

Gerok, Karl: Jugenderinnerungen. Bielefeld, Leipzig 1876

Gert, Valeska: Ich bin eine Hexe. Kaleidoskop meines Lebens. München 1968

Glaeser, Ernst: Jahrgang 1902. Berlin 1929

Glasenapp, Helmuth von: Meine Lebensreise. Menschen, Länder und Dinge, die ich sah. Wiesbaden 1964

Göhre, Paul (Hg.): Lebensgeschichte eines modernen Fabrikarbeiters. Jena und Leipzig 1905

Goethe, Johann Wolfgang von: Die Leiden des jungen Werther. 1. Fassung. In: Beutler, E. (Hg.): J. W. Goethe. Gedenkausgabe der Werke, Briefe und Gespräche. 4. Bd., Zürich 1949

Götz, Karl: Heitere schwäbische Kindheit. Freiburg 1979

Grieshofer, Franz J.: Die Lederhose. Kleine Kulturgeschichte des alpenländischen Beinkleids. Wien – München – Zürich 1978

Grün, Max von der: Wie war das eigentlich? Kindheit und Jugend im Dritten Reich. Darmstadt und Neuwied 1979

Gutzkow, Karl: Aus der Knabenzeit. Frankfurt a. M. 1852

Hävernick, Walter: Kinderkleidung und Gruppengeistigkeit in volkskundlicher Sicht. In: Beiträge zur deutschen Volks- und Altertumskunde 4 (1959), S. 37-61 u. 7 (1962), S. 21-64

Hävernick, Walter: Der Matrosenanzug der Hamburger Jungen 1890-1939. Museum f. Hamburgische Geschichte, Heft 1, Hamburg 1962

Haidegger, Christine: Zum Fenster hinaus. Eine Nachkriegskindheit. Reinbek b. Hamburg 1979

Hain, Mathilde: Das Lebensbild eines oberhessischen Trachtendorfes. Jena 1936

Hamann, Richard und *Hermand,* Jost: Gründerzeit. München 1971

Haym, Rudolf: Aus meinem Leben. Erinnerungen. Berlin 1902

Hebbel, Friedrich: Meine Kindheit. In: Friedrich Hebbels sämtliche Werke, 7. Bd., Hamburg 1857, S. 171-275

Helm, Clementine: Backfischchens Leiden und Freuden. Leipzig 1872

Herdan-Zuckmayer, Alice: Genies sind im Lehrplan nicht vorgesehen. Frankfurt a. M. 1979

Herdan-Zuckmayer, Alice: Das Kästchen. Frankfurt a. M. 1973

Heßler, Carl: Hessische Volkskunde. Frankfurt a. M. 1904

Heuss, Theodor: Vorspiele des Lebens. Tübingen 1953

Höck, Alfred: Bemerkungen zur Landschaftsbezeichnung »die Schwalm«. In: Zs. d. V. f. hess. Gesch. u. Landeskde. 74 (1963), S. 143-152

Hofmann, Werner: Grundelemente der Wirtschaftsgesellschaft. Reinbek b. Hamburg 1969

Hunnius, Monica: Baltische Häuser und Gestalten. Heilbronn 1926

Jaacks, Gisela: Kleidung – Norm und Bedürfnis. In: Umgang mit Sachen. Volkskunde-Kongreß Regensburg 1981. Regensburg 1983, S. 129-134

Journal des Luxus und der Moden, gegründet von Friedrich Justin Bertuch. Weimar 1786-1827 (vgl. Harenberg Kommunikation 117, Dortmund [17]1979), Teilnachdruck in 4 Bdn. Hanau/Main 1967

Kästner, Erich: Als ich ein kleiner Junge war. Berlin [17]1975

Kalb, Charlotte von: Gedenkblätter von Charlotte von Kalb. Hrsg. von Emil Palleske. Stuttgart 1879

Kauffmann, Fritz Alexander: Leonhard. Chronik einer Kindheit. Stuttgart 1956

Keller, Gottfried: Der grüne Heinrich. Gottfried Kellers Gesammelte Werke, Bd. I-III. Stuttgart und Berlin 1910

Kerner, Justinus: Das Bilderbuch aus meiner Knabenzeit. Erinnerungen aus den Jahren 1786-1804. (Stuttgart 1886) Frankfurt a. M. 1978

Keun, Irmgard: Das Mädchen, mit dem die Kinder nicht verkehren durften. Düsseldorf 1980

Kind, Das. Kleine Enzyklopädie. Leipzig 1972

Kloeden, Karl Friedrich von: Jugenderinnerungen. Hrsg. und durch einen Umriß seines Weiterlebens vervollständigt von Max Jähns. Leipzig 1874

Könenkamp, Wolf Dieter: »Bedürfnis und Norm« in der Kleidung. In: Umgang mit Sachen. Volkskunde-Kongreß Regensburg 1981. Regensburg 1983, S. 111-128

Koenig, Heinrich: Auch eine Jugend. Leipzig 1852

König, René: Kleider und Leute. Zur Soziologie der Mode. Reinbek b. Hamburg 1967

Kohlrausch, Friedrich: Erinnerungen aus meinem Leben. Hannover 1863

Krille, Otto: Unter dem Joch. Die Geschichte einer Jugend. Berlin 1914

Kronberger, Bettina: Mädchenerziehung – Volkserziehung. In: Unsere Zeit und Wir. Das Buch der deutschen Frau. Hrsg. von Elsbeth Unverricht. Gauting b. München 1934, S. 264-273

Kuczynski, Jürgen: Studien zur Geschichte der Lage des arbeitenden Kindes in Deutschland von 1700 bis zur Gegenwart. Berlin 1968

Kügelgen, Wilhelm von: Jugenderinnerungen eines alten Mannes. Ebenhausen b. München 1920

Kühnl, Reinhard: Der deutsche Faschismus in Quellen und Dokumenten. Köln 1975

Kurz, Isolde: Aus meinem Jugendland. Stuttgart u. Berlin 1918

Kybalová, Ludmilla u. a.: Das große Bilderlexion der Mode. Prag 1966

Landau, Georg: Sitte und Brauch in Hessen vor hundert Jahren. Kassel u. Basel 1959
Lange, Helene: Lebenserinnerungen. Berlin 1921
Laqueur, Walter: Die deutsche Jugendbewegung. Köln 1962
Leider, Frida: Das war mein Teil. Erinnerungen einer Opernsängerin. Berlin-Grunewald 1959
Leinburg, Gottfried von: Das Paradies meiner Kindheit. 1825-1840. Lübeck 1909
Lenk, Margarete: Aus meiner Kindheit. Jugenderinnerungen. 3. Aufl., Zwickau 1911
Lenz, Hermann: Andere Tage. Frankfurt a. M. 1978
Lenz, Hermann: Verlassene Zimmer. Frankfurt a. M. 1978
Lessing, Theodor: Einmal und nie wieder. Gütersloh o. J.
Levenstein, Adolf (Hrsg.): Proletariers Jugendjahre. Berlin o. J.
Lewald, Fanny: Im Vaterhause. Meine Lebensgeschichte. Bd. I, 1. u. 2. Teil, Berlin 1861
Lichnowski, Mechtilde von: Kindheit. Berlin 1934
Loschek, Ingrid: Mode im 20. Jahrhundert. Eine Kulturgeschichte unserer Zeit. München 1978
Ludewig, Hans: Damals bei uns zu Haus. Kassel 1957
Lübke, Wilhelm: Lebenserinnerungen. Berlin 1891
Lücking, Wolf u. *Hain*, Mathilde: Trachtenleben in Deutschland. Bd. III Hessen. Berlin 1959
Lühr, Dora: Matrosenanzug und Matrosenkleid. Entwicklungsgeschichte einer Kindermode von 1770-1920. In: Beiträge zur deutschen Volks- und Altertumskunde 5 (1960), S. 19-42.

Mann, Katja: Meine ungeschriebenen Memoiren. Frankfurt a. M. 1974
Mann, Klaus: Der Wendepunkt. München 1971
Mann, Monika: Vergangenes und Gegenwärtiges. Erinnerungen. München 1956
Mann, Thomas: Buddenbrooks. Verfall einer Familie. Berlin 1909
Mann, Viktor: Wir waren fünf. Konstanz 1964
Maschmann, Melita: Fazit. Mein Weg in der Hitler-Jugend. München 1979
Mechtel, Angelika: Wir sind arm, wir sind reich. Reinbek b. Hamburg 1979
Meinardus, Ludwig (Hrsg.): Ein Jugendleben. 1. Bd.: Das elterliche Haus – Lehrjahre; 2. Bd.: Kreuz- und Querwege. Gotha 1874
Metropolen machen Mode. Haute Couture der Zwanziger Jahre. Berlin 1977
Meysenbug, Malvida von: Memoiren einer Idealistin. 3 Bde. Berlin ^{3}1882

Nolde, Emil: Mein Leben. Köln 1976

Otto, Louise: Frauenleben im deutschen Reich. Erinnerungen aus der Vergangenheit mit Hinweis auf Gegenwart und Zukunft. Leipzig 1876

Passarge, Ludwig: Ein ostpreußisches Jugendleben. Erinnerungen und Kulturbilder. Leipzig ²1906

Pauli, Gustav: Erinnerungen aus sieben Jahrzehnten. Tübingen 1936

Paulsen, Friedrich: Aus meinem Leben. Jugenderinnerungen. Jena 1909

Pfister, Albert: Pfarrers Albert. Fundstücke aus der Knabenzeit. Stuttgart, Berlin, Leipzig 1901

Pietsch, Ludwig: Knaus. Bielefeld u. Leipzig 1901

Piper, Otto: Jugend und Heimat. München o. J. (1942)

Piper, Reinhard: Mein Leben als Verleger. München 1964

Planck, Ulrich: Die Eigenart der Bauernfamilie und die bäuerliche Familienverfassung. In: Rosenbaum (Hrsg.): Familie und Gesellschaftsstruktur. Frankfurt a. M. 1974, S. 169-185

Plenzdorf, Ulrich: Die neuen Leiden des jungen W. Rostock, 1973

Putlitz, Gustav Heinrich G. E. zu: Mein Heim. Erinnerungen aus Kindheit und Jugend. Berlin 1885

Rattelmüller, Paul Ernst: Dirndl, Janker, Lederhosen. Künstler entdecken die oberbayrischen Trachten. München 1970

Rehbein, Franz: Das Leben eines Landarbeiters. Herausgegeben und eingeleitet von Paul Göhre. Jena 1911

Rosegger, Peter: Als ich noch der Waldbauernbub war. 3 Bde. Graz 1902

Rühle, Otto: Das proletarische Kind. Berlin 1911

Sauermann, Dietmar: Knechte und Mägde in Westfalen um 1900. Münster 1972

Sax, Emanuel: Die Hausindustrie in Thüringen. Bd. 1-3, Jena 1882 ff.

Schaedler, Karl: Die Lederhose in Bayern und Tirol. Innsbruck 1962

Scheidemann, Philipp: Memoiren eines Sozialdemokraten. 2 Bde. Dresden 1928

Scheufgen, Hermann: Das Fest der Schulaufnahme. Paderborn 1931

Schleich, Carl Ludwig: Besonnte Vergangenheit. (1920) Zitiert nach Volksausgabe. München 1952

Schmidt, Leopold: Volksglaube und Volksbrauch. Berlin 1966

Schöfthaler, Ele: Ich nehm mir einen Missionar. In: Pfarrerskinder. Hrsg. M. Greiffenhagen. Stuttgart 1982, S. 190-201

Scholl, Carl: Lebenserinnerungen eines alten Handwerkers aus Memel. Stuttgart – Gotha 1922

Schumacher, E. M.: Kleine Reise in die Schwalm. Berlin o. J

Schumacher, Tony: Was ich als Kind erlebt. Stuttgart und Leipzig 1901

Schumann, Eugenie: Erinnerungen. Stuttgart 1925

Schweitzer, Albert: Aus meiner Kindheit und Jugendzeit. München 1924

Seidel, Heinrich: Gesammelte Schriften, Bd. XII: Berliner Skizzen. Neue Vorstadtgeschichten, Leipzig 1894

Seidel, Heinrich: Gesammelte Schriften. Bd. XIII: Von Perlin nach Berlin. Aus meinem Leben. Leipzig 1894

Seidelmann, Karl: Die Pfadfinder in der deutschen Jugendgeschichte. Teil 1. Hannover 1980

Seidler, Louise: Erinnerungen und Leben der Malerin Louise Seidler. Hrsg. von Hermann Uhde. Berlin 1874

Sert, Misia: Pariser Erinnerungen. (Deutsch von Hedwig Andertann) Frankfurt a. M. 1971

Spamer, Adolf: Hessische Volkskunst. Jena 1939

Stamm, Brigitte: Das Reformkleid in Deutschland. Diss. Berlin 1976

Steimann, Antonie u. a. (Hg.): Ich kann schneidern. Illustriertes Taschenbuch der Schneiderei. Berlin und Wien 1909

Stephan, Gustaf: Die häusliche Erziehung in Deutschland während des 18. Jahrhunderts. Wiesbaden 1891

Sternheim, Carl: Vorkriegseuropa im Gleichnis meines Lebens. Amsterdam 1936

Stockhausen, Juliana von: Auf Immerwiedersehen. Stuttgart 1977

Strombeck, Friedrich Karl von: Darstellungen aus meinem Leben und aus meiner Zeit. 2. verm. Aufl., Braunschweig 1835

Sudermann, Hermann: Das Bilderbuch meiner Jugend. Stuttgart, Berlin 1922

Svensson, Sigfrid: Einführung in die Europäische Ethnologie. Meisenheim am Glan 1973

Taucher, Franz: Schattenreise. Von Landsleuten und anderen Menschen. Wien 1973

Thoma, Ludwig: Lausbubengeschichten. Aus meiner Jugendzeit. München 1978

Turek, Ludwig: Ein Prolet erzählt. Lebensschilderung eines deutschen Arbeiters. Berlin 1930, Nachdruck Berlin 1963

Vaupel, Hermann Otto: Hessenbuch. Kassel und Basel o. J.

Vierordt, Heinrich: Das Buch meines Lebens. Erinnerungen. Heidelberg ^{2}1934

Voigt-Diederichs, Helene: Auf Marienhof. Jena 1933

Weber-Kellermann, Ingeborg: Erntebrauch in der ländlichen Arbeitswelt des 19. Jahrhunderts. Marburg 1965

Weber-Kellermann, Ingeborg: Beobachtungen zu Tradition, Mode und Innovation am Beispiel eines Trachtstückes. In: Brauch – Familie – Arbeitsleben. Marburg 1978, S. 114-124

Weber-Kellermann, Ingeborg: Die Familie. Frankfurt a. M. 1976

Weber-Kellermann, Ingeborg: Die Kindheit. Frankfurt a. M. 1979

Weber-Kellermann, Ingeborg: Frauenleben im 19. Jahrhundert. München 1983

Weber-Kellermann, Ingeborg und *Stolle*, Walter: Volksleben in Hessen. Göttingen 1970

Weber-Kellermann, Ingeborg und *Falkenberg*, Regine (Hrsg.): Was wir gespielt haben. Frankfurt a. M. 1981

Wehler, Hans-Ulrich (Hrsg.): Moderne deutsche Sozialgeschichte. Köln [5]1976

Weidenheim, Johannes: Lebenslauf der Katharina D. Freilassing 1963

Wimmer, Maria: Die Kindheit auf dem Lande. Reinbek b. Hamburg 1978

Winter, Max: Ich suche meine Mutter. Die Jugendgeschichte eines »eingezahlten Kindes«. Diesem nacherzählt. München 1910

Wolf, Christa: Kindheitsmuster. Berlin und Weimar 1978

Wolfgruber, Gernot: Herrenjahre. Salzburg 1976

Zobeltitz, Fedor von: Ich hab so gern gelebt. Die Lebenserinnerungen. Berlin 1934

Zuckmayer, Carl: Als wär's ein Stück von mir. Frankfurt a. M. 1966

Zweihundert Jahre Kinderkleid und Kindermode. Katalog Kinder- u. Dorfmuseum Riehen b. Basel 1983/84.

Personen und Sachregister

Alphabetisches Gesamtverzeichnis der suhrkamp taschenbücher

1/1/6.84

1/2/6.84

1/3/6.84

1/4/6.84

1/5/6.84

1/6/6.84

1/7/6.84

1/8/6.84

1/9/6.84

1/10/6.84

1/11/6.84

1/12/6.84